Corporate Finance

グループ経営管理からM&Aまで

コーポレートファイナンス実務の教科書

松田千恵子

日本実業出版社

まえがき

 はるか昔、ファイナンスは金融業界と財務部門の人々だけが知るマニアックな専門知識でした。金融業界でもみんながみんな知っていたわけではなかったかもしれません。その範囲も、資金調達や金融技術など資本市場におけるごく狭い分野に限られていました。
 それが今では様変わりです。事業会社のコーポレート部門などで経営管理などに使われるのはもちろん、事業部門のフロントに至るまで、計画立案や投資判断、業績評価などさまざまな分野で必須の知識となってきています。「ファイナンスがわからなければ仕事ができない」と言ってもよいかもしれません。
 なぜ、このような変化が起こったのでしょうか。理由は簡単です。「日本企業における経営が変わってきたから」です。本来、「やりたいこと」（事業）をやるためには、当然ながらそれに使うおカネの算段もしなければなりません。「先立つもの」（財務）も一緒に考えなければならないのですね。普段の生活でもこれは同じです。楽しい旅行に行くためにはおカネを積み立てる必要があるでしょうし、素敵な家を建てるならどこからどうやっておカネを工面するか考えなければなりません。ところが戦後数十年、企業においては財務の面倒を銀行にお任せできる時代が続き、「やりたいこと」をやるのに「先立つもの」の心配をする必要は少なかったと言えます。
 しかし、今ではそんなことはありません。おカネをどう調達するのかはもちろんのこと、用立ててくれた人々（投資家）にどのように報いるか、大事なおカネをどの事業に投じるのか、など、企業が自ら考えて、決めていかなければならなくなってきました。「やりたいこと」と「先立つもの」を一体と捉えて対処する必要がでてきました。本来あるべき経営の姿に戻ったと言ってもよいでしょう。
 問題は、「ではどうやってファイナンスの知識を身につけるか」です。幸いにしてこの分野は勉強すれば何とかなります。しかし、勉強するにあたっての道具立ては必ずしも万全とは限りません。分厚い電話帳のようなファイナンス本に挫折したり、独学で何とかしようとして数式や英語と苦闘したりした経験のある人も多いでしょう。特に困るのは「事業会社の経営という視点からファイナンスを捉えた本が少ない」ということです。ファイナンスというと、金融を生業とする人々の視点が中心になりがちです。でも、コーポレート・ファイナンスとも言うくらいですから、企業が直面するおカネの問題については、事

業をやる人々の目線で考えたいですよね。本書の特徴はそこにあります。事業会社の方々こそが読んで使える本でありたい、それも今までファイナンスなど見たこともないような、財務や経理部門「以外」の方々のお役に立ちたい、というのがこの本の趣旨です。

　また本書では、「外部に向けたファイナンス」、すなわち企業と資本市場との関係において考えるべきおカネの問題に加えて、「内部で用いるファイナンス」にも注力しています。グループ経営を行うにあたって、本社と各事業部門との関係において考えるべきおカネの問題です。どこにどのように投資をするのか、その業績評価や経営管理をどうするのか、それぞれの事業はどのように価値をあげているのか、といったことです。いま多くの人が求めているのは、実はこちらのノウハウではないでしょうか。みなさんの日々の業務に活用いただければ幸いです。

　末筆になりましたが、株式会社日本実業出版社のみなさんには大変お世話になりました。なかなか進まない作業を辛抱強く見守って下さり、タイミングよく叱咤激励し、内容について的確な指摘やアドバイスを数多く行っていただきました。そのご尽力なしに本書が世に出ることはなかったでしょう。本当に有難うございました。

2016年11月　　　　　　　　　　　　　　　　　　　　　　　　　松田千恵子

＊本書の内容は2021年4月1日現在の情報に基づいています。

コーポレート・ファイナンス　実務の教科書◎目次

まえがき

第1章
企業に求められるファイナンスの基本

1　なぜ「ファイナンスは苦手」な人が多いのか……10
- ◆とっつきにくい「ファイナンス」　10
- ◆「ファイナンス」は学校で教えてくれない　11
- ◆そもそも「ファイナンス」って何？　12

2　ファイナンスにも種類がある……15
- ◆コーポレート・ファイナンスとは何か　15
- ◆アカウンティングとは何が違うのか　17

3　ファイナンスの世界にようこそ……20
- ◆これだけは覚えておかなければならない3つの鉄則　20
- ◆フリーキャッシュフローとは何か　29
- ◆企業価値とは何か　33
- **コラム1**　いい加減だけれど便利な指標「EBITDA」　34

第2章
実務に必要な要素は3つだけである

1　知っておくべきことは少ない……38
- ◆実務で必要な知識は3つだけ！　38

2　実務に必要なポイントその①　なぜ負債と資本があるのか……39
- ◆「調達」と「配分」のそれぞれが悩ましい　39
- ◆事業で使うおカネをどうやって調達するか　39

- ◆ 負債と資本はどこが違うのか　40
- ◆ リスク・リターンへの選好の違い　41
- ◆ 会社の成長とともにある株主　43
- ◆ 企業への対応の違い　43
- ◆ 最適負債資本構成を追い求める　46
  - **コラム2**　負債のレバレッジ効果とは何か　47
- ◆ なぜ事業と資本構成が関係するのか　48
- ◆ リスクの高い事業には資本が必要　49
- ◆ 実際にはどのように動いているのか　51
- ◆ 最後は経営者によるリスクテイクへの意思　53

3 実務に必要なポイントその②　投資家は篤志家ではない　……………55
- ◆ 資本コストとは何か　55
- ◆ 資本コストは実払額ではない　56
  - **コラム3**　金利には節税の効果がある　57
- ◆ 株主資本コストは推定するしかない　58
- ◆ なぜ加重平均資本コストが必要なのか　61
- ◆ 非上場企業や事業部門の資本コストはどう推計するか　62

4 実務に必要なポイントその③　会社の値段はいくらなのか　……………66
- ◆ 企業価値、事業価値、株主価値　66
- ◆ 事業の価値を考えるための3つのアプローチ　67
- ◆ DCF法とは何か　69
- ◆ 永遠に続くキャッシュフローをどうするか　70
- ◆ やっぱり"今日の百万円と明日の百万円"は異なる！　72
- ◆ 割引率として使われる資本コスト　73
- ◆ 理論的な株価を出してみる　74
- ◆ 持っている資産を洗い替えてみる（コスト・アプローチ）　75
- ◆ 市場の実勢にあわせてみる（マーケット・アプローチ）　76

第3章
事業計画づくりに必要なファイナンスの知識

1 事業の将来像を考えてみる　……………88
- ◆ 企業価値はどうしたら上がるのか　80

- ◆「大きな物語」を作る　82
- ◆外部環境の分析から始める　83
- ◆「事業の型」を把握する　85

2　ビジネスモデルを検証する　88
- ◆会社の宝物は何だろうか　88
- ◆「ビジネスモデル」はアイデアにあらず　89
- ◆投資家と企業では物語の組み立て方が異なる　90
- ◆「競合はいない」は禁句　91

3　あなたの事業はちゃんと回りますか？　93
- ◆数字にまで落としてこその経営計画　93
- ◆過去の分析が示すトレンド　94
- ◆なぜROEが注目されるのか　96
- ◆貸借対照表の右側を考える　100
  - コラム4　株主資本、自己資本、純資産の違い　103

4　さっさと作ろう財務モデル　107
- ◆ファイナンシャル・プロジェクションを作ろう　107
- ◆前提条件を押さえる　109
- ◆費用と運転資金を設定する　110
- ◆重要な投資の見極め　112
- ◆負債と資本を考える　112
- ◆完成したらコミュニケーション手段として用いる　114

第4章
実際にどのような資金調達がなされているのか

1　資金調達ってそもそも何？　118
- ◆内部調達とは何か　118
- ◆外部調達──負債か資本か　119
- ◆直接金融と間接金融　120

2　借金をするということ　123
- ◆銀行借入れにはどのような種類があるか　123

◆ 債権者は何を見ているか　127
◆ 融資契約の内容はどうなっているのか　129
　コラム5　金利の決まり方　130
◆ 財務制限条項とは何か　131
　コラム6　期限の利益喪失条項とダウン・グレード・クローズ　132

3　社債を発行するということ　134
◆ 投資家から直接資金を集める　134
◆ どのような社債があるのか　134
◆ どこで、誰に対して発行するのか　135
◆ 新株予約権とは何か　136
◆ 金利を考えるための基礎知識　137
　コラム7　債券の利回り　139
◆ なぜ金利が上がると債券価格が下がるのか　140
　コラム8　金利の期間構造　143
◆ 債券の期間をどう考えるか　144
◆ 格付けの基礎知識　146
◆ 信用格付けはどう決まるのか　147
　コラム9　格付けの歴史　148

4　株主から出資を募るということ　149
◆ 株式の調達はどのように行われるか　149
　コラム10　第三者割当増資　150
◆ けっこう強い株主の権利　150
◆ どのような種類の株式があるのか　152
◆ ファイナンスとガバナンスは表裏一体　155
　コラム11　「内部統制」はなぜ必要なのか　157
◆ 買収防衛策は是か非か　158
◆ 誰が企業価値を高めるのか　159
◆ 株主への提案をどう考えるか　159

5　その他のさまざまな資金調達と金融手段　162
◆ 負債と資本の間にある資金調達　162
◆ LBO・MBOとは何か　163
◆ アセット・ファイナンスと証券化　166
◆ デリバティブ商品の基礎　169

第5章
投資をするのに必要なファイナンスの知識を身につけよう

1 投資の種類と考え方 ……………………………………………………… 176
- ◆ 投資にはどのような種類があるか　176
- ◆ 自社の投資判断基準を知っていますか　177
- ◆ どのように投資判断をしているか　180
- ◆ NPVとIRR、どちらがよいか　182
- ◆ 投資できるおカネは無限ではない　183
- ◆ 機会費用と埋没費用　184

2 経営戦略の選択肢としてのM&A ……………………………………… 187
- ◆ M&Aの基本的なプロセス　187
- ◆ M&Aにおいて不可欠な将来像の構築　189
- ◆「会社の値段」はいくらなのか　191
- ◆ のれん代とIFRSにおける減損処理　195

3 「ディール」とよばれる段階における留意点 ………………………… 197
- ◆ 企業価値評価を再確認するためのDD　197
- ◆ 買収をどのように行うか　198
- ◆ 株式を対価として買収する場合　200
- ◆ 買うだけではなく売ることも考える　202

第6章
グループ経営にこそファイナンスの知識が必要である

1 グループ本社はファイナンスを正しく使えていない ………………… 206
- ◆ 複数の事業をどう束ねるか　206
- ◆ 投資家は多角化をどう考えるか　207
- ◆ 多角化を正当化する条件　208

2 グループ経営は「子会社の企業統治」問題である …………………… 211
- ◆ ガバナンス不在の子会社管理　211
- ◆ M&A後の統合において重要な本質は何か　213

- ◆子の"フリ"を見て親の振りを直せ　215
- ◆子会社管理は本社を映す鏡　217
- ◆「おカネのサイクル」を管理せよ　219
- ◆投下資本とリスク・リターンによる管理　221
- ◆罪作りな"管理会計"という言葉　222

3　これからのグローバル・グループ経営　225
- ◆日本企業の陥りやすい"放任主義"　225
- ◆理念なき企業は去れ　226
  - コラム12　多様であるほど「軸」が必要　227
- ◆具体的に活用してこその企業理念　227
- ◆経営に使えるファイナンス　229

索引

参考文献

★カバーデザイン　志岐デザイン事務所（萩原 睦）
★本文DTP　一企画

第**1**章

企業に求められる
ファイナンスの基本

なぜ「ファイナンスは苦手」な人が多いのか

◆ とっつきにくい「ファイナンス」

　この本を手に取っているみなさんは、何らかの形で「ファイナンス」というものに取り組みたい、あるいは取り組まなければならない、という状況にあるのではないかと思います。しかし、ファイナンスは何となくとっつきにくい、あるいはどうも苦手だ、という印象を持っているのではないでしょうか。

　その気持ち、よくわかります。まず何といってもカタカナ用語が多い。ファイナンスという名称からしてカタカナです。これには理由があるのですが、そうはいっても第一歩目からハードルが高いという印象を受けます。そのうえROICやらCAPMやらと英文字略称はとびかいますし、数式などが出てきたらもうお手上げです。しっかり勉強しようと思ったら電話帳のように分厚い教科書と格闘しなければなりませんし、簡単そうな本を選んでも実務で直面している問題には役立ちそうもない……こうした声は随所で耳にします。

　したがって、本書ではこうした「とっつきにくさ」の排除にとことん取り組みました。カタカナや英語は少なく、数式はもっと少なく、なるべく「お話」として読めるように。そして何よりも、いまみなさんの目の前にある実務の問題解決に役立つように。

　この本が想定している読者は、金融業の専門家や高度な先端知識を必要とするプロフェッショナルではありません。財務や経理などにはあまり関係なかった人や、おカネ周りの知識はほとんどないという人々が対象です。これまでは、ファイナンスを知る必要など感じなかったのに、最近になって「どうも知っておかないとマズイなあ」という気がしているみなさんに、知っておくべき「実務に役立つファイナンスの要諦」だけを簡潔明瞭にお話したい。これが本書の趣旨です。

　もうひとつ、本書には特徴があります。ファイナンスについてお話ししたいといいながら、この本は企業の経営や日本経済の歴史など、さまざまな分野に話が広がります。しかし、これを「脱線」と思わないでください。ファイナンスは、それ自体を目的として一所懸命勉強しても無味乾燥に感じられるのではないかと思います。専門家は別として、みなさんにとってファイナンスは「目的」ではなく、何かの目的を達するための「手段」であるはずだからです。そ

うであるならば、その手段はどのように目的と結びつくと有効なのか、あるいはこうした手段を取る背景には何があるのか、などがわかるほうがはるかに面白いのではないでしょうか。

　特に、最近では経営や事業の現場でファイナンスの知識を用いることも増えてきました。単なる資金調達の専門知識としてではなく、新規事業の立上げやM＆A、グループ企業の経営管理など、さまざまな局面でその知識が必要になってきているのです。本書では、こういうニーズに極力対応し、「経営や事業に使えるファイナンス」に特化しました。純粋なファイナンス理論だけを語るのではなく、昨今の日本企業が直面する経営課題をひもとくような気分で、本書をお読みいただければ幸いです。

◆「ファイナンス」は学校で教えてくれない

　みなさんが「ファイナンス」に苦手意識を持つのには、別の理由もあります。義務教育からこのかた長らく通ったはずなのに、大学で専攻でもしない限り学校でファイナンスについて学ぶことはありません。少しでも触れていればまた親しみも湧きますが、そうした「ふれあい経験」は残念ながらあまりありません。疎遠にもなろうというものです。「おカネの話を教育の場でするなどとんでもない」といった声も聞こえそうですね。

　でも、ちょっと待ってください。小学校の低学年で数の数え方はきちんと勉強します。十円玉や百円玉などを使ってお金をどのように数えるかなども学ぶはずです。ファイナンスは、単純に言ってしまえばその延長線上にあるひとつの分野にすぎません。社会で普通に生活していくうえで必要な知識でもあります。社会に出れば多くの人が、住宅ローンの返済計画を考えたり、預金の利息を計算したりしますが、これもファイナンスの知識によるものです。

　日本の学校教育でこうしたごく当たり前の知識を採り上げない、というのは大きな問題であるようにも思われます。お金の貸し借りにはどういった危険がつきまとうのか、金利の計算というのはどのようにしてなされるのか、こうした基本的な知識に乏しいがゆえに、返せるあてのないローンを組んでしまったり、悪質な金融業者につかまったりする人々のなんと多いことか。

　最近では若干の反省もあってか授業で採り上げることもあるようですが、「株式投資をやってみよう！」などという、子供に余資運用を教えてどうするのかと首をかしげるような内容も散見されます。基本的な知識をしっかりと身につけることができていれば、知らないがゆえにおカネの問題で身を持ち崩すことも、社会人になって何年も経ってからこうした本と格闘することもなくて済ん

だのに。……まあ、愚痴を言っても始まりません。実務での活用をみていく前に、この第1章で基本トレーニングを済ませてしまいましょう。この章で扱うことは主に以下の3つです。①ファイナンスとよばれるものは何なのか、②会計（アカウンティング）とはどう違うのか、③これだけは覚えておかなければいけない鉄則は何か、です。

◆そもそも「ファイナンス」って何？

「カタカナをなるべく使わない、と言いながら『ファイナンス』という言葉を冒頭から多用しているのは約束違反ではないか」……そう思われても困るので、まずこの言葉を考えてみましょう。カタカナのまま辞書を引くとこのように出ています。

ファイナンス【finance】
1 資金。財源。2 財政。財務。3 金融。融資。（松村明編、『大辞林〈第三版〉』、三省堂）

また、英和辞典をひもとくと以下の通りです。

fi・nance　［名］
［1］（U）財政, 財務; 財政学.
［2］（U）融資（金）; 金融.
［3］〈~s〉（特に, 政府, 企業の）財政状態, 収支; 財源; 収入, 歳入.
（木原研三監修、『新グローバル英和辞典〈第2版〉』、三省堂）

日本語で一義的に決まらない感じがとっつきにくさに輪を掛けていますね。財政といったり、財務といったり、あるいは金融といってみたり、さらには収入や歳入になってみたりしています。何となくおカネに関する事柄であることはわかるのですが、なぜこれほど多くの日本語が費やされているのでしょう。
　理由は、見ている立場が違うからです。
　世の中には、図表1-1のようにさまざまな経路でおカネが流れています。おカネを使って活動するのは、政府・企業・家計の三者です。家計などというと古めかしいですが、要はみなさん個人のことですね。この三者間ではおカネの不足や余剰が起こります。市場はこうした過不足の調整機能を持っています。

図表1-1 社会におけるおカネの流れ

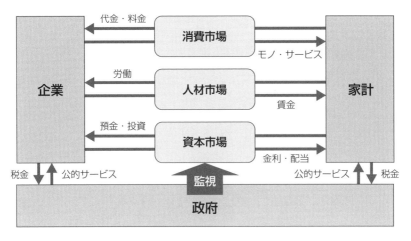

● **ファイナンスとは、おカネの流れを管理すること**

これらのおカネの流れを管理していくことを「ファイナンス」といいます。政府がおカネを管理している場合には「財政」になります。政府に流れ込んでくるおカネが「歳入」で、出ていくおカネが「歳出」です。同じことを市場で行うと「金融」とよばれます。おカネの過不足を貸し借りなどの形で調整しています。こうした市場を金融市場[1]といいます。たとえば、銀行はここで仲介者として預金の形でおカネを借り、「融資」という形でおカネを融通しています。一方、こうしたおカネを借りる側の企業にとっては、その流れを管理することは「財務」にあたります。

要は、どの立場で見るのかによって日本語ではさまざまに使い分けがなされているのですね[2]。ちなみに、本書で扱うのは「企業から見た場合の」ファイナンス、すなわち「財務」です。国家「財政」については扱いません。また、

---

[1] 金融市場は、取引される資金が短期か中長期かによって短期金融市場（マネーマーケット）と長期金融市場（資本市場、キャピタルマーケット）に分けられます。長期金融市場は、広義には銀行など金融仲介機関を含めたプレイヤーによる中長期資金が交流する金融市場のことをいい、狭義では株式・債券の発行市場のことを指します。また、一般的には株式・債券の発行市場および流通市場を含めた証券市場と同意語として用いられることも多くあります。本書では、企業に対する中長期的資金提供者を広く総称したいため、広義の意味で「資本市場」という語を用います。

[2] 通常「ファイナンス」というのは相当程度に大きな主体による資金の管理を指すため、家計についてはあまり用いられません。ただし、近年では家計（個人）における資金管理の適正化をより図るべきとの立場から、「パーソナル・ファイナンス」といった言葉が使われることも増えています。この分野は本書では扱いません。

資本市場から見た「金融」については、企業の財務を考えるのに必要最小限の分野にのみ触れることにします。

● おカネの調達・運用・獲得・配分を管理する

「おカネの流れを管理すること」には、いくつかの重要な要素があります。まずは何といっても、おカネ自体を手に入れなければなりません。これを「(資金)調達」といいます。一方、手に入れたおカネは、何かしらの目的のために用いられます。こちらは「(資金)運用」です。企業であれば工場建設のために資金を投じたり、他社を買収するための投資をしたりといったことが考えられます。こうした運用は、やりっぱなしでは困ります。おカネを投じたからにはきちんと見返りを「獲得」しなければなりません。投じた分を取り戻すという意味では、「回収」と言ってもいいかもしれません。

さらに、獲得した見返りをどのように「配分」するかという問題も出てきます。株主への配当をいくらぐらいにするか、などというのは典型的な配分の問題といっていいでしょう。こうした**おカネの「調達」ー「運用」ー「獲得」ー「配分」の流れをどうしたらうまく取り扱えるのかを考えるのが「ファイナンス」**です。

なぜこのようなことを考えなければならないのでしょうか。企業がおカネをうまく取り扱うことを必要とするのは、そのおカネによって事業(ビジネス)を進めていきたいからです。「**やりたいこと**」をやるには「**先立つもの**」が必要なのですね。このふたつは企業の中で密接に絡み合っています。したがって、ファイナンスを忘れたビジネスは成り立ちませんし、その逆もまた然りです。

② ファイナンスにも種類がある

◆コーポレート・ファイナンスとは何か

"企業から見た場合のファイナンス"のことを、「コーポレート・ファイナンス」とよぶこともあります。日本語では「企業財務」と訳されます(立場を変えて金融市場の側から「企業金融」などともいわれます)。本書で扱うのは主にこの分野です。

ただ、他にどのような分野があるのかを最初に知っておくのも悪くはありません。他の分野も、コーポレート・ファイナンスを考える際に時々顔を出すからです。ここでは企業財務、投資理論、金融工学、と3つに分けてみましょう。

●企業財務はおカネの流れの管理

「企業財務」(コーポレート・ファイナンス)理論は、企業がどのようにおカネの「調達」-「運用」-「獲得」-「配分」の流れを管理していくのかについて考える分野です。これについては本書でのちほどゆっくりと。

●投資理論は金融市場で使われる

次に出てくるのは「投資理論」(インベストメント・セオリー)という分野です。これは主として金融市場側、すなわち企業などに資金を提供する投資家の側で用いられます。投資家は、株式や債券などの形をとるさまざまな金融商

図表1-2 ファイナンスの種類

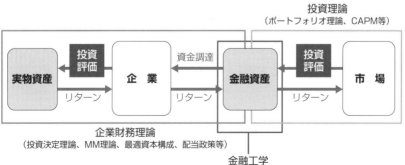

品に投資しますが、これらに対してどのようにおカネを投入すると最適な運用となり、目指す見返りが獲得できるのかを考える必要があります。このための体系が投資理論です。投資にはリスクがつきものですから、リスクを考慮しながらどのようなおカネの運用方法を考えるかがカギになります。たとえば、個々の投資のリスクの影響を小さくするために、それらを組み合わせてひとつのポートフォリオを作りおカネの流れを管理するなどといったことです。

投資理論というと、通常はこのように投資家が証券に対して投資を行う際に用いられることが多く、金融商品の多くは株式や債券などの証券であることから、こうした投資を証券投資とよぶこともあります。ただ、投資理論はこれだけではありません。実は企業財務にも深く関係します[3]。企業自身も投資を行っているからですね。企業が行う投資は設備投資など実物資産を対象としたり（実物投資）、事業そのものに投資したり（事業投資）することが多く、個別投資の実行や撤退の判断が主な内容となってきます。また、グループ経営における事業ポートフォリオマネジメントや、他社の株式を買収するM&Aなど、投資家に負けず劣らずの活動を行うことも増えてきました。こうした内容には本書でも多くの頁を割いています。のちほどじっくりみていきましょう。

● **金融工学は金融商品の製作に必要**

もうひとつの分野は、「金融工学」（ファイナンシャル・エンジニアリング）とよばれる分野です。いかにも数式や専門用語が多そうな感じがしますね。何しろ"工学"ですから。この分野は、きわめて実務的な色彩の強い分野であり、簡単に言えば工学的手法を駆使して金融商品をどのように作るかがカギとなります。たとえば、リーマン・ショックの震源地となったのは証券化商品市場でしたが、ここでは通常のローンなどさまざまな金融商品を束ねて、リスクに対する見返りの異なる新たな金融商品を作り出すということがなされていました。この商品"製作"に必要な工学が「金融工学」です。

こう言うと、何か世界経済危機の黒幕のように思われるかもしれませんが、一般的な金融商品ではなかなか満たされない投資家の需要に応えるためには今やなくてはならないものとなっています。デリバティブ[4]とよばれる金融派生

---

[3] コーポレート・ファイナンスという用語を狭義に用いて、資金調達および配分の問題だけを指すこともあります。ここではより一般的に、企業全体のおカネの流れを管理することと広く定義し、企業による投資やその回収（運用や見返りの獲得）を含めて扱っています。後述するように、企業価値向上のために企業が行う活動としてコーポレート・ファイナンスを考えることが重要と思われるからです。

商品も、この分野における産物のひとつです。本書では、ごく基本的な内容を扱います。

◆アカウンティングとは何が違うのか

さて、ファイナンスを考えるにあたって避けては通れない分野があります。アカウンティング、つまり「会計」ですね。企業の業務として考えれば「経理」のほうがなじみ深いかもしれません。アカウンティングとファイナンスは、「経理・財務」などとよく一緒にされます。どちらも数字を扱っていますし、やりたい事業をやるために先立つおカネを工面するには無くてはならないものですので、一括りにしてしまいたい気持ちもわかります。しかし、いったんきちんと分けておきましょう。一括りにして考えてしまったことが、日本企業の財務戦略を遅らせているのかもしれないからです……と言ったら、ちょっと言いすぎでしょうか。

●会計の使命

「会計」（アカウンティング）の世界でもっとも重要なことは、「企業活動の結果について数字を使って正確に記録して伝えること」です。先ほどと同様に『大辞林〈第三版〉』（松村明編、三省堂）をひもとくと、「個人や企業などの経済活動状況を、一定の計算方法で記録し、情報化すること」とあります。一定の計算方法というのは、たとえば複式簿記の体系や会計基準など広く定められた方法のことを指します。これらの方法に則り、**過去の実績を正確に記録し客観的な情報として伝える**というのが会計の使命といえるでしょう。こうした情報がなければ、私たちは企業の活動がどのくらい成功しているのかなどを知ることができません。きわめて重要な機能です。また、これらの情報は、財務三表（図表1-3）に代表されるような形でまとめられます。どのくらい費用をかけて利益を得たのかを表わす損益計算書（プロフィットアンドロスステートメント、ＰＬともいいます。インカム・ステートメント、ＩＳとよぶことも

---

4) デリバティブとは、正式には金融派生商品（Financial derivative products）といいます。株式や債券、預金やローン、外国為替など伝統的な金融商品を原資産とし、そこから派生して形成された商品の総称です。代表的なものとしては、リスクを低下させるために予め将来の値段を決めておく先物取引や、リスクをとって高収益を上げるために将来売買する権利を予め売買するオプション取引などがあります。みなさんの中でネット証券を通じて外国為替証拠金取引（FX）を行っている人がいらっしゃったら、それも外国為替を原資産とするデリバティブのひとつです。少ない資金で大きな金額の取引ができるレバレッジがかけられたり、価格が値上がりする場面だけでなく値下がりする場面でも収益が得られたりする特徴を持つため、投資家の多様な需要に応えられるようになっています。

第1章 企業に求められるファイナンスの基本

図表1-3　財務三表

いくら儲かったのか？ 〈損益計算書〉	元手はいくらかかったのか？ 〈貸借対照表〉		おカネの動きはどうなのか？ 〈キャッシュフロー計算書〉
売上高 －売上原価 **売上総利益** －一般販売管理費 **営業利益** 営業外収益 －支払金利等 **経常利益** 特別損益 **税引前当期純利益** －法人税等 **当期純利益**	流動資産 現預金 売掛債権 棚卸資産 など 固定資産 有形（建物・土地など） 無形（知財など） 投資等	流動負債 買掛債務 短期借入金など 固定負債 長期借入金など 純資産 株主資本 包括利益 など	営業キャッシュフロー 営業活動によって流入した・流出したキャッシュ 投資キャッシュフロー 投資活動によって流入した・流出したキャッシュ 財務キャッシュフロー 財務活動によって流入した・流出したキャッシュ 期末現預金残高

（注）このほかに、株主資本等変動計算書、および注記といったものがありますが、本書では割愛します。また、これらの財務諸表の一部は、国際財務報告基準（IFRS）では、呼称が変わります。損益計算書は包括利益計算書に、貸借対照表は財政状態計算書となり、会計基準の違いによって内容も多少変わってきます。

あります）、元手をどのように調達してどのように運用したのかを表わす貸借対照表（バランスシート、ＢＳともいいます）、そしておカネが実際にどのように動いたかを表わすキャッシュフロー計算書（これについてはまたのちほど）のことを指します。

● **財務の使命**

　一方、「財務」（ファイナンス）はどうでしょうか。数字を使うことは同じですが、過去の実績を正確に報告するのは財務の仕事ではありません。財務ではこの先のおカネの流れをみることが中心となります。なぜそんなことをしなければならないかというと、もともとは「やりたいこと」があり、それを実行するには「先立つもの」が必要だったからですね。「やりたいこと」をやる側は、その「やりたいこと」の先行きがどのようになっていくかを説明し、理解されれば「先立つもの」を得ることができます。これを元手に「やりたいこと」をやって、得たおカネを「先立つもの」を用立ててくれた人たちに還元します。用立てる側の人たちは、「やりたいこと」の先行きの説明を聞いてその確からしさを見極め、そこにおカネをつけると成功しそうだと納得すれば「先立つもの」を用立てます。そして、その見返りとしておカネが還元されることを期待します。

図表1-4 アカウンティングとファイナンスの違い

アカウンティング（会計）
- 過去の実績に関する正確な報告
- 計算方法が重要（会計基準）
- 判断基準
  - 取得原価主義
  - 収益費用アプローチ
  - 売上・利益・費用を中心とした分析
  - IFRSの導入により影響を受けつつある

ファイナンス（財務）
- 将来の業況に対する確からしい予測
- おカネの流れが重要（キャッシュフロー）
- 判断基準
  - 時価主義
  - 資産負債アプローチ
  - キャッシュフローを中心とした分析
  - ガバナンスへの強化により影響を受けつつある

　すなわち、財務の使命とは、「**将来の事業を確からしく予測し、それに基づいて実際の資金を動かすこと**」といえるでしょう。過去の実績は、将来を予測する際の参考情報にはなりますが、それを深掘りすることは財務の本分ではありません。また、会計のように「正確な」という言葉を使っていないことに注意してください。将来のことで正確にいえることはひとつもありませんし、客観的な拠りどころとなるような決まり事が法律で定められているわけでもありません[5]。

　ファイナンスに係わる人々の願いはただひとつ、期待したようなおカネの流れが将来得られることであり、そこまでの道筋に関して主観的に納得できればそれでいいのです。とはいえ、人間は支離滅裂な話にはめったに納得しませんから、通常はここに「論理的には整合性がある」とか「合理的な予測をしている」などといった"**確からしさ**"が求められることになります。

　こうした話をすると、経理畑の人たちは十中八九、嫌な顔をします。「ファイナンスってなんていい加減なんだろう」……。はい、その通りです。正確な事実や客観的な基準には非常に乏しい世界なのですね。その代わり、将来への期待や可能性（あるいはリスクや不確実性）、主観的な判断には充ち満ちた世界です。こう考えておいていただくと、これから先のファイナンスの話がぐっと楽しくなるのではないかと思います。

---

[5] したがって、基本的にはファイナンスの世界は「何でもあり」なのですが、これを放置しておくとおカネのために悪事を働く輩が出てくるので、やってはいけないことを主に法律や規制で定めています。

3 ファイナンスの世界にようこそ

◆ これだけは覚えておかなければならない3つの鉄則

　ファイナンスの世界が将来の不確実性を相手にした、ある意味きわめて「いい加減」な世界だとしたら、そんないい加減さは支離滅裂な状況を招きそうです。「そんな将来予測は受け入れられない」とか、「お前は何と勝手なことを言っているんだ」などと大混乱が生じそうですね。しかし、実際には特に騒動になることもなく（時々別の意味で大混乱に陥ることはあるとしても）、毎日さまざまな取引が成立しています。投資家は資金を運用し、企業家は資金を調達し、おカネは円滑に巡りめぐっているようにみえます。なぜでしょう？　それは、この世界に参加するすべての人々が国籍も民族も性別も超えて持っているただひとつの思いがあるからです。それは「儲けたい」。

　こんなことを言うと、ファイナンスの世界の人々には怒られそうですね。しかし、積極的に損をしたくて金融市場にのこのこ出てくる投資家はいません。程度の差こそあれ、投資家は手持ちの資金を1円でも多く増やしたいと思っています。「いや、私はそれほど儲けようなどとは思っていない」という、ある意味慎ましやかな投資家の方も（そういう方ほど）、運用がうまくいかずに損失が生じれば烈火のごとく怒るのは世の常です。

　とはいえ、「儲けたい」だけではあまりに身も蓋もありません。それだけであれば、金融市場は賭博の鉄火場と同じことになってしまいます。本当はもう少し深遠な存在意義もあるのですが、それは後回しにしましょう。「儲けたい」を前面に出したのは、ここにファイナンスの世界におけるいくつかの鉄則が隠れているからです。この鉄則、専門家にとっては当たり前なので意外に語られることがありませんが、われわれ門外漢にとっては、知らないとさんざんファイナンスの世界で道に迷った挙句「そんな約束事があるなら最初に言ってくれ」と嘆くはめになりかねないほど重要なことです。したがって、最初にみてしまいましょう。鉄則は以下の3つ。

1　ハイリスクならハイリターンである
2　今日の百万円と明日の百万円は違う
3　キャッシュは王様である

【第一の鉄則】　ハイリスクならハイリターンである

　最初の鉄則は「ハイリスク・ハイリターン、ローリスク・ローリターン」です。この言葉はよく聞きますね。先ほどの「儲けたい」をもう少し丁寧にいうと、何らかのリスクをとることで何らかの見返り（リターン）を得たい、ということになります。現実の世界では、何らリスクをとることなく丸儲け、とか、決死の思いでリスクをとったのに何の見返りもない、などということも数多くあります。人生が複雑かつ彩り豊かになるゆえんですね。しかし、ファイナンスの世界ではいったんこうした人生の機微は忘れましょう。高いリスクを引き受ければ高いリターンが期待できる、その逆もまた真であるというのがファイナンスの世界の鉄則です。

　「何だかつまらない」というなかれ。この鉄則を軽視するがゆえに起こる悲劇は数多いのです。たとえば「元本保証、高利回りの投資を持ちかけられてカネを出したら詐欺だった」などといった被害はよく報道されます。被害者の方には本当にお気の毒なのですが、ファイナンス的にいうと、残念ながら全面的には同情できないのもまた事実です。というのは、資金を運用する以上はこの鉄則を知っておかなければならないからです。**"高利回り＝ハイリターン"を約束しながら"元本保証＝ノーリスク"ということは、ファイナンスの世界ではありえません。**

　元本保証がつく金融商品には、みなさんもよくご存じの銀行預金というものがあります。預金の利率は、いまやとてつもなく低いかもしれませんが、これ

図表 1-5　ハイリスク・ハイリターン

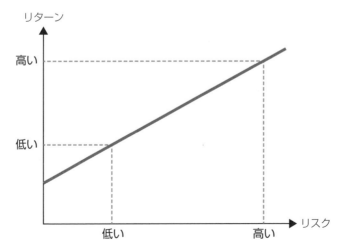

は元本保証というきわめてローリスクの状態を提供しているので、その見返りはきわめて低い（ローリターン）というだけのことです。したがって、ある金融商品が預金利率を上回る見返りをうたっているのであれば、その商品のリスクは預金を上回るはずです。ましてや、昨今金利がひどく低い状況で10％などといった見返りを得ようとすれば、そのためにとるリスクは非常に高くならざるを得ません。

　ファイナンスの世界では、もっともリスクが低く、したがってリターンも低い金融商品は国債であるということになっています。これを「安全資産」、あるいは「無リスク資産」などとよびます[6]。リスクの多寡は、単純に言ってしまえば将来の不確実性をどのくらい前もって測れそうかということで決まります。将来、本当に得られるのかよくわからないリターンを少しでも確実なものにするためには、前もって契約を結んでしまうというのはよい方法かもしれません。また、契約の相手方としてはなるべく信用力のあるところがよいでしょう。したがって、もっとも信用力のありそうなところと契約を結んでできた商品である国債が、もっともリスクが少ないだろうということです。

　みなさんもよくご存じの金融商品で言えば、銀行預金もリスクが低いもののひとつです。銀行という比較的信用力のあるところと契約して、事前に金利の水準や元本の返済というリターンの水準を決めたうえでおカネを預けるという商品だからです（したがって、信用力の低い銀行の預金金利は通常高くなります）。一方、株式などは、結構リスクの高い商品です。リターンは契約によっては通常決まらず、その株式を発行している企業の業況によって大きく左右されます。元本が必ず決められた期日に返ってくるという保証もありません。しかし、こうしたリスクをとっているからこそ、成功すれば預金よりも大きなリターンを得られます。

　ここでちょっと気をつけていただきたいのは、「成功すれば」という点です。リスクとリターンについて考えようとすると、よくこういう反論を耳にします。「株式はリスクがあるというけれど、私はずっと儲けている。リターンは大きいけれど、リスクなんて感じたことはないぞ」。儲かっているのは何よりですが、こうした場合ももちろんリスクはとっています。株価は上振れするかもしれないし、下振れするかもしれない、その振れ方に応じて上振れすれば株価上昇益

---

[6] 世界金融危機などを経験してしまうと、いまどき本当に国債が無リスクなのか、という疑問は大いに湧きますね。ただ、ここではそうした話はちょっと置いておきましょう。ファイナンスを考える場合に、リスク・リターンの基準となるものが必要なので、一般的にある国においてもっとも信用力が高いであろう、国という機関が発行した債券を参照しているということです。

という見返りが生じる一方、下振れすれば損失が生じます。その振れ幅を丸ごと受け入れてこそ、上振れした場合のリターンが享受できるということですね。下振れした場合にはリスクを受け入れなければなりません。これが、ハイリスク・ハイリターンです。

【第二の鉄則】 今日の百万円と明日の百万円は違う

　ファイナンスにおける第一の鉄則がリスクとリターンに関するものだとすると、第二の鉄則は時間に関するものです。ファイナンスの世界では、**おカネの価値は時間とともに変わるもの**だという考え方をします。銀行に預金をすれば低いとはいえ利子がつきます[7]。タンス預金という概念はないのですね。

　たとえば、あなたがとても裕福で、100万円を友達に貸していたとしましょう。友達は資金繰りに苦慮していて、今日が返してもらう期日なのですが1年間返済を待ってくれと言ってきたとします。これを受け入れるとすると、義理人情から考えれば「まあ、頑張って1年後に100万円返してくれればいいよ」となるでしょう（あるいは、「俺とお前の仲なんだから取っておけよ」などという麗しい話になるかもしれません）。

　一方で、ファイナンス的な考え方をすると物事はどうしてもドライになります。もし、あなたが今日100万円を返してもらい、1％の金利がつく金融商品で運用をしたとすれば1年後には100万円の1％、すなわち1万円だけ増えているはずです。したがって、1年返済を猶予するのであれば、1年後には金利分も含めて101万円返してもらわないと割に合いません。何だか友達をなくしそうな結論ですが、実は、銀行にしても高利貸しにしても、世の中でお金を貸すことを生業としている人たちがやっていることはすべてこういうことです[8]。

　いまの話をひっくり返すと、「将来の100万円の価値は現在とは異なる」ということも明らかかと思います。本当は1年後でなければ入金しない100万円を、

---

7) 最近では、金利が低いどころか、「マイナス金利」という言葉も耳にします。銀行に預金すると見返りとして金利が支払われるのではなく、逆に手数料のように金利を支払わなければならない状態です。日本では、日本銀行と市中銀行の間に適用される金利の一部についてのみマイナス金利が適用されています（2017年8月現在）。現時点では、みなさんの銀行預金にマイナス金利は適用されていません。

　もしかすると、将来的には適用されるかもしれません。しかし、その場合も「時間とともにおカネの価値が変わる」ことに変わりはありません。金利が▲1％であれば、100万円預けると1年後には金利分を支払って99万円になってしまうということですね。逆に、住宅ローンを100万円借りれば、1年後には金利分が目減りして99万円になっていることもあり得ます。「不思議の国のアリス」みたいですね。

図表1-6 現在価値と将来価値

〈事例〉現在価値100万円、金利1％、期間1年の場合の将来価値

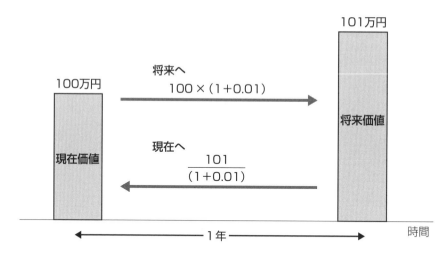

どうしてもいま手元に得たいということであれば、1年間の金利分だけ割り引いた額しか手に入らないということですね。先ほどの金利1％を適用するとすれば、1年後の100万円は、100÷(1＋0.01)ということで99万円くらいになるでしょうか。将来のおカネの現在の価値なので、これを「現在価値」とよびます。将来の101万円の現在価値は、先ほどの例の逆算なので、101÷(1＋0.01)で100万円ですね。このように将来の価値を現在の価値に直すことを「割り引く」、また、金利に当たる1％を「割引率」などともいいます。これはまた後で出てくるので、ちょっと頭に入れておいてください。

---

8) それではなぜ、借りる人や貸す人によって金利が違うのでしょう？ 借りる人によって金利が違うのは、返せる可能性が人それぞれ違うからです。先ほどのハイリスク・ハイリターンの考え方と同様に、間違いなく返せそうな人＝ローリスクの人、であれば貸す側のリターン＝金利は低くてもよいですが、返せるかどうかちょっと不安な人＝ハイリスクの人には、ハイリターン＝高い金利を要求するということになります。
　一方、貸す人によって金利が異なるのは、貸す側が元手となる資金をどのように調達しているかによります。これもリスク・リターンが関係します。銀行のように大勢の預金者が預金というローリスク・ローリターンの資金を大量に預けてくれるような機関では、この資金が元手となりますから比較的低いコストで資金調達が可能です（その代わり、あまり危ない運用はできません）。一方、街場の高利貸しの資金の出所は、とてつもなく高いリターンを要求する金主だったりします。そうすると、借りる側に要求する金利も高くなるということですね。この注で触れているリスクは「信用リスク」といいますが、詳しくは後の章で扱います。

【第三の鉄則】　キャッシュは王様である

　さて、最後の鉄則です。何が大事って、現金が大事。何だか当たり前のような気がします。ファイナンスなのですから。でも、意外に忘れがちでもあります。なぜなら、私たちがよく使う財務諸表には、現金の出入りに直接関係しない項目もたくさんあるからです。

　たとえば損益計算書。売上から費用を引いたら利益がいくらになるか、を記載したものです。これらがすべて現金の動きと一緒だと思っているかもしれませんが、そんなことはありません。費用の中には、現金として出ていってはいないのに費用として売上から引かれているものがあります。減価償却費などはその代表的なものです。建物や機械など、長年にわたって使う資産は一般的には時が経過するとその価値が減っていきます。建物もだんだん古びてくるし、機械も何だかくすんで見えるようになります。この価値の減少分は、もともとの資産の価値から除いておきたいですね。そこで、購入時に計上した資産額から、毎年一定額を価値の減少分として除いていき、一定期間経過後はもうほとんど価値がなくなったことにします。

　この"毎年除かれる一定額"を減価償却費といい、資産の価値から除かれた額が費用として損益計算書に登場します。ただ、この費用は現金では出ていっていません。資産購入の対価としてのおカネは、買ったときにすでに払ってしまっています。後は、長年かけて価値が減ったと考えられる分を費用にしていくだけです。とすると、この減価償却費は、費用として計上されてはいるけれども、現金は出ていっていない費用ということになります[9]。

　こうした費用はファイナンスの世界ではどう扱われるのでしょうか。答えは明確です。現金支出を伴わないのであれば出ていったことにはならない、だから無視！　です。とはいえ、費用として計上されてしまっているのは事実ですから、実際にはこれを足し戻して考える、ということをします。つまり、ファイナンスで大事なのは、損益計算書に載っている利益（ばかり）ではなく、**実際におカネが動いたその額**、ということになります。

　これをきちんと理解していないと、「勘定合って銭足らず」という状態が生

---

[9]　建物や機械設備などは使っていればだんだん新品のときよりはくたびれてくるということですね。ただし、たとえば壊したなどというときには改めて修繕をしなければなりません。これは修繕費などといった形で実際にキャッシュが出ていく費用として別にかかります。減価償却費はあくまでも時間の経過とともに価値が下がっていくことに焦点をあてています。したがって、価値の減少やその期間を想定できない土地などの資産には減価償却費はかかりません。また、美術品など時間の経過とともにむしろ価値が上がるような資産についても減価償却の対象にはなりません（一定の基準を満たすことが必要ですが）。

まれます。売掛金や買掛金など営業債権債務[10]や棚卸資産（在庫）に関するおカネの流れもそのひとつです。売上が上がっても、現金で代金を受け取るのではなく、たとえば、「3か月後にまとめて払うからツケにしておいて」と言われたら（これが「売掛金」です）、現金は3か月後まで入ってきません。逆に、何かを仕入れて同じく3か月後のツケ払いにすれば（こちらが「買掛金」です）、仕入はすぐに行われますが、3か月間は現金は支払うことなく取っておけます。売掛金は回収できればおカネが入ってきますし、買掛金は支払えばおカネが出ていきます。この関係をきちんと管理していないと、会社が潰れる事態にもなりかねません。

　たとえば、商品を3万円で仕入れて、その買掛金を1か月後に支払い、一方でその商品を3日後に5万円で売却して代金を掛で3か月後に受け取る、という取引を考えてみましょう。損益計算書と貸借対照表は、図表1-7の左側のようになります。別に変わったところはないようにみえますね。しかし、1か月後にはどうなるでしょう？

　買掛金の支払いが必要です。しかし、支払うための現金はもう2か月たたないと入ってきません。もし、この会社が他に何も取引がないとすると、この日を以てこの会社はおカネが支払えず倒産してしまうかもしれません。こうしたことは、おカネの流れをきちんとみていればわかります。この「おカネの流れ」をキャッシュフローといいます。いまの例で簡単なキャッシュフローを計算すると、図表1-7の右側のようになります。これでは会社はやっていけませんね。また、在庫が過大になっても同様の事象が起きます。材料を仕入れて商品を作ったのに売れずに在庫としてたまっていれば、売上としての現金は入ってこないのに、仕入れた代金は支払わなければならないからです。

　もうひとつ、企業には大きなおカネの流れがあります。「投資」です。工場を建てたり、会社を買ったりすれば当然、多額のおカネが動きます。しかし、これも損益計算書からはあまりわかりません。建てたり買ったりして得た「資産」はたしかに貸借対照表の左側に載っていますが、おカネの流れがいまひとつわかりません。また、このように大きな買い物をするためのおカネはどこから生まれてくるのでしょうか。自分の上げた利益を使っているかもしれません

---

[10]　通常の営業活動により発生する債権を営業債権、債務を営業債務とよびます。営業債権とは通常、売掛金や受取手形を指し、これらを総称して売掛債権といいます。また、営業債務は買掛金や支払手形のことで、これらは買掛債務とよばれます。さらに、おカネの流れに関係する営業活動に関する資産に棚卸資産があります。これは在庫のことです。本書では、売掛債権、買掛債権、棚卸資産をまとめて、営業関連債権債務とよびます。

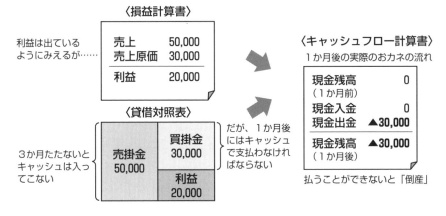

figure 1-7 キャッシュフロー計算書の必要性

が、もしかしたら、借金などをしているかもしれません。これもまたおカネの流れです。でも、これも貸借対照表の右側には載ってきますが、あまりピンときません。もっと、おカネの流れをきちんと示せるようなものはないだろうか──。

はい、あります。それが「キャッシュフロー計算書」です。企業の活動を、営業活動、投資活動、財務活動に分け、それぞれの活動でのおカネの流れをみたものです。損益計算書や貸借対照表に書いてある内容からおカネの流れを取り出して活動別に分類するとこうなる、ということを示したものです。

以上の3つの表、損益計算書、貸借対照表、キャッシュフロー計算書の関係は次ページの図表1-8のようなイメージで考えていただくとわかりやすいかもしれません。

簿記や会計が苦手だという人は、もっと簡単に図表1-9の矢印の流れをしっかり押さえていただければ結構です。まとめると、**会社におけるおカネの出入りは、実は①売上、②現金として出ていく費用、③営業関連債権債務、④投資、⑤負債や資本の増減、にほぼ集約されます**。ただ、これらは損益計算書だけをみていてもわかりませんし、貸借対照表だけをみつめても浮かび上がってはきません。また、事業だけを追っていてもわかりませんし、財務に集中していても掴めません。企業の活動すべてを通したおカネの流れをきちんと把握する、これがもっとも重要なことです。

このキャッシュフローサイクルから読み取れるもうひとつのおカネの出入りに関する重要な要素は、企業の利害関係者とのおカネのやり取りに関する順番です。こちらは29ページの図表1-10のように、損益計算書を順に思い出して

図表 1 - 8　財務三表の関係

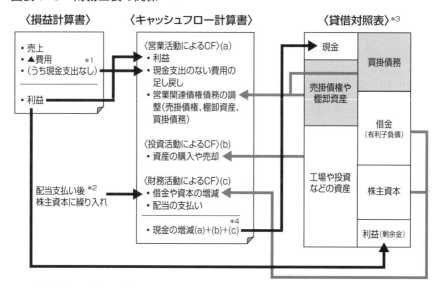

*1　現金支出のない費用の代表的なものが減価償却費です。また、実際に計算する際には今期に計上すべきだがまだ現金支出が伴っていない金利支払い等の調整も行われます。
*2　配当などいくつかの項目は株主資本等変動計算書で扱われますが、この図では割愛しています。
*3　貸借対照表は一時点のスナップショットなので、資金の流れを考えるためには、前期と今期の増減をみます。
　　ＢＳ項目が資産側であれば　　－（ＢＳ今期残－ＢＳ前期残）＝ＣＦの増減
　　ＢＳ項目が負債・純資産側であれば　＋（ＢＳ今期残－ＢＳ前期残）＝ＣＦの増減
　　となります。
*4　(a)+(b)をフリーキャッシュフローということがあります。

図表 1 - 9　企業におけるキャッシュフローサイクル

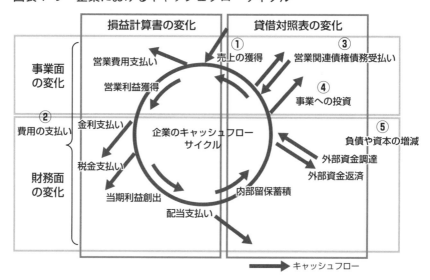

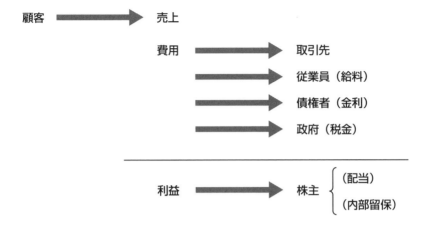

図表1-10　おカネを使用する順番

いただいてもイメージが湧くかと思います。まず、入ってくるおカネは売上ですが、これは「顧客」という利害関係者から入ってきます。何を対価にしているかというと、みなさんが提供しているモノやサービスですね。したがって、まずこれらを作るのに必要な「原価」を支払わなければなりません。モノやサービスのもととなる要素を提供してくれた「取引先」に対して、製造原価や販売管理費などの費用として支払うおカネがこれにあたります。また、それらが提供できるようになるのは、もちろん従業員が働いているからこそです。したがって、給料として支払うおカネもここから出ていきます。

　また、債権者に金利も支払わなければなりません。この後に、今度は「政府」という利害関係者が税金を徴収していきます。そして残ったおカネが、企業の出資者である「株主」に渡るわけです。ただし、全額を現金で毎年渡してしまうと、次の年に行いたい投資などのために、毎回資本を集めなければなりません。これは面倒です。したがって、しかるべき配当を支払った後は、企業の内部に留保しておくことになります。このなかから、経営者が投資を行ったりしますし、足りなければ外部から借り入れたりすることもできます。

◆ フリーキャッシュフローとは何か

　さて、ここで問題です。顧客や取引先、従業員や政府には決まった額を支払うとして、では経営者が投資を行うにはどのくらいのおカネが余っていればいいのでしょうか。あるいは、株主への配当はどれくらいにすればいいのでしょう？　さらに、債権者にはたしかに金利の支払いは行いましたが、決められた

日がくれば元本も返されなければなりません。これらのおカネの流れをどのように決めましょうか。これらを決める基準となるようなおカネの大きさがわかると考えやすくなりそうですね。ここで用いられるのが「フリーキャッシュフロー」です。

フリーキャッシュフローとは、「企業が事業活動を行った後に、債権者・株主・経営者間で自由に分配できる余剰のキャッシュフロー」と定義できます。現在の事業活動を行うことによって生み出された余剰、すなわち、これこそが事業が新たに生み出した価値ということです。

会計上での求め方を簡単に言えば、「営業キャッシュフローから投資キャッシュフローを除いたもの」などとされることもあります。現事業を行うことで得たおカネ（営業キャッシュフロー）から、現事業を維持するのに必要なおカネ（投資キャッシュフロー）を引いたものということですから、まさに現事業を回して得たおカネ、その事業が生み出した価値ですね。図表1-11にも示した通りです。ただし、もう少し詳しくみると、ふたつの点でこうした会計的な数字とは概念が異なっています。ひとつには、営業キャッシュフローでは、債権者への金利はすでに支払われてしまっています。しかし、ファイナンスでは、「経営者、株主、債権者間のキャッシュフロー配分」ということを考えたいので、いったん金利については足し戻します。すると、金利につきものの税効果についても考え直してみなければいけないので、定義は次のようになります。

図表1-11　フリーキャッシュフロー

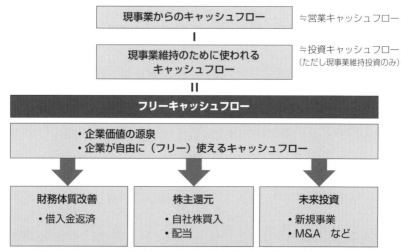

定義：EBIT×（1－実効税率）＋非現金項目（減価償却費など）－運転資金増減－投資

EBIT×(1−実効税率)+非現金項目(減価償却費など)−運転資金増減−投資

　式が出てきても嫌がらないでください。やっていることは先ほどみたことと同じで、会計的な利益を、おカネの流れに直しているだけです。EBITというのは、いまは営業利益と同じようなものだと思ってください（コラム1で詳しく説明しています）。減価償却費などの現金で支払っていない費用は足し戻します。営業関連債権債務の増減も調整します。売掛金が3か月先にしか入ってこないのに、1か月後に買掛金を支払わなければならないような先ほどの例（図表1-7）では、会社を潰さないためにはこの間に資金を手当てしなければならないわけですが、このように事業を回していくために必要な資金を運転資金（ワーキング・キャピタル＝Working Capital）とよびます。したがって、「運転資金増減」というのは、売掛金や買掛金として出たり入ったりしているおカネの動きを表わします。出入りが両方あるので正味（ネットという意味です）という言葉を頭につけたりします。したがって、

　正味運転資金増減＝売掛債権増減＋棚卸資産増減−買掛債務増減

で表わされます[11]。

図表1-12　運転資金とは何か

- 営業関連債権債務に関する資金の流れを運転資金という
- 正味運転資金＝売掛債権(売掛金＋受取手形)＋棚卸資産−買掛債務(買掛金＋支払手形)

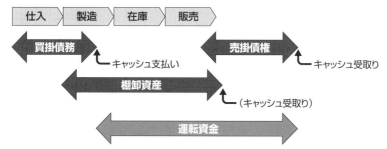

- キャッシュフロー計算書を作る場合には、今年度と前年度の差異が資金の流れとなる

---

11) 売掛金が増えるということは、本来なら現金で受け取れるものが先に延ばされている状態ですので、キャッシュの動きからみるとマイナスの状態です。在庫が増えているのも、現金になるべき商品がそうならずに倉庫で眠っているわけですから、キャッシュ的にはマイナスです。一方、買掛金が増えるというのは、本来現金で払わなければいけないものを先送りしているので、キャッシュ的にはプラスなのですね。これらを足し引きしたのが運転資金増減です。したがって、運転資金が増えていればこれはキャッシュの動きとして↗

また、設備投資をすれば現金は当然出ていきますから、このキャッシュアウト分も差し引いておきます。ただし、ここでもうひとつの「会計と異なる点」が登場します。先ほどもみたように、厳密に言えばここで差し引きたいのは、あくまでも現事業の維持に必要な投資だけです。現事業を回して得たキャッシュから、現事業を回すために必要なキャッシュを引いたもの、というのが、現事業を回して得た価値であるフリーキャッシュフローの本質的な定義です。したがって、新規事業への投資などは含まないのですね。とはいっても、企業を外から見た場合などは、どこが現事業への投資で、どこが新規事業への投資であるかの見分けがつきません。したがって、やむなくまとめて差し引いているということです。

　なぜ、新規事業への投資は本来的にはフリーキャッシュフローに含まれないのでしょうか。そもそもの目的を思い出してみましょう。取引先や従業員など、さまざまな関係者に支払うべきものを支払った後に、「債権者」「株主」「経営者」の間でどのようなおカネの流れを考えるべきかという判断基準になるのが、フリーキャッシュフローでした。

　債権者に借金を返済するか、株主に配当や自社株買いの形で還元するか、経営者が未来への投資のために使うかを決めたかったわけです。とはいえ、債権者が自分のものにできるおカネはすでに決まっています。事前に契約で決めてしまったのだから、それ以上は取れません。したがって、これをまず支払ってしまった後は、株主と経営者の「取り分争い」になります。余剰のおカネはすべて株主に帰属するのですから、株主としては、「余ったら全部返せ」と言ってもいいわけですね。

　しかし、実際の企業活動を考えていたら、毎年余った分を株主に全部返してまた改めて出資を募っていては仕事になりません。そういう面倒くさいことをしないために株式会社という形態が作られたのですから。とはいえ、経営者の好き放題に使ってしまうというのも考え物です。それゆえ、経営者は株主に対して、キャッシュフローを将来の事業のためにどのように用いるか、株主に対してどのように還元するか、ということをしっかりと説明しなければならないのです。そこで納得が得られて初めて、経営者は新規の投資に踏み出せるとい

↘はマイナスですからフリーキャッシュフローの計算では差し引かれることになり、正味で減っていれば逆に足されることになります。したがって、キャッシュフロー経営を行っていくうえでは、売掛債権はなるべく早期に回収し、在庫は積まず、買掛債務はなるべくゆっくり先延ばし、というのがよい姿ということになります。取引先との関係上や事業でのバッファーを考えると、なかなか実行するのは大変かもしれませんが、おカネのうえではこうなのだということはぜひ覚えておいてください。

うことですね。

　ちょっと話が進み過ぎましたが、このフリーキャッシュフローという考え方は、これからみていくファイナンスの肝にもなるので、ちょっと覚えておいてください。

◆ **企業価値とは何か**

　昔は、企業の成功は売上高の大きさでほぼ決まりました。経済が成長しているときには、企業にとってもっとも大きなキャッシュフローの「入り」である売上高が大きければ、キャッシュフローそのものも大きくなっていると考えてほぼ間違いなかったからです。しかし、成熟経済になってくると疑問が生じてきます。売上さえ大きければ、いくら費用がかかってもいいのか？　そこで、だんだんと利益が成功指標となってきました。ところが、これがまたくせ者です。損益計算書上の利益は、あくまで会計上のもので、実際の現金の出入りとは一致しないことは先に説明しました。

　そうなると、外から会社を見ている人は不安です。どのくらい操作されているのかよくわからないので、とりあえず防衛策を講じます。外から見てもあまり間違いなさそうなものをみよう、と。そうすると、「いくらなんでも、持っている現金なら間違いなかろう」という話になってきます。つまり、なるべく「キャッシュベースでどのくらい儲かっているのか」が知りたい、という関心が強くなってきます。昨今世間を賑わせているIFRSの基本的な考え方も、会計的な利益ではなくキャッシュベースの儲けをみたい、というものです。

　では、キャッシュベースで利益を上げていれば企業は成功したといえるのでしょうか。必ずしもそうではありません。「やりたいこと」だけをやって、その結果儲かったから万々歳、というわけにはいきません。「やりたいこと」をやるためには、「先立つもの」の手当てが必要です。この「先立つもの」は、天から降ってくるわけでも、地から湧いてくるわけでもありません。銀行や株主などのところに行って、手当てをお願いしなければなりません。銀行や株主は、別にボランティアではありませんから、「先立つもの」を用立ててくれる代わりに、それなりの見返りを要求します。したがって、企業にとっては、この「見返り」をきちんと支払ったうえで、それでもなおキャッシュベースで利益を上げているかどうか、ということが重要になります。

　利益を上げるために無理な増資をしてどこかの企業を買収した、とか、とてつもない借金をして新規事業を立ち上げた、などということになると、「やり

コラム1　いい加減だけれど便利な指標「EBITDA」

　先ほどのフリーキャッシュフローの定義の中で、EBIT[12]という言葉が出てきました。税引前・金利支払前利益（Earnings Before Interest and Taxes）の略です。先ほどは営業利益みたいなもの、と説明しましたが、もう少し詳しく言えば、営業利益に支払金利[13]以外の営業外損益を足したものです。経常利益に支払金利を足し戻してもかまいません。本業からの利益を表わす指標と思ってください。損益計算書の利益の中には、本業によって得た利益もしくはそれに必要な費用と、金融関連の取引で得た利益もしくは費用が存在します。EBITは前者を指します。

　このように利益を分けるのは、米国などではトップの責任権限がはっきりしていて、事業面を司るCOO（Chief Operating Officer）と、財務面を司るCFO（Chief Financial Officer）の成果を分けたいからではないかと思います。EBITまではCOOの責任範囲、金利や税金、配当などに関わってくるそれ以降の領域はCFOの範囲、そう考えておくと明確です。

　ところで、EBITにさらに減価償却費（Depreciation and Amortization）を加えたEBITDA[14]という指標も存在します。これはフリーキャッシュフローをなるべく簡便に表わせないかということでできた指標です。

　EBITDAが脚光を浴びたのは、米国で企業買収ブームが沸き起こった1980年代です。買収の際はキャッシュフローを慎重に見積もる必要があります。しかし、手っ取り早く片を付けたい向きにとって、それは結構面倒です。何とか簡便にしたいということで、損益計算書から本業の利益を示すEBITを引っ張ってきて、それにキャッシュフローとの乖離をもっとも大きくしている要素である減価償却費を足し戻せば、当たらずといえども遠からず、のキャッシュフローの水準はだいたいわかるのではないか、といったことで多用されるようになりました。たしかに、損益計算書の大まかな項目さえあれば直ぐに算出できるので便利ですね。どんなに開示の少ない企業でも、EBITDAの水準くらいはわかりますから、これは大変に重宝されていまに至っています。ただ、当然ながらEBITDAは実際のおカネの流れを示すものではありません。また、この指標が重視されるあまり、EBITDAを魅力的に見せようと過去さまざまな不正[15]も行われてきました。便利だからといって盲信すると、もっとも危険な指標になってしまうかもしれません。

---

12)　「イービット」と読みます。
13)　本来は、支払う側の金利が財務上は重要な問題なのでこちらだけを考えてEBITを算出していました。余剰の現預金や有価証券などに投資するようなことはあまり想定されていないのですね。しかし、日本ではそうした取引も多いので　最近は受取利息を差し引いて正味の支払金利を使うことも多いようです。

図表1-13 企業価値の概念図

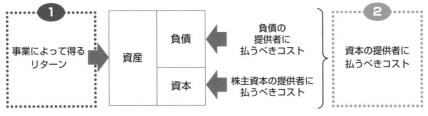

1 よりも 2 のほうが大きければ「逆ザヤ」＝ 企業価値がマイナス（毀損）
1 よりも 2 のほうが小さければ「儲かる」＝ 企業価値がプラス（向上）

たいこと」からもたらされるキャッシュベースの利益は短期的に上がったとしても、「先立つもの」を用立ててくれた株主や銀行に支払うコストが跳ね上がりますから、結果はマイナスになってしまうかもしれません。

　つまり、「やりたいこと」をやって得たキャッシュベースの利益から、「先立つもの」にかかるコストを除いたもの、これがプラスであって初めて、企業としては成功しているということになります。支払うべきものを全部支払ったうえで、好きなことをやって得たおカネはまさに企業が生み出した「価値」ですから。

　したがって、これを「企業価値」とよびます。企業の成功度を測る指標は、いまの時代では「企業価値」であるということですね。難しく言えば、「負債と資本のコストを勘案後の、その企業が生み出すキャッシュフローの現在価値の総和」などと定義できます。このときのキャッシュフローに先ほど出てきたフリーキャッシュフローが使われます。ただ、いまは頭が痛くなりそうなので、「投資家に支払うコストを引いたキャッシュベースの利益」程度に思っておいていただければ十分です。この企業価値を構成する要素は3つだけです。事業からのリターン、その事業にかかる元手、元手にかかるコスト、です。

　ここでちょっと気に留めていただきたいのは、これまで「やりたいこと」だけを測っていた成功指標に、初めて「先立つもの」に関する見方が入ってきたということです。これが、事業をやっていても、何かしらのファイナンスの知

---

14) 「イービッダー」とか「イービットディーエー」とよんだりします。ちなみに、Depreciationは有形資産の償却、Amortizationは無形資産の償却を示します。
15) たとえば、米国で最大の粉飾事件のひとつ、エンロン事件では、同社のEBITDAを押し下げる要因となるべき営業費用がすべて投資としてバランスシートに押し込まれ、見かけのEBITDAを魅力的にしていました。

識が必要に感じられるようになった原因でもあります。難しい時代になったものです。

　さて、ここまででファイナンスの基本となる考え方はほとんど説明してしまいました。ここからは実際に使うときに、これだけは押さえておきたいポイントをみていこうと思います。たくさん課題がひしめいているわけではありません。安心して次章にお進みください。なお、事業計画の策定をして財務モデリングを進めたい人や、企業の経営状況の分析を行いたい人は、第3章から読んでいただいても結構です。

第2章
実務に必要な要素は3つだけである

知っておくべきことは少ない

◆実務で必要な知識は３つだけ！

　巷では、コーポレート・ファイナンスについての専門書が多く売られています。それらを見ると、分厚さに心が折れそうになります。あれだけの分量を読破しないと、ファイナンスの世界には立ち入れないのでしょうか。

　みなさんが、ファイナンスを専門として取り組みたいというのであれば、やはりちょっと頑張って分厚い本をかじる必要があります。しかし、この本を手に取っている人の多くは、「ファイナンスの専門家になりたい」のではなく、「実務でどうしても必要なところを身につけて、さっさと自分の仕事をしたい」のではないでしょうか。昔なら、たとえば事業計画を作るのにファイナンスの知識など要りませんでした。また、投資を行うのにファイナンス的な視点から判断せよ、なんて言われませんでした。それがいまでは、「ファイナンス」がわからないと何となく説得力がないような気になります。あるいは、自分の業績評価指標に、ある日突然「企業価値向上への貢献」などという一言が入ってきてしまった人もいるかもしれません。「それって何？」──わからなければ貢献のしようがありませんよね。

　事業や投資の計画は何がなんでも通したい。自分の業績評価がどうやって行われているのか知りたい。とはいえ、難しい専門書を読む気にはなれない。そうしたあなたのためにこの本はあります。実務で必要な知識は、実はそれほど多くはありません。本当に必要な知識はわずか、以下の３つだけです。

1　負債と資本の問題
2　資本コストの問題
3　企業価値評価の問題

　「たったこれだけ？」──はい、その通りです。ちょっと安心しましたか？これらがわかっていれば、あれこれ迷うことはありません。専門書の森に入り込むより、まずこの３つを身につけてしまいましょう。興味のあるところを深堀りするのはそれからでも遅くはありません。

実務に必要なポイントその①
なぜ負債と資本があるのか

◆「調達」と「配分」のそれぞれが悩ましい

　企業の実務でファイナンスの知識を使わなければならないとき、それはふたつに大別できます。ひとつは、事業という「やりたいこと」をするために「先立つもの」が必要なので、それを外部から調達してこなければならないとき。もうひとつは、調達してきた「先立つもの」を、どのように企業内で配分するか考えなければならないとき。すなわち、おカネという経営資源の「調達」と「配分」の問題です。

　前者は主に財務部門の方々が頭をひねって、外部からどのようにおカネを獲得してくるかを考えています。後者はより広く、事業計画の妥当性や投資判断、みなさんの業績評価など、グループ内の経営管理に使われています。したがって、本当は後者から考えたほうがみなさんの実感にはフィットするのですが、残念ながら前者に必要な基礎知識がわからないとかえって混乱しかねません。したがって、前者からみてみましょう。

◆事業で使うおカネをどうやって調達するか

　事業を行うために必要な資金をどのように調達するのか？　これは、事業を行う人の永遠の課題です。アイデアはある。実行力もある。それを実現するために十分なおカネを自分で持っていればそれを使えばいいでしょう。企業ではこれを「内部調達」といいます。現金がうなるほどあれば、それで賄えばよいということですね。ただ、そういうお金持ちではなかったらどうしましょう？　誰かに出してもらうか、借りてくるしかありません。これを「外部調達」といいます。外部の誰かに頼るからですね。

　外部から調達する場合、その方法は大きくふたつに分かれます。資本を出してもらうのか、借金をするのか、です。前者は、企業の中では「株主資本」というジャンル、後者は「有利子負債」というジャンルに位置づけられます。会計的にはいろいろありますが、要は短期であれ長期であれ、誰かから借りてきたものは「有利子負債」、株主が出した資本とそれを増減する可能性のあるものはまとめて「純資産の部」に記載されており、とりあえずはこれが広義の株主資本と思ってもらえれば十分です。詳しくはコラム4をご参照ください。

さて、これらはどう違うのでしょうか。**株主資本とは、株主が出してくれたおカネのこと**です。みなさんも個人で株式投資を始めれば、上場企業の株式を買うことができます。これであなたも株主です。また、世の中にはそういった投資を専門的にやっている人々もいて、投資ファンドなどとよばれます。

一方、**有利子負債とはいわゆる借金**です。日本では、銀行から借りることが一般的ですね。株式市場と同じように債券市場というものがあり、そこで債券を発行することによって調達することもできます。こうした調達の具体的なあれこれについてはまた後で確認しましょう。なお、有利子負債という言い方はちょっと長いので、以降、本書では省略して単に「負債」とよびます。また、株主資本についても単に「資本」とよびます。「負債」は借金、「資本」は元手と思って読み進めてください[1]。

◆ 負債と資本はどこが違うのか

問題は、なぜ2種類あるのか、ということです。何が違うのでしょうか。種類が多いと面倒くさいので、できれば一本化してほしいところです。しかし、2種類あることで、企業にとっては選択の幅が広がり、あるときは返さなくてもよいおカネを手に入れられ、また別のときにはコストの安いおカネを手に入れることができます。ただし、返さなくてもいいおカネには高いコストを支払わなければならず、安いコストで済むおカネを得るのなら、確実に返さなくてはいけません。人生にはオイシイ話はあまりないということですね。

話がそれたようにみえるかもしれませんが、負債と資本についての説明は、いまの話でほぼすべてです。ここで言う「**返す必要のないおカネ**」であり「**コストの高いおカネ**」が**資本**です。一方、「**返す期日が決まっていて、その日に確実に現金で返さなくてはならない**」けれども「**コストの安いおカネ**」が**負債**です。

ここで悩ましいのは、なぜ返す必要のないおカネはコストが高いのか、とい

---

[1] 「元手」について、ファイナンスでは一般的に「株主資本（Shareholder's Equity）」あるいは「資本（Equity）」とよびます。株主の持分を表わしているのですね。一方、負債（Liabilities）には金利をつけて返さなければいけないものと、金利をつける必要がないものの両方があります。

前者が借金です。これを金利つきの負債、すなわち有利子負債（Interest-Bearing Debt）ということもあります。ここには、短期の借入金やCP、長期の借入金や社債など、金利を支払っていつかは返済しなければならないものがすべて含まれます。

後者は、買掛金や未払金など、いつかは払わなくてはならないけれども金利をつける必要はないもののことです。ファイナンス上ではさほど重要ではないので、先ほどの有利子負債だけを取り上げて負債（Debt）ということが多いのです。

うことですよね。あるいは、コストの安いおカネはなぜ返さなくてはいけないのか、と言い換えてもよいかもしれません。それは、元手を出してくれる株主と、借金を貸してくれる債権者との違いに由来します。

　株主は、自分の分け前を企業業績に依存しています。 企業の業績が上がってその出したおカネそのものの価値が上がることや、業績が上がって利益が出たならば相当な分け前を要求することによって見返りを期待する人々です。「なんて強欲な」と思いましたか？　でも、みなさんがもし個人投資家として株を買ったとしたら、「この株上がらないかなあ」とか「配当増えないかなあ」などと思いますよね。いったん株主に資金を出してもらったとしたら、企業はそうした期待に応え続けなければいけないのです。この期待値のことを、ファイナンスではコストとして扱います。これについては次章で詳しく説明します。いまは、元手は返さなくてもいい代わりに、コストがエラク高いということを覚えておいてください。「私が投資した会社が10倍に成長したら、私のおカネも10倍に……」――こんな夢を見る人たちが預けてくれるおカネですから、何とかして10倍にしてあげないと不満が爆発しそうです。

　一方、借金はそうではありません。こちらは最初に契約で「返す日」を決めてしまいます。そればかりではなく、あまり期待しないでね、とばかりに先に分け前についても契約で決めてしまいます。しっかりと事前に約束を取り決めておくわけですね。したがって、会社が10倍に成長しても、返すのは最初に借りた分と、最初に決めた金利という名の見返りだけで十分です。つまり、大変安く済みます。その代わり、約束を破ったら大変なことになります。約束した期日には、きちんと耳をそろえて現金を返さなくてはなりません。

　企業は、おカネを調達するときに、ふたつの選択肢があります。しかし、それには一長一短があるということですね。元手、すなわち株主資本は返さなくてもいいけれどコストが非常に高い。一方、借金、すなわち有利子負債のコストは安いけれどもどこかで耳をそろえて返さなくてはいけない。さて、どっちにしましょう。これがファイナンスにおける第一の悩みです。では、なぜこのような違いが存在するのでしょうか。

◆ リスク・リターンへの選好の違い

　第1章で、ファイナンスの鉄則は「ハイリスクはハイリターン、ローリスクはローリターン」であると述べましたが、株主資本と有利子負債の違いはここにあります。投資家の側にも、ハイリスク・ハイリターンを選好する人たち、そうではない人たちがいます。前者が株主資本を提供してくれる株主、後者が

借金を融通してくれる債権者、です。

　この選好の違いは、彼らのおカネの出所からきています。債権者の人たちが持っているおカネは、基本的にあまり冒険のできない種類のおカネです。たとえば銀行。彼らのおカネの出所は、みなさんの預金です。ここで損を出すことはなかなかできません。100万円預けた定期預金を、1年後に「すみません、ちょっと運用に失敗してしまって60万円しか返せません」と言われたらどうします？　暴動が起きますよね（これに近いのが取り付け騒ぎというやつです）。銀行のおカネの出所は、耳をそろえて元本と金利を期日に返さなければいけない預金です。したがって、運用する場合にも耳をそろえて返してほしいわけです。あまり危ないことはできません。いきおい、ローリスク・ローリターン型でいかなければならなくなります。

　この場合、リスク・リターンを企業業績に任せておくのは心配です。したがって、債権者の側は、前もって契約を結んでそれを決めてしまいます。金利はいくら、返す日はいつ、契約を破ったらどうするこうする、といったことですね。この時点で、債権者はアップサイドのリターンを失います。先ほど申し上げた通り、会社が10倍に成長したとしても、自分の元手が10倍になって返ってくるというわけではない、ということです。返ってくるのは契約でお約束した金額のみ。つまらないですね。でも、これも仕方がありません。彼らはローリスク・ローリターンの道を選んだわけですから。元手が10倍に増える可能性を捨てる代わりに、確定期日にきちんと貸しただけ返ってくる約束を選んだのです。**債権者は、自分のリターンを「契約」に依拠している**ということですね。

　こうなると、債権者の関心はただひとつ、「約束だけは破らないでね」ということになります。正直に言うと、別に成長なんかしてくれなくてもいい、そのために危ない橋を渡ってくれなくてもいいのです。おカネを返してくれるその日まで、安定して返せるだけのキャッシュフローを生み続けていてくれればそれで十分です。安定第一。その代わり、契約違反だけは許せません。契約違反したら即刻返せ、といった厳しい条件をつけておカネを貸し出します。

　加えて、約束した日に「現金で」返してもらわなければならないので、現金がいくらくらいあるのかといったことや、現金に換金できるものがどのくらいあるのかは非常に気にします。財務諸表で言えば、損益計算書にあまり興味はなく、バランスシートやキャッシュフロー計算書が関心の的です。できれば、現金に換金できるものなどは事前に唾をつけておきたいくらいです。実際にそうしたりもします。銀行が、企業の持つ不動産を担保に取ったり、おカネを持っていそうな人を保証人としたりするのはこうした理由によります。このあた

りはまた後で説明しましょう。

◆ 会社の成長とともにある株主

　一方、株主はこれとは異なります。会社が10倍になったら自分のおカネも10倍。嬉しいですね。会社が成長したらその分、自分がかけた元手も増える。そこから得られる配当も増える。いきおい、「どんどん成長してほしい」ということになります。でも、会社がこけたらそれらはみな紙くずになってしまうかもしれません。それでも仕方がありません、彼らはハイリスク・ハイリターンの道を選んだわけですから。

　株主は、持っている株式をいつ売らなければいけないと決まっているわけでもありませんし、契約で何かを定めているわけでもありません。**リターンは企業の業況次第**です。企業が成長して株価が上がれば元手そのものが増えるのでハッピーですし、配当は利益水準によって決まりますから、損益計算書の最後の一行[2]、すなわち当期純利益の状況などは気になります。

　業績がよい場合には、株主はこの世の春を謳歌できます。増えていくキャッシュフローはみんな自分のもの。成長すれば成長しただけ自分の取り分も増える。何といっても、株の「主」ですから。一方、悪くなってくると立つ瀬はありません。せいぜい株を売るくらいしかできませんし、会社が倒産でもしたら、単なる最劣後債権者になってしまいます。バランスシートの一番下にいる以上、仕方がないですね[3]。

◆ 企業への対応の違い

　債権者は業績が悪化するとどんどん口うるさくなってきます。契約違反をしないか心配ですし、それをつぶさにチェックすることによって、いろいろな手も打てるからです。倒産しそうになれば資金繰りを支援することもあるでしょうし、一方では会社を潰す引き金をひくこともできる怖い存在でもあります。成長にはあまり興味がないどころか、不安視さえします。試しに、最寄りの銀行員に「ウチの会社はとにかくこれから成長します。年率10％くらいの成長が続きますよ」と喜び勇んで言ってみてください。それだけで彼らは「不安」に

---

[2] 最後の一行なので、これをボトムラインなどとよぶこともあります。逆に最初の一行はトップラインです。売上高のことです。
[3] 会計基準の違いにもよりますが、みなさんが慣れ親しんでいる会計基準ではたいていの場合、バランスシートの右側の並び順は、「会社が潰れた場合に、残った資産を売却して得られたおカネを早く配分してもらえる順」です。すなわち、買掛金など営業債権者はかなり上位に、借金を貸した債権者は中位に、もっとも下にある株主は最劣後ということです。

図表2-1　有利子負債と株主資本の主な違い

	有利子負債	株主資本
存在の根拠	契約による	法律による
請求権	優先	劣後
議決権	なし	あり
資金の性質	確定日に返済義務あり	返済義務なし
リスクの所在	信用リスク	株価リスク
リスク選好度	低い	高い
リターンへの期待	金利	キャピタルゲイン及びインカムゲイン
リターンの実現	契約による	企業業績による

なります。成長するということは、それだけ運転資金も必要だということだからです。「勘定あって銭足らず」「黒字倒産」といったこともありえます。それだけ成長するのであれば、設備等への投資も必要になるでしょう。ますますおカネを借りたりするかもしれません。そうすると財務状況は悪くなるかも……と、不安が不安をよんでしまうわけです。一方で、株主のみなさんに慎重を期して「まあ、悪くするとこのくらいしか伸びないかもしれません」などと言えば、彼らは興味を失って他の成長機会を探しにいってしまいます。「悪くなっても大丈夫です」と言っても、あまり聞く耳は持たないかもしれません。財務部門のみなさんは、こうした違いのある2種類の投資家に対して、どのように対応しようか、どのように活用しようか、と日々考えることが必要になってきます。

　リスクについての考え方も異なります。債権者の考えるリスクはダウンサイドだけです。「借り手の状況が悪くなったときに貸し手が損失を被る可能性」ということですね。これを信用リスクといいます。一方、株主の考えるリスクはこれとは異なります。彼らはアップサイド、ダウンサイド両方があり、どちらにどれくらい振れるのかというばらつきが問題になります。このばらつきを「ボラティリティ」などといいますが、株価の変動などについて問題となるのは、

図表2-2　債権者と株主の見方の違い

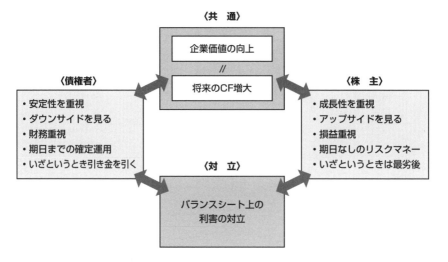

このリスクのことです[4]。株価リスクともいいます。

　場合によっては、**株主と債権者は利害が対立**します。将来のキャッシュフローを生み出す力を増やしてほしいという点では利害が共通していますが、バランスシートの上下を分け合う関係ですから、必ずしも利害が一致するわけではありません。たとえば、自社株買いをするという行為は、株主にとっては発行済株式の総数が減るので一株当たりの利益や資産価値が増え、ポジティブな事象として捉えられます。一方、債権者にとっては、債権のクッションともなっている株主資本が減ることで信用力が低下しかねず、ネガティブな事象として捉えられます。ましてや借金をして自社株買いをするなどという行為には、債権者は非常に否定的です。

　また、企業が悪い状態にある場合、たとえば債務超過になっていたりすると、その時点で株主価値はマイナスです。株主はもう失うものはありませんから、最後の大博打に出たりします。リスクの高い投資案件に手を出すなどといった

---

4) たとえば、自分の家の2階から飛び下りるのと、60階建ての高層ビルから飛び下りるのとではどちらのリスクが高いでしょう？　2階からであれば、打ちどころが悪くて死ぬかもしれませんが、脚の骨折だけで済むかもしれません。もしかしたら何事もなくピンピンしているかもしれません。一方、60階建ての高層ビルから何も身に着けずに飛び下りれば、確実に人間は死にます。債権者的に考えれば最悪のことになります。一方、株主にとっては、結果がばらつくほうがリスクが大きいので、確実に100％死亡となる60階建てからの飛び下りはばらつきの可能性がゼロ、すなわちリスクフリーの状態とみえるということになります。

ことです。リターンも高いはずですからあたればよいのですが、こうした博打はたいてい成功確率が低いものです。失敗してしまい、さらに悪い状態に企業を追い込む可能性が高いです。これで困るのは債権者です。何もしないでいてくれれば、少なくともいくばくかは回収できたかもしれないのに、余計な博打をしたせいで、以前よりもっと悪くなって回収できる額がさらに減ってしまった、などということが起こります。そのため、企業業績が悪くなればなるほど、債権者は借金返済以外のおカネの使い道を厳しく制限しようとします。投資をして挽回を狙いたい株主とは利害が相反する状況になりかねません。こうした点については、またのちほど補足します。

◆最適負債資本構成を追い求める

債権者の提供する「負債」と株主の提供する「資本」の割合をどのようにするべきか。これは企業の「先立つもの」を考えるうえで最大の問題となります[5]。返さなければならないけれどもコストが安い。返さなくてもいいけれど

図表 2-3　最適負債資本構成

① 一定以上借入比率が高まると、資本コストは上昇　⇒ 信用リスクへの懸念
② 一定以上株主資本比率が高まると、資本コストは上昇　⇒ 要求するリターンの高まり
③ 資本コストを最小にする負債資本構成の追求　　　　⇒ 最適負債資本構成の実現

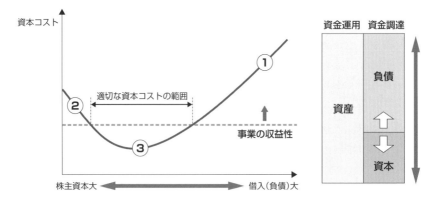

[5] 理論的には「負債資本構成は企業価値には無関係」といわれます。これはモジリアーニ・ミラーの理論（MM理論）といわれ、ファイナンスにおいては重要なものですが、これが成り立つのは、税金や取引における諸経費が存在しない「完全市場」においてです。いわば「真空状態の実験」ですね。したがって、現実の「空気のある世界」では、やはり負債と資本の構成を考える必要があるのです。なお、上記はMM理論の中での第一命題とよばれ、配当政策にかかわるものが第二命題とよばれます。160ページの注もあわせてご覧ください。

もコストが高い。前者に偏りすぎれば信用リスクの懸念が生じます。一方で、無借金経営をしていればいいかというと、その場合のコストは非常に高くなります。「やりたいこと」から得られる利益よりも、こうした「先立つもの」のコストのほうが高くなってしまっては、それこそ元も子もありません。ファイナンス的に言えば、「やりたいこと」で得られるリターンよりも、「先立つもの」にかかるコストのほうが高くなれば、企業価値を損ねる事態になってしまいます。したがって、企業が追求しなければならないのは、「やりたいこと」のリスクをきちんとカバーしつつ、信用リスクに抵触しない範囲で「先立つもの」のコストをもっとも安くできる、このような理想的な財務構成ですね。これを「最適負債資本構成」といいます。企業における財務機能の主たる仕事は、この**最適負債資本構成を追い求めること**、です。

とはいえ、実務的には「言うは易し、行うは難し」です。理論的に最適負債資本構成を弾き出すこともできなくはありませんが、信用リスクをどう計量するのかが難しいので実務上はあまり使われていません。実際には、債権者と株主と日常的に接して得られる反応や資本市場の状況などを克明に見極めながら、「もう少し有利子負債を借りても大丈夫そうだな」「そろそろ増資しないとマズイ」という判断をしています。

> ### コラム2　負債のレバレッジ効果とは何か
>
> 　ところで、借金＝有利子負債の活用を、よく「財務レバレッジをかける」といいます。この言葉はよく出てくるので確認しておきましょう。レバレッジとは、レバー、すなわち「てこ」の作用のことです。投資を行うときに借金を「てこ」のように使うとより儲けが大きくなることから使われ始めた用語です。
>
> 　ある投資家が、収益が10%得られる事業に1億円の資金を投じたとしましょう。金額にして1,000万円の見返りが期待でき、投資に対する収益率は10%になります。これをもっと上げたいと思ったらどうすればよいでしょう？
>
> 　この収益率よりも安い利率で借金をすれば収益率が増えます。
>
> 　たとえば、金利が5%のときに、同じ事業に対して、1億円の出資に加えて4億円の借金をして合計5億円投じたとします。事業から上がる収益は5,000万円になります。ここから借金の金利分を2,000万円支払わなければならないのですが、残りは3,000万円になります。これが1億円出資した見返りとなるので、投資に対する収益率は30%に跳ね上がります。借金というツールを「てこ」として用いることで、同じ資金しか拠出しなくてもより大きく儲けることができるということです。
>
> 　なかには、とにかく短期的な企業価値の向上を実現しようと、無理して借金を増

図表2-4 負債のレバレッジ効果

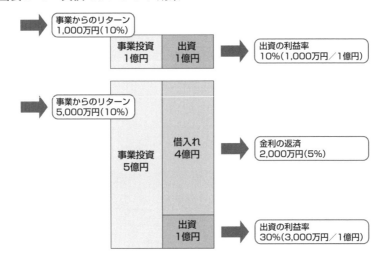

やしてコストを下げよう、とする企業も出てきます。全体的な金融環境が好調であれば、少しくらい信用リスクに抵触しても大丈夫だろう、という読みをするわけですね。事業からのリターンが一定の場合、投資家に払うコストが安くなれば企業価値は上がることになります。これを極端な形で推し進めたのが、金融危機前の投資銀行でした。

彼らが事業から得ていたリターンは非常に高いものです。ということは、先ほどみたとおり、資本によるカバーを相当行わないと、事業のリスクとファイナンスのカバーは見合いません。ところが、彼らはとにかく儲けたかったので、安い金利の借金を極限まで使います。高い事業リスクと、それをカバーするには余りにも少ない資本。巨大な信用リスク。こんな構成は長くは続きません。当時の投資銀行が行ったことは、環境のよさにあぐらをかいて、事業リスクとファイナンスのカバーの整合性をとることを怠り、最適負債資本構成を無視して信用リスクをとりすぎた、ということです。おかげで世界は大迷惑を被りました。

◆なぜ事業と資本構成が関係するのか

ここでみなさんは疑問に感じているかもしれません。負債と資本が違うのはわかったが、それが私のやっている事業に何の関係があるのか、そんなことは財務部門が考えればよいではないか、と思っているのではないでしょうか。確かに、最適負債資本構成を決めるのは財務の専門家かもしれません。ところが、決める際にみなければいけないのは、実は「事業で何をやっているか」なのです。

「ハイリスクはハイリターン、ローリスクはローリターン」が鉄則だとすると、事業の側で「やりたいこと」が非常に大きな利益（リターン）を生む場合には、それが持つリスクも非常に高くなります。**「虎穴に入らずんば虎児を得ず」**ということですね。

　したがって、大きな利益を上げる事業があっても喜んでばかりはいられません。その分、リスクもとっているわけです。儲かるときはとてつもなく儲かるけれども、何か起こったらそれと同じだけの損失が出てしまうかもしれません。こうしたリスクに対して何か備えをする必要があります。一番起こると困ることは何でしょう？　「何か起こって損失が出ているとき」に「先立つもの」を返してくれ、と言われることではないでしょうか。おカネがなくて大変なのに、これでは"泣きっ面に蜂"です。

　これと同じ構図は、日常の生活でもまま見られます。「一攫千金を夢見て、借金をしてギャンブルに手を出したけれども負けてしまった。返すあてはないけれど借金の返済日は近づくばかり。どうしよう」といった話や、「思い切っておカネを借りて投資用マンションを買い、賃貸収入で悠々と暮らそうと思ったら、不動産が大幅に値下がりして、手元に残ったのは値段が1/10になった空き部屋と多額の借金ばかり」といった話など、いかにもあちこちで起こっていそうです。

　こんな話ばかりしていると暗くなりますね。要は、**「リスクの高い儲け話に手を出すなら、間違っても借金で賄うな」**ということです。ギャンブルは手元資金の範囲で収めましょう。信用買いで株に手を出すのも危ないです。本当は、こうしたことこそ投資教育としてしっかりやらないと、いつまで経ってもローン地獄にあえぐ人たちが減らないことになるのですが。

◆リスクの高い事業には資本が必要

　話がそれました。事業の話に戻りましょう。事業がハイリスク・ハイリターンであれば、その事業のためにはなるべく借金をしないでおこう、というほうがよりよいカバーになります。その代わり、必要な「先立つもの」は返す必要のない「資本」で賄おう、ということになります。コストは確かに高いのですが、当たれば儲けの大きい事業ですから、それは払えそうです。仮に失敗しても、現金で払わなければならないのは配当だけで、これも業況によっては「ごめんなさい、払えません」と言うことができますから、「何か起こって損失が出ているとき」に「先立つもの」を返さなければいけない義務まではありません。

一方、ローリスク・ローリターンの事業、というものもあります。将来のキャッシュフローの予測はかなり確からしいのですが、目の覚めるような利益を上げることはできません。こうした事業に、あまり高いコストの「先立つもの」はちょっと合わないのではないでしょうか。予測可能なキャッシュフローの中から確実に返済していくことを考えて、コストの安い「負債」というものをそれなりに採り入れることが必要になります。もちろん、先ほどみたように「信用リスク」というものには抵触しない範囲で、ということです。
　すなわち、「やりたいこと」（＝事業）におけるリスクが高いのであれば、その事業の財務構成は**資本を多めに**、それほどリスクが高くないのであれば**負債を多めに**することにより、全体の事業リスクをファイナンスでカバーしながら、なるべく財務のコストを安くする、ということが必要になります。
　たとえば、開発医薬品事業と食品事業を持っているグループがあるとします。ともにディフェンシブ銘柄といわれたりしていますが、実は開発医薬品事業のリスクは非常に高いです。研究開発投資は莫大ですが、花開くまでに長期を要します。ほとんどの研究開発は途中で頓挫してしまい、無事に商品として世に出るのは"千に三つ"ともいわれています。言葉は悪いですが、まさにギャンブルみたいなものですね。こうした事業の「先立つもの」は、基本的に資本で賄ったほうがよさそうです。
　一方、食品事業というのは多くの場合、何かしらのブランド商品を有しています。そのブランドが強ければ、食中毒でも起こさない限り（これを「イベン

図表2-5　事業リスクとファイナンスによるカバー

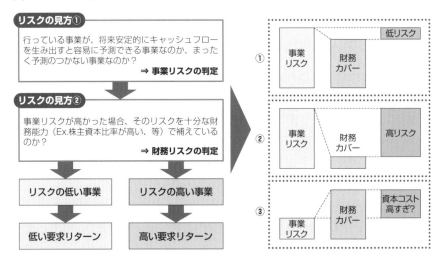

トリスク」といいます）、将来のキャッシュフローは比較的読みやすいです。ただし、医薬品事業のようにリスクをとっていないので、収益性はそれほど高くありません。医薬品の営業利益率が20％くらいだとすると、食品事業のそれは5％あるかないかです。この収益性に見合ったコストしか支払えません。もし、コストのほうが高すぎれば、企業価値を減らす結果になってしまいます。したがって、それなりに有利子負債を借りてコストを下げることが得策であるといえます[6]。

また、事業リスクばかりではなく、**事業体としてのリスクも財務構成に関係**します。スタートアップベンチャーに、銀行はなかなかおカネを貸してはくれません。事業体のリスクがあまりにも高く、ギャンブルに手を出すようなものだからです。起業の最初のステップは、親兄弟や仲間うちを駆け回って、いくばくかの出資を募るのがやっとではないでしょうか。そのうち軌道に乗ってくると、インキュベーターやエンジェルといった、将来の成長を買って投資をしてくれる人たちが出てきます。まさに一攫千金を夢見て資金を投じてくれるわけです。さらに成功すれば、いずれは上場できるかもしれません。上場してしばらくは成長株として株主ももてはやしてくれるでしょう。だんだんと企業が成熟してくると、株主の興味は成長から配当に移ります。一方、この頃になると企業の安定性が評価され、銀行が喜んでおカネを貸してくれるようになります。事業体としてのリスクがかなり減ったとみられるわけですね。

◆実際にはどのように動いているのか

事業リスクと最適負債資本構成について説明してきましたが、株主資本と有利子負債の使い分けは、より実務的な理由によって決まることも多くあります。

たとえば、資金の必要な時期が迫っている場合、株主資本を募る（これを「増

---

[6] ちなみに、日本の食品業界は、収益性が低いにもかかわらず無借金経営、といったところが結構多く、それが2000年代前半に敵対的買収が食品業界に集中した理由のひとつです。
　なぜならば、低い事業リターンと高い資本コストによって、企業価値が毀損されているような場合、企業価値を上げるためにできることは事業からのリターンを上げるか、財務のコストを下げる、もしくは企業価値を下げているような事業への投資自体を見直す、といういずれか3つしかありません（詳しくは80ページを参照）。しかし、一部の投資ファンドなどは時間をかけて事業を改革するよりも、自分たちの専門である金融の世界で手っ取り早くカタをつけようとします。すなわち、そうした状態にある企業の株式を安く手に入れ、負債を借り入れて自社株買いを行うことで企業価値を上げて、より高い値段でさっさと売り飛ばすことによって儲けようとするわけです。また、当時のいわゆる「無借金企業」の場合、高い割合の株主資本と多額の現金を両建てで持っている場合も多いため、現金狙いで買収が仕掛けられることも多くありました。こうした状況の本質は今日も変わっていません。

資」といいます。詳しくは149ページを参照）にはさまざまな手続きが必要なため、間に合わない可能性があります。銀行との交渉で機動的に借りられる有利子負債のほうがこういうときには便利です。

「ペッキングオーダー理論」という考え方もあります。ペッキングオーダーとは「つつく順番」といった意味で、「企業が資金調達を行う順番は、常に内部調達→有利子負債による外部調達→株主資本による外部調達」という順番になるという考え方です。ここでは、経営者は自社の本来の株式の価値を知っているが、株主もそのことをわきまえているということが前提になります。

たとえば自社の本来の株式の価値が1,000円であると経営者が認識しているのに、市場での株価が1,200円になれば、経営者としては「安いものを高く売れる」わけですから、ぜひ増資をしたいと思うでしょう。ところが、経営者がニコニコして増資をしたいと言い出したときには、株主のほうも「この株価は高い」というシグナルだと受け止めてもう買わなくなります。そうすると増資ができなくなり、借金に頼るしかありません。

一方、市場での株価が800円であれば、「高いものを安く売る」ことになるため、経営者は間違っても増資などはしません。何とか借金で済ませようと思います。ところが、こうしたことばかりをやっていては借金が増えすぎて信用リスクの懸念が生じます。ゆえに、なるべく会社の内部に財務上の余裕を持ち、通常はそうした内部調達によって対応するのがよいと考える、ということです。

図表2-6　ペッキングオーダー理論

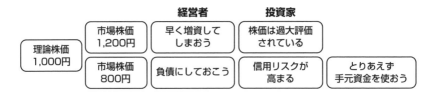

企業が内部に財務上の余裕を持つ理由づけともなりえます。こうした考え方は、実務上は結構多いのではないでしょうか。

◆ 最後は経営者によるリスクテイクへの意思

　株主資本と有利子負債の使い分けについて色々とみてきましたが、最後は経営者のリスクテイクへの意思がそれを決めることも付け加えておきたいと思います。事業のリスク、あるいは事業体としてのリスクを見極めたうえで、それにふさわしい財務構成を取ろうと思ったときに、よりリスクを少なめに見積もる経営者と、多めに見積もる経営者がいても不思議ではありません。

　前者の事例としては、たとえばソフトバンクの孫正義社長などが挙げられるでしょう。同社が2006年に行ったボーダフォン日本法人の買収では、買収額1兆7,500億円のうち、実に7割近くを借金で賄いました。買収当時のソフトバンクの株主資本に対する有利子負債の割合[7]は6倍を超えます。普通の経営者だったらその高いリスクに尻込みするような状況であっても、事業のリスク・リターンに相当の自信があったのでしょう、臆することなくそのリスクをとり、現在の携帯電話事業の成功を勝ち取っています。もちろん、事業が成功すればキャッシュフローが入ってきますから、そのおカネで借金を返済することができました。

　しかし、ようやく先ほどの指標が3倍くらいまでに収まった2013年、今度は海外でスプリント買収に乗り出します。このときも、ソフトバンクの株主資本は約1兆円だったにもかかわらず、1兆9,800億円という巨額の借金を作り、約3.3兆円の買収金額を賄っています。孫社長自身は「手が届かなければはしごを使えばいい」とも語っているようです。はしごを「てこ」と考えれば、まさに積極的にレバレッジをかける経営をその後も推進しているようです。

　一方、逆のポリシーを持つ企業も存在します。任天堂は無借金経営で有名な企業ですが、ファイナンス理論がどういおうと、おそらくこの方針は変わらないでしょう。同社はもともとカルタを作っていた会社です。さすがにそれでは食べていけなくなり、マジックハンドや光線銃などの電子玩具を相次ぎ世に送りだすようになりましたが、こうした玩具の在庫が増加し、経営不安にさらされたことがあります。そのときの苦い経験から、同社の財務方針はリスクを極力とらず、過剰なほどに現預金を積み上げる安全経営となりました。同社が手掛けるような娯楽ビジネスの先行きは、消費者の嗜好に大きく左右されるがゆ

7）　財務分析では、これをDE Ratioとよびます。負債（Debt）が分子、資本（Equity）が分母にくる安全性の指標のひとつです。詳しくは100ページで取り扱います。

えに手元資金は極力厚くしておきたいとの考えがあるようです。事業リスクを大きく見積もって、最大の財務カバーを欠かさない経営を行っています。

　こうした企業ごとの経営者によるリスクテイクへの意思の違い、財務方針の違いは、実際には負債と資本の使い分けに大きく影響してきます。後で説明する企業分析などにおいても、十分に考慮することが必要となってくるでしょう。

実務に必要なポイントその②
投資家は篤志家ではない

◆資本コストとは何か

　負債と資本については前節で説明したので、そろそろ、それらの「コスト」の話に移りましょう。株主資本を出してくれる株主にしろ、有利子負債を貸してくれる債権者にしろ、彼らはおカネを出してはくれますが、「ボランティア＝篤志家」ではなく、「インベスター＝投資家」なので、**必ずその見返りを要求します**。

　見返りに対する考え方は株主と債権者ではやや違いますが、いずれにしても、彼らはいろいろな投融資機会を見比べて、あなたの会社ならば期待する見返りが得られるだろうと思って投資や融資をしようとしている点に変わりはありません。ということは、みなさんの会社は、そのくらいの見返りをきちんと実現できるとみなされているはずです。また、将来の業況や財務などの予測などを伝えることによって、見返りがどのくらい実現しそうか、投資家たちに伝えたりもしています。したがって、**期待される見返りの水準は守らなければなりません**。

　投資家の期待する見返りは、企業にとっては投資家から資金を得るために必要なコストにあたります。これをファイナンスの世界では「資本コスト」とよびます。投資家が「先立つもの」を提供する見返りとして要求するコスト、ということです。これまで、財務のコストなどとよんでいましたが、このあたりで語句を整理しましょう。有利子負債にかかる資本コストは有利子負債コスト、株式にかかる資本コストは株主資本コストとよばれ、企業全体の資本コストは、これらふたつをミックスしたものとなります。したがって、負債コストと株主資本コストをそれぞれの負債、株主資本の割合に応じて加重平均したものが、企業全体にかかるコストとなります。これを、**加重平均資本コスト**（Weighted Average Cost of Capital：WACC）とよびます[8]。

　「そんな難しい呼び方をしなくたって、負債にかかるコストは要するに金利のことだし、資本にかかるコストは配当のことなのに、何で呼び方を変えているんだ」と思った人もいらっしゃるでしょう。実は、ちょっとだけ違うのです。

---

[8] ワック、と読みます。

図表2-7 加重平均資本コスト（Weighted Average Cost of Capital：WACC）

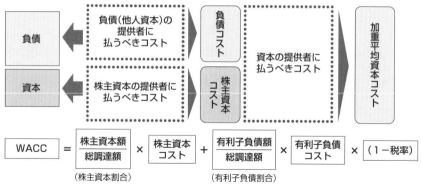

（＊）総調達額＝有利子負債額＋株主資本額

◆資本コストは実払額ではない

　有価証券報告書などで報告される金利や配当は、過去に企業が投資家に向けてどれくらい払ったか、という過去の実払額です。一方、資本コストはそうではありません。これは将来に向けた**機会費用**なのです。つまり、投資家にいくら払えば、他への投資をあきらめてウチの会社に投資してくれるか、という意味です。投資家にしてみれば、企業に要求する**最低限の収益率**ということになります。これを要求収益率、あるいは期待収益率（いずれも英語ではExpected Return）といいます。したがって、企業としてはこれだけは投資家に対して支払わなければならない最低限のハードルレートであるともいえます。金利や配当の実払額は過去の実績という意味でアカウンティングの世界のことですが、資本コストは将来に向けた期待値ですから、まさにファイナンス的な概念です。

　ただ、負債コストの場合には、投資家はアップサイドのリターンをはじめから捨てているので、実払費用であるところの金利と、機会費用であるところの負債コストは、当初契約で決めた金利水準に「たまたま」ほぼ一致することが多いです。しかし、これとても正確ではありません。本来、負債コストの定義は、「もし企業がいま負債を借りたら、どれだけの収益率を債権者に約束すれば、他の機会をあきらめてウチの会社に貸してくれるのか」という、将来に向けた機会費用です。したがって、信用リスクがそれほど変動しない場合には、実払費用も機会費用もさほど変わらないので、これまで支払ってきた実績を基に今後の水準を考えてもさほどブレたりはしません。しかし、**信用リスクが大きく変動する場合には、実払費用と機会費用は乖離**します。

コラム3　金利には節税の効果がある

　有利子負債のコストを考える際には気に留めておかなければならないことがあります。税務上、**金利は損金扱いされるため節税の効果が生まれる**点です。金利の支払いも税金の支払いも現金でなされるため、おカネの動きに敏感なファイナンスを考えるうえでは不可欠な考え方です。例として図表2-8をみてみましょう。このとき負債が増えて金利支払いが生じ、20万円の支払いを行ったのに、税引後のキャッシュフローは14万円（＝70万円－56万円）しか減っていません。6万円（＝20万円－14万円）はどこに行ったのでしょう？

図表2-8　負債の税効果の事例

- A社の今年度見込み税引前利益が100万円、単純化してそのままこの金額が課税所得だとする
- 税率を30％とした場合、30万円が税金としてもっていかれる
- ここで、今年度初に1000万円の借入れを行い、金利を2％（20万円）支払ったとする
  - 税引前利益：100－20＝80（万円）
  - 納税額：80×30％＝24（万円）
  - 税効果：30－24＝6（万円）
  - 負債を借り入れなかった場合の税引後キャッシュフロー：100－30＝70（万円）
  - 負債を借り入れた場合の税引後キャッシュフロー：100－20－24＝56（万円）

20万円の支払いを行ったのに、14万円しか減っていない＝税効果

　実は、政府に渡るキャッシュフローがその分、減っています。このキモは、金利は税金支払前に支払われる費用だということです。したがって、先に投資家へのキャッシュフローを差し引くことができ、それだけ政府に渡るキャッシュフロー、すなわち税金を減らすことができるという効果が生まれるわけです。これを「負債の税効果」といいます。これによって負債のコストはさらに安くなります。勘のよい方はお気づきの通り、第1章で説明した、キャッシュフローの配分に関わる優先順位を活用しているわけですね。ちょっと面倒くさいでしょうか。でも、この効果はWACCの計算ならずとも、みなさんが事業を行えば必ず考えなければならないことですから、ぜひ忘れないようにしておいてください。

◆株主資本コストは推定するしかない

　株主資本コストの場合、その水準を考えるのはもっと大変です。そもそも、実払額でさえ当初取り決めた契約などはなく、将来の見返りは企業の業況に依存します。また、株式には、**配当というインカムゲイン**[9]の他に、**株価上昇益というキャピタルゲインを考える必要も**あります。みなさんが株式に投資しようと思う場合、配当だけしか見返りがないとは想像しないのではありませんか。当然ながら、株価の上昇を期待するはずです。すなわち、株主資本コストの場合には、将来に向けた株式投資家の期待する収益率は、配当と株価上昇益からなり、しかもそれは将来の業況によって変わる、ということになります。

　こうした不確かなコストをどうやってとらえればいいのでしょう？　誰も決定的な手法を思いついた人はいません。定率成長配当割引モデルやファクターモデル、APTアプローチなど[10]さまざまな手法が試みられていますが、どれも一長一短があります。ただ、そうやって悩んでいると実務は先に進まないので、実務の世界では、詳細な説明は省きますが、CAPM（Capital Asset Pricing Model＝資本資産価格モデル）という手法を使おう、ということにな

9）　一般的にインカムゲイン（Income Gain）とは、資産運用に際して、ある資産を保有することで受け取ることのできる利得のことを指します。債券投資（企業にとっては負債の借入れ）の場合には、債権者が企業から受け取る金利が、株式投資の場合には、株主が企業から受け取る配当金がインカムゲインとなります。

　キャピタルゲイン（Capital Gain）は、保有していた資産自体の値段が変動することによって得られる利得のことを指します。株式の場合、株式市場で価格の安いときに購入し、高くなったときに売却して得られる値上がり益がキャピタルゲインです。逆の場合には、キャピタルロスが発生します。債券投資の場合も投資家側には市場での売買時期によってキャピタルゲインやロスが生じますが、企業側は借りた分だけを返せばよいのでキャピタルゲインやロスを考える必要はありません。ただし、信用リスクが高まり返済できなくなっているような場合は、もちろん話は別です。

10）　定率成長配当割引モデルとは、将来の配当成長率を一定と仮定した場合、理論株価＝今期の予想配当／（株主資本コスト－配当の期待成長率）が成り立つことから株主資本コストを求めようとするものです。一方、CAPMモデルは、β値のみを用いて株主資本コストを推定するシングル・ファクター・モデルのひとつですが、これだけでは確からしい推定ができないとして複数のファクターを用いて株主資本コストを推定することが行われるようになりました。APT（Arbitrage Pricing Theory＝裁定価格理論）を用いた方法などが提唱され、さまざまなリスクファクターを組み込んだ推定がなされるようになっています。こうしたマルチ・ファクター・モデルの中でもよく用いられるものに、Fama-Frenchの3ファクター・モデルがあります。これはシングル・ファクター・モデルで用いられる市場ファクターに加えて、規模と割安度合（PBR、Price Book - Value Ratio＝株価純資産倍率）を加えたものです。比較的有効性が高いとされていますが、これらはまずシングル・ファクター・モデルに関する理解が前提となるため、本書では割愛します。

図表2-9 「負債コスト」と「株主資本コスト」

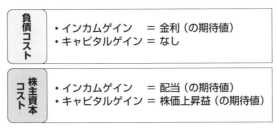

図表2-10 株主資本コストの計算（1）

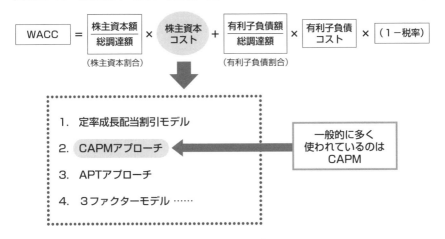

っています。

これは、要するに「ハイリスク・ハイリターン、ローリスク・ローリターン」であることをきちんと理論にしたものと考えてください。そして、その関係は次ページの図表2-11のように直線的に表わされる関係である、ということです。これは直感的に納得できますね。

これを用いて、まずリスクがない資産と、株式市場全体に投資した場合の資産を考えて、そのリスクとリターンを明らかにします。前者はその国の国債で「安全資産」「無リスク資産」などとよばれることはすでに説明しました。国債に投資したときのリターン（これを安全資産利子率、無リスク資産利子率といいます）と比べて、株式市場全体、たとえばTOPIXに投資したときにはどのくらいリターンが増えるか、というのをみるのが第一段階です。このときの増えた分をリスク・プレミアムといいます。リスクをとったからその分、見返りが増えたということです。

図表2-11　株主資本コストの計算（2）

● CAPM（Capital Asset Pricing Model＝資本資産価格モデル）
・個別企業の株式に対する期待収益率＝安全資産利子率＋β×（市場の期待収益率－安全資産利子率）

個別証券のリスク係数　　個別証券のリスク係数

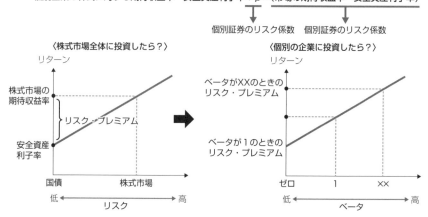

次に、株式市場全体のリスク・リターンと、あなたの会社の株式のリスク・リターンを比べます。株式市場全体が1動いたときに、あなたの会社の株価はいくらぐらい動くでしょうか。これを表わしたものをベータ（β）値といいます。**ベータ値は株式市場全体では1になります。**もしあなたの会社のベータ値が1.8であれば、株式市場が1しか動かないのに1.8も動く、リスクの高い株だということになりますし、0.5であれば、株式市場が1動いているときにその半分しか動かないリスクの少ない株式だ、ということになります。ベータ値は、過去2〜5年くらいの動きから計算します[11]。ただ、計算ができなくても証券会社や金融情報端末がその数字をすぐに教えてくれますのでご心配なく。このベータ値は、株式市場全体に対するリスク・プレミアムに対するあなたの会社の掛け目です。これを掛けた安全資産利子率を加えることで[12]あなたの会社の株主資本コストがわかります。これが、みなさんの会社における株主資本コストです。

---

11) ベータ値は以下のように計算されます。

$$\beta i = \frac{Cov(rM, ri)}{Var(rM)}$$

i は任意の株式、rM は株式市場のリターン、すなわち、株式市場全体とある個別株式の株価の共分散を、株式市場全体の分数で割ったものです。

12) 安全資産利子率を加えるのは、プレミアムの大きさではなくゼロからの値を算出したいからです。

◆なぜ加重平均資本コストが必要なのか

「うわ、何だかいい加減だな」と思ったあなた、その感覚は正しいです。株主資本コストの推定は、コーポレート・ファイナンスの中ではもっともいい加減なところなのではないでしょうか。誰も、本当に正しいかどうかは知りません。将来のことですから。ただ、推計がないと困ります。したがって、いまのところもっとも確からしい方法が実務で使われている、ということです。民主主義と一緒ですね。

問題は、これを何に使うかです。大事なのは、**この水準が事業に関係する**ということです。ここで出した株主資本コストに基づいて、加重平均資本コストも明らかとなります。これが**事業のハードルレート**になるのです。

事業を行うためには、当然ながら資金が必要になります。その資金については、必要な見返りを投資家に渡さなければなりません。その最低限の水準を表わしているのが加重平均資本コストです。事業は、こうした必要な見返りを支払った後でも十分な利益を生み出している必要があります。そうでなければ逆ザヤになってしまいますから。したがって、事業によって得られる利益と、それにかかった資金の加重平均資本コストを見比べて、後者よりも前者が大きければヨシ、小さければダメ、という判断をしなければなりません。そのための加重平均資本コストです。

この話、どこかでみたことがないでしょうか。そう、第1章の最後で説明した「企業価値」のことです。第1章の最後では「負債と資本のコストを勘案後の、その企業が生み出すキャッシュフローの現在価値の総和」と定義しましたが、この「負債と資本のコスト」が、ここで説明した加重平均資本コストのことになります。現在価値に割り引く際の割引率といってもよいでしょう。この使い方については、次節でじっくり説明します。加重平均資本コストというのは、事業が生み出す利益の最低水準を決めるハードルレートであり、企業価値を算定するうえで割引率として用いられる重要な要素であるということを頭のどこかに置いておいてください。

ここまで説明してきたことを、実際にちょっと計算すると次ページの図表2-12の通りです。計算と聞いて逃げ腰になったあなた、そんなに難しくありませんからご安心を。

ここでひとつだけ注意してほしい点があります。株主資本と有利子負債の割合を計算するときに**時価を使う**ということです。ファイナンスは時価がすべて。

図表2-12 加重平均資本コストの計算

利率情報

安全資産利子率	1.2%
株式市場の期待収益率	6.0%
ベータ値	1.5
有利子負債コスト	2.0%
税率	40.0%

財務情報 （百万円）

有利子負債額	80,000
株主資本（簿価）	20,000
株主資本（時価）	40,000
負債割合	66.7%
株主資本割合	33.3%

株主資本コスト　　＝1.2%＋1.5×(6.0%－1.2%)＝8.4%
加重平均資本コスト＝33.3%×8.4%＋66.7%×2.0%×(1－40.0%)≒3.4%

簿価にはさしたる意味はありません。ただし、有利子負債の時価というのは、実際には算出するのが大変難しいので、便宜的に簿価を時価と考えてそれを使います。株主資本の場合には、上場企業であれば株式市場で取引されている価格（すなわち株価）がわかるのでそれを用います。みなさん、ここはぜひ手を動かして計算してみてください。ここまで述べてきた内容のよい確認になると思います。

◆非上場企業や事業部門の資本コストはどう推計するか

　事業を行うにあたってのハードルレートであるならば、各事業に対して加重平均資本コストが出ているとよいですね。事業のリスクがそれぞれ違うのは先にみた通りですし、本来であればそれに応じた財務構成を、事業ごとに考える必要があります。先ほど説明したように、開発医薬品事業と食品事業を有する多角化企業があったとするならば、それぞれの事業で必要とする株主資本と有利子負債の割合はだいぶ違うことでしょうし、それに応じて加重平均資本コストも異なってきます。ぜひ各部門の加重平均資本コストを出してみたい、と考えても不思議はありません。

　ところが、問題があります。事業部門の場合には、各事業部門は上場しているわけではないので、ベータ値をはじめとした資本市場の情報が取れないのです。このことは、非上場企業においても同様です。これから上場するにあたって、ハードルレートとなる加重平均資本コストの水準を知りたいけれども情報がないといった非上場企業もあるはずです。

　では、どうすればよいのでしょうか。こうした場合には、事業リスクが似たような**上場している類似企業の資本市場情報から推計**します。ただ、ここで気

をつけなくてはいけないことは、いくら上場する類似企業の情報を集めてきたところで、そのままでは使えないということです。なぜならば、それぞれ財務構成が異なるからです。

したがって、資本市場情報の中から、個別企業の財務構成の影響を除去し、純粋に事業リスクだけを表わしている情報だけを抜き出し、その後、改めて調べたい事業部門の財務構成にあわせて考えるということをします。このときの資本市場の情報は、ベータ値です。通常、資本市場情報として提供されるベータ値が表わしているのは、事業リスクと財務リスクの合計です。この財務リスク部分をいったん消し去ってから、改めて調べたい事業の負債資本構成にあわせる、という作業が必要になります。

具体的にどうするかというと、まずは資本市場における類似企業各社のベータ値と、株主資本および有利子負債の割合に関する情報を集めてきます。ここで取ってきたベータ値は、先に述べた「事業リスクと財務リスクの合計」を表わすベータ値です。資本市場の情報として取れるこのベータ値を、詳しくはレバードベータといいます。有利子負債も勘案した（すなわちレバレッジをかけた）、現実の世界でのベータということです。これは、そのままでは平均することができません。それぞれの土台となる財務構成が異なっているからですね。やりたいことは、この財務構成の影響を除いて、純粋に事業のリスクだけを反映したベータ値を得て、それを十分な数だけ集めて平均した値が当該事業の事業リスクを表わしていると考えて使用する、ということです。したがって、このレバードベータを、有利子負債の影響が一切ない（すなわちレバレッジをかけていない状態の）ベータ値に変換する作業を行います。この時点でのベータをアンレバードベータといいます。この一連の作業をアンレバー化などといったりもします。レバードベータとアンレバードベータの関係は、図表2-13を

図表2-13　レバードベータとアンレバードベータの関係

- β_U（アンレバードベータ）$= \dfrac{\beta_L（レバードベータ）}{1+(1-t) \times D/(D+E) \div E/(D+E)}$

  税効果　　負債割合　　資本割合
  　　　　　　　　　（略してD÷Eでもよい）

- 事例

  レバードベータが1.2、税率が40％、負債資本構成は負債割合30％、資本割合70％とした場合のアンレバードベータ

  $$\beta_U = \dfrac{1.2}{1+(1-0.4)\times 30\% \div 70\%} \fallingdotseq \dfrac{1.2}{1.26} \fallingdotseq 0.95$$

ご覧ください。数式はちょっとイヤですが、要は負債とそれにかかる税効果を調整しています。

アンレバードベータは同じ土台、すなわち有利子負債がまったくないという同じ財務構成のもとでのベータなので、平均することで、その事業の事業リスクだけを表わしたベータの値を得ることができます。めでたしめでたし……と、残念ながらここで終わりではありません。当該事業における財務構成を反映させなければならないのですね。この再変換（リレバード）が終わると、非上場企業や個別事業に適用されるベータ値が算出でき、そこから株主資本コスト、そして加重平均資本コストが計算できます。

ただし、事業ごとに有利子負債と株主資本が割り振られていないこともあるでしょう。非上場企業などはすでに財務構成が決まっているでしょうからそれを用います。ただ、有利子負債はともかく株主資本の時価はわかりません。こういうときには、やはり上場類似企業の数字から推定します。有利子負債と株主資本の割合が事業リスクに応じて定まるのならば、上場類似企業の財務構成を平均してみれば、その事業を行っている場合に取るべき財務構成もおおよそわかると仮定して、加重平均資本コストを算出します。なんだか面倒くさいですね。でも、やっていることはそれほど高度なことではありません。ここまでの説明を図表2-14にまとめましたので、参考にしてみてください。

ただし、またいい加減なことを言うようですが、事業部門に要求するハードルレートは、最終的には**本社が決めていただいてかまいません**。こう言うと、事業部門の人たちの怒る顔が目に見えるようですが、本社機能は後でみるようにグループ内の投資家です。資本コストを決めるのは投資家ですから、事業のリスクとリターンを秤にかけて、これくらいはなくては困る、そうでなければこの事業には経営資源配分しない、と言ってもいいはずです。

もちろん、あまりにマーケットの情報と乖離するようなハードルレートには誰も納得しませんから、そうした情報はきちんと押さえることは必要ですが、これにこだわりすぎて、投資家としての機能を忘れてしまうこともまた避けたいところです。

ちなみに、本来は負債のコストについても同様の推計をすることになりますが、実際には大きな差がつきにくく、推計もしにくいことからあまり行われません。負債の多寡に基づく信用リスクを反映させて負債コストを決めるのが一般的です。

図表2-14 ベータ値を推計する手順

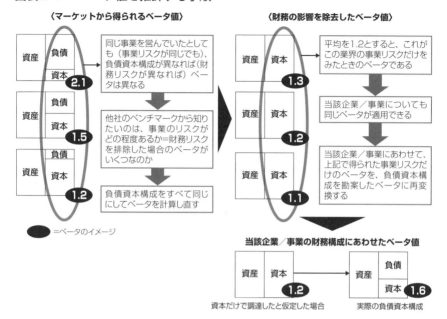

実務に必要なポイントその③
会社の値段はいくらなのか

◆ 企業価値、事業価値、株主価値

ここまで、有利子負債と株主資本の違いを理解し、それぞれにかかる資本コストを把握しました。次はいよいよ企業価値評価です。会社の値段などというと穏やかではありませんが、その企業なり事業なりがどのくらいの価値を持っているのかを考えることは、経営を行っていくうえでますます重要になってきています。

まずは、言葉を整理しておきましょう。企業価値、事業価値、株主価値、どれもよく聞く言葉ですが、どう違うのでしょうか。

この中で、もっともわかりやすいのは「事業価値」です。これは、**事業に使用されている資産から生み出される価値**のことです。工場や営業所など、事業に供される資産を活用して、どのくらいキャッシュフローを生み出せるのか、それが事業価値となります。

ただし、企業には必ずしも事業に供されている資産ばかりがあるわけではありません。遊休土地を持っていたり、余剰資金を事業に回さず資本市場で運用しているかもしれません。単に銀行に預けている預金だって、事業に使っていない資産のひとつです。こうした、事業に回っていない資産のことを非事業用資産といいます。事業に供していないからといって、価値がないわけではありません。したがって、それらを加えたものを、企業価値とよびます。

図表2-15　事業価値、企業価値、株主価値

有利子負債	非事業用資産	企業価値
	事業から得られるキャッシュフローの現在価値合計＝事業価値	
株主価値		

「企業価値」は、その価値が誰に帰属するのかによってふたつに分けることができます。ひとつは株主へ帰属する部分、もうひとつは債権者へと帰属する部分です。**企業価値から有利子負債を除いたものを株主価値**といいます。株式価値ともいいますし、もし株式市場が本当に正しければ、これは株式時価総額と一致します。株式時価総額の「あるべき理論価格」といってよいでしょう。

◆事業の価値を考えるための３つのアプローチ

これらの価値を測るには、一般的に３つのアプローチがあります。

1　インカム・アプローチ
2　コスト・アプローチ
3　マーケット・アプローチ

まず取り上げるのがインカム・アプローチです。企業が将来得る何らかの収入（インカム）を基に、企業の価値を考える方法です。将来のおカネの流れを考えるので、フロー分析ともよばれます。キャッシュフローを基に考える手法がよく使われます。将来生み出されるキャッシュフローを予測し、それを現在の価値に割り引く手法です。割り引かれたキャッシュフローに基づいて考える、という意味で、**Discounted Cash Flow（DCF）法**などとよばれます[13]。

現在持っている資産を基に企業の価値を測る方法もあります。これがコスト・アプローチです。なぜ、コストかというと、「いま持っている資産を改めて全部いまの価格で調達し直したらいくらかかるか」あるいは「いま持っている資産を、現在の価格で全部売ったらいくらになるか」ということを考えるからです。バランスシートに載っているすべての資産・負債を再度現在の時価で評価し直します。一時点のスナップ・ショットとしてのストックの価値をみるので、ストック分析ともよばれます。

一方、非常に簡単なのはマーケット・アプローチです。非上場企業の株価算定などによく使われますが、同じような事業を営む上場企業の時価総額を基にした企業価値の平均を求め、それとそれらの企業が持つ収益などとの割合をとって、株価を推定したい企業に当てはめる方法です。

---

13) DCF法のほかに、利益を基にする収益還元法、配当を基にする配当還元法などがあります。前者はもともと、不動産の鑑定評価に使われている方法です。後者はさらに、実際の配当を基にするのか、あるべき配当水準を考えるのか、さらには内部留保の再投資分を加味するのかといった考え方によって、実際配当還元法、標準配当還元法、ゴードンモデル法などに分かれます。

図表 2-16　M&Aにおける価格算定（イメージ）

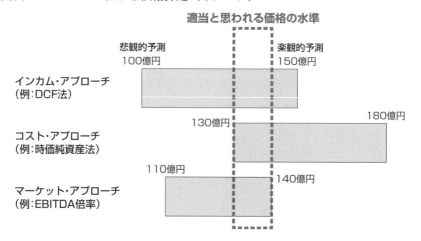

図表 2-17　各種企業価値評価手法のメリット・デメリット

	インカム・アプローチ	コスト・アプローチ	マーケット・アプローチ
メリット	・リスクとリターンの明示的な反映が可能 ・M&Aなどの場合、買収後に対象企業がもたらすベネフィットが明確 ・市場状況に影響を受けない ・事業外資産状況が把握できる ・DCF法の場合、会計的利益に左右されない	・決算書に基づいた比較的客観的な評価が得られる ・財務諸表の内容を調査するため、M&Aなどの場合、買収後の貸借対照表の作成、金融機関への提出資料、買収価格の各資産への按分等が容易	・実際のマーケット情報に基づくため、客観的、かつ説得力がある ・類似会社比準法の場合、情報の入手が容易 ・評価計算にあまり時間がかからない
デメリット	・将来予測の恣意性・不確実性 ・前提条件によって評価額が大幅に変わる ・他の評価方法と比べて情報の入手、計画の策定などに時間や労力を要する ・DCF法の場合、オプションとして生じる経営上の意思決定を反映できない	・将来利益が評価に反映されない ・会社全体としての価値が反映されにくい ・営業権を算定する場合に恣意性が入る可能性 ・決算書の内容調査に時間と労力を要する	・類似会社の選定が困難かつ恣意性が入る可能性 ・評価基準日に対応した情報が得られない可能性 ・類似会社比準法の場合、流動性プレミアムなどで評価が大きく変わる ・類似取引法の場合、情報の正確性の問題がある

いずれの方法も、「これが絶対」というものはありません。したがって、いくつかの方法を試しながら「落としどころ」を探ることになります。M&Aの場合などは、いくつかの方法でさまざまな予測を試して得た標準値を、買い手、売り手双方が有し（当然、まったく異なります）、交渉を通じてひとつの値にしていきます（図表2-16）。ひとつの方法だけで決め打ちすることはあまりありません。図表2-17にある通り、どの方法にもメリット、デメリットがあるからです。それゆえに、さまざまな方法をミックスして**確からしいものを導く**ことが行われます。

◆DCF法とは何か

インカム・アプローチにおいては、事業の将来予測が必要となります。面倒くさいことも多いですが、より事業と財務を密接に統合した管理が可能になるため利点も多く、特にM&Aなどのときには必須の手法となります。

もっともよく使われるのは、先ほどのDCF法です。企業が将来にわたって生み出すキャッシュフローを現在価値に「割り引く＝ディスカウントする」からディスカウンテッドキャッシュフロー、ということです。第1章で説明した「現在価値」の考え方ですね。これは、のちほど出てくる企業内部での投資評価にもそのまま使えるので、ちょっとみておいていただけると役立ちます。

とはいっても、あまり深入りすると面倒くさいので、ここではステップは4つに限定します。

1　中長期的な将来のキャッシュフローを予測する
2　それより先のキャッシュフローはまとめて処理する
3　将来のものなので割り引く
4　不必要なものを引き、必要なものを足して株式の価値を出す

まず、1においては、将来生み出すキャッシュフローを予測します。予測の仕方は次章で扱います。いまは、DCF法のプロセスを先に進めましょう。

このとき基準になるのは「フリーキャッシュフロー」です。第1章で説明しましたが、ついに出てきましたね。ここでは、DCF法において使われるのが、なぜフリーキャッシュフローなのかといった点をみてみます。フリーキャッシュフローにはどういう意味があるのでしょうか。

フリーキャッシュフローの使途は3つしかありません。債権者に借金を返済するか、株主に配当や自社株買いの形で還元するか、経営者が未来への投資の

図表2-18 ディスカウンテッド・キャッシュフロー(DCF)法の図解

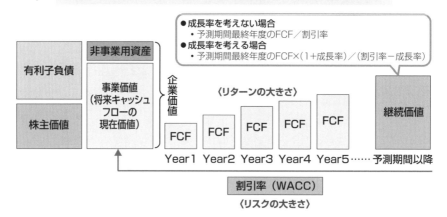

ために使うか、です。企業価値をフリーキャッシュフローで測るのは、「経営者が未来への投資のために使う」といったシナリオはひとまず置いて、「企業が将来生成するキャッシュフローを投資家にすべて還元したらどうなるか」ということを知りたいがためです。とはいえ、債権者が自分のものにできる「価値」はすでに決まっています。事前に契約で決めてしまったのだから、それ以上は取れません。したがって、「将来のキャッシュフローを生み出す力をフリーキャッシュフローの現在価値として測って得られた企業価値−契約で決められた有利子負債額＝株主価値」、という式が成り立つことになります。

◆永遠に続くキャッシュフローをどうするか

フリーキャッシュフローを予測するのは、「中長期」、だいたい3～7年くらいです。真ん中をとって5年くらいが多いかもしれません。これくらいの期間であれば、業界動向なども具体的に予測できます。一方、企業は5年で終わるわけではありません。この先もずっと続きます。企業の存在はゴーイング・コンサーン（Going Concern）、すなわち企業は永続的に存在する、ということを前提としています。ちなみに、この"Concern"は、"心配""懸念"という意味ではありません。ドイツ語の「コンツェルン」、つまり会社、あるいは事業の意味です。事業がずっと続いています、ということを示すのがGoing

Concernです。「懸念が続いている」と訳した新聞記者がいるという笑い話を聞いたことがありますが、そうではありません。昔、長嶋茂雄氏が「巨人軍は永遠に不滅です」と涙しましたが、企業経営的にみればこれはGoing Concernの原則を確認した、ということになります。

　では、永遠に不滅であるとされる巨人軍の企業価値を算出するためには、本当は何年分のフリーキャッシュフローを予測しなければならないのでしょうか。永遠、という言葉をたとえば百年、に擬していただいて、百年分のフリーキャッシュフローを予測してそれを割り引いてもかまいません。さすがにそれくらい経てば現在価値はごく小さくなり、百年目以降はまあ無視してもいいか、という気分にもなれるでしょう。ところが、たいていの人はそこまでヒマではありません。そこで、通常の企業価値計算においては、5年程度のフリーキャッシュフローは各年きちんと予測し、それ以降はきちんと予測した最終年度の状態が永続すると仮定して、高校で習った（はずの）無限等比級数の和の公式[14]を使って処理することになります。こうして計算する部分を、継続価値（Continuing value）といいます。これが、先ほどみていただいた4つのプロセスのうちのふたつ目です。原理原則がわかっていれば十分なので、数式が嫌いな方はさらっと読み飛ばしてください。

　ただし、実務上、気をつけてほしい点がいくつかあります。まず、この継続価値の割合が大きくなり過ぎないようにしてください。大きくなってしまう理由は大別してふたつあります。ひとつは、フリーキャッシュフローを予測する期間が短すぎる場合です。1〜2年程度だけ予測してあとは継続価値の計算に任せてしまうと、全体のキャッシュフローに占める継続価値の割合が8〜9割程度にもなってしまいます。これでは将来予測などしてもしなくても変わりありません。せっかく中長期の具体的な将来像を企業価値算定に織り込もうとしているのですから、もう少し長い期間のキャッシュフロー予測をしましょう[15]。具体的な予測の内容については次章で説明します。

　もうひとつは成長率を高く見込みすぎる場合です。図表2-18をもう一度見ていただくとわかるように、継続価値の計算には、成長率を考えない場合と考える場合があります。考えない場合には、単に予測最終年度のフリーキャッシ

---

14) 初項＝a、割引率＝r、成長率＝gとした場合

$$\frac{a}{r-g} = \frac{a}{(1+r)} + \frac{a(1+g)}{(1+r)^2} + \frac{a(1+g)^2}{(1+r)^3} \cdots\cdots$$

15) そうでなければ、いっそのこと巡航速度に乗ったと思われる時点でのフリーキャッシュフローを割引率で割るだけで十分です。すなわち、継続価値だけ（フリーキャッシュフロー／割引率）ですね。こうした手法を用いることもあります。

ュフローがそのまま永遠に続いていくだけです。一方、成長率を考える場合には、これが一定の割合で永遠に成長することになります。ここに成長率10％などという数字を持ってきたらどうなるでしょう？

　事業が成長する時期にこうした高い率の成長をすることはよくありますが、どんな事業もいつかは成熟します。ましてや、日本のように経済自体が成熟した国で高い成長率が未来永劫続くと仮定するのはちょっと無理がありますね。

　実務上、気をつけてほしい3つ目の点は、予測最終年度のフリーキャッシュフローの値を、そのまま継続価値の計算に使わないようにすることです。「いまそれを使えと言ったばかりではないか」とお叱りを受けそうですが、このフリーキャッシュフローの中身をよくみてほしいのです。この年だけに生ずる特殊要因が入っていないでしょうか。その年は減税があって大きな利益増が見込める、とか、ここで多額の投資を予定している、とか……。これをそのまま将来に向けて使ってしまうと、未来永劫減税が続いていたり、毎年投資を続けたりすることになってしまいます。これらは調整しましょう。言い換えれば、継続価値の計算に用いるフリーキャッシュフローは、大きな投資も運転資金増減もなく、本業からの利益が巡航速度に乗ってもたらされる結果としての水準に落ち着かせておく必要があります[16]。

◆やっぱり"今日の百万円と明日の百万円"は異なる！

　ここまでで、企業なり事業なりが生み出すキャッシュフローがすべて出そろいました。これを全部合計してみたのが事業価値です。これに、事業には使っていない遊休資産や資金運用等を加えて全社の価値としたものが企業価値、そこから返さなければならない有利子負債を除いた後は全部株主のものだから株主価値、というわけです。ただし、実は簡単に合計するわけにはいきません。現在価値に直してから、ということになります。

　現在価値というのは何だったでしょうか。第1章で出てきたファイナンスの鉄則を思い出してください。「今日の百万円と明日の百万円は違う」というのがありました。100万円を預金して、1％の利子がつくとしたら、1年経てばその価値は1万円分増えて101万円になっています。逆に、1年後の100万円を現在の価値に直せば、$100 \div (1+0.01) \fallingdotseq 99$万円くらいになります。金融にはタンス預金という概念はないので、時間の経過があれば、必ずその時間にかかる金利分だけ価値が変動していきます。忘れてしまっていた人は、ちょっとここで

---

16) 投資も運転資金増減も考えていなければ、このフリーキャッシュフローの値は、NOPAT（税引後営業利益）に近づいていくはずです。NOPATについては99ページをご覧ください。

思い出してください。

　DCF法においても、この現在価値の考え方を使います。将来、おおよそ5年程度の期間にわたって事業が生み出すであろうキャッシュフローを予測し、かつこの先、未来永劫続くであろうキャッシュフローを計算したわけですが、それはすべて「将来生み出される価値」です。現在のものとして考える場合には、金利分だけ割り引かなければならないということです。

◆割引率として使われる資本コスト

　さて、ここで問題となるのは、「この"金利"はいったいいくら？」ということです。銀行だから金利という言葉を使いましたが、企業の場合、将来その企業が生み出すキャッシュフローを割り引くには何を使ったらよいのでしょう？

　銀行にとって、金利というのは預金者と約束した「見返り」です。「ウチに預けてくれれば、これだけの見返りを上乗せしてお返ししますよ」ということですね。では、企業にとってこれにあたるものは何でしょう？　同じものが、企業にもあります。先ほど説明した「資本コスト」です。正確に言えば、加重平均資本コストですね。ちょっとおさらいしておきましょう。「これだけは投資家に約束した以上守らなければいけない、見返りの最低水準」＝ハードルレートのことでした。要は、銀行における金利と同じです。**ウチに預けてくれれば、これだけの見返りを上乗せしてお返ししますよ**、です。したがって、これが企業の将来キャッシュフローを割り引くときに使われる割引率になります。

　この加重平均資本コストは、その企業の事業リスクに応じて、あるいは有利子負債と株主資本のバランスといった財務リスクに応じて変わってきます。先ほどの"百万円"の例にしても、銀行に預金すれば金利は1％（いまはそんなにつきません）ですが、株式投資に回せば、たとえば7％のリターンが見込めるかもしれません。しかし、銀行預金が元本確保されているのと異なり、株式投資では元本割れを起こすかもしれません。この可能性を織り込んでリターンの想定も7％と高くなっているのです。この可能性とは、すなわちリスクの高低です。したがって、割引率には、その投資におけるリスクが反映されています。無リスクの場合に比べて、どの程度リスクがあるかによって割引率は変わってくるはずです。リスクが大きければ価値は大きく割り引かれ、少なければそれほど割り引く必要はない、ということになります。「ハイリスク・ハイリターン、ローリスク・ローリターン」というファイナンスの鉄則も第1章で説明しましたね。キャッシュフローを割り引く割引率には、投資家のリスクの見方が反映されているということです。

こうした見方は、この本でもう一度出てきます。「投資の考え方」のところです。基本は一緒なので、もし先に読みたい方がいらっしゃったら第5章へどうぞ。

◆理論的な株価を出してみる

ここまでくれば、後はそれほど難しくありません。単純な計算だけです。加重平均資本コストで割り引かれて現在価値に直したキャッシュフローの合計は、事業が生み出す価値を表わします。これが「事業価値」です。

これに加えるのは、遊休資産や有価証券、現金などの非事業用資産です。これらにも時価がありますから、すべて時価評価し直します。これを足し上げると、企業が持っている事業の価値と、非事業の価値の総和が求められます。これが「企業価値」です。

次に、この企業価値から、債権者に帰属する分を除きます。具体的には有利子負債ですね。これを除いたものが「株主価値」になります。

この株主価値を発行済み株式総数で割ると、ここで用いた将来予測を前提と

図表2-19　DCF方式による計算プロセス

	1年度	2年度	3年度	4年度	5年度	継続価値
	(百万円)	(百万円)	(百万円)	(百万円)	(百万円)	(百万円)
EBIT	490	515	556	699	768	
税金（40%）	▲196	▲206	▲222	▲279	▲307	
減価償却費	210	221	318	349	384	
運転資金増加額	▲28	▲33	▲62	▲79	▲91	
設備投資額	▲250	▲250	▲300	▲350	▲400	
FCF	226	247	290	340	354	→ 365

継続価値の計算: $365 = 354 \times (1+0.03)$

現在価値：
- 205 ← 226 ÷ $(1+0.1)$
- 204 ← 247 ÷ $(1+0.1)^2$
- 218 ← 290 ÷ $(1+0.1)^3$
- 232 ← 340 ÷ $(1+0.1)^4$
- 220 ← 354 ÷ $(1+0.1)^5$

$$3,234 \leftarrow \frac{354 \times (1+0.03)}{0.1 - 0.03} = 5,209 \div (1+0.1)^5$$

- 4,312＝事業価値
- 1,000＝非事業用資産の公正価値
- 5,312＝企業価値
- ▲1,500＝有利子負債
- 3,812＝株主価値

（＊）WACC＝10％、永久成長率3％、各年の現在価値は小数点以下を四捨五入

したあるべき株価の水準が出ます。これと、実際の資本市場における市場価格としての株価を比較し、前者よりも後者のほうが高ければ、「本来持っている価値よりも高い値段がついている＝割高」、逆であれば割安、といった判断をしているということになります。

実際の数字を使って、ここまでのプロセスをおさらいしたのが図表2-19です。

◆持っている資産を洗い替えてみる（コスト・アプローチ）

次に出てくるのは、現在持っている資産を基に企業の価値を測る方法、すなわちコスト・アプローチです。これは、「いま持っている資産を改めて全部、いまの価格で調達し直したらいくらかかるか」あるいは「いま持っている資産を、現在の価格で全部売ったらいくらになるか」[17]ということを考えるものでした。バランスシートに載っているすべての資産・負債を再度現在の時価に評価し直すので、「時価純資産法」[18]などともよばれます。保有している資産、たとえば建物や土地、有価証券、身近なところでゴルフ会員権など、すべての

図表2-20　時価純資産法

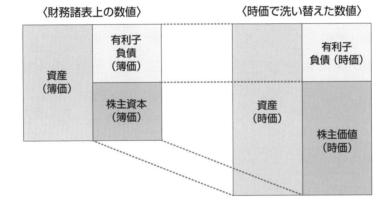

---

17) 前者を再調達原価法、後者を清算価値法といいます。どちらを取るかによって法人税に対する考え方が変わってきます。前者では、時価評価替えをしたことによる評価損益に対する法人税は非控除です。こちらでは事業の継続を前提としているので、法人税がかかるのは実際に清算が行われたときであり、いまはそうではないという考え方です。一方、後者は企業を清算することを前提としています。したがって、そこで評価損益が確定して法人税もかかるということを考えているわけです。

18) 「時価純資産法」というものがあれば、「簿価純資産法」というものもあります。簿価として決算書に記載されている「純資産」がそのまま企業の価値だとするものです。しかし、企業が帳簿に載せている資産の額と、その時価がまったく同一であると考えない限りは非現実的な方法なのでもちろん誰も使いません。

資産がいったい今の価格ではいくらなのかと洗い替えして、総資産の時価を求めます。それから有利子負債を除いたものが時価ベースの純資産です。有利子負債も本来は時価ですが、情報が取りにくいので通常は簿価で代用します。この手法を、みなさん自身が手を動かして行うことはあまりなく、ほとんどの場合は会計士など専門家の手に委ねられます。ここでは、図表2-20でイメージだけ確認しておきましょう。

◆市場の実勢にあわせてみる（マーケット・アプローチ）

最後に出てくるのはマーケット・アプローチです。これにもいくつか種類はありますが[19]、実務で使われるのは圧倒的に「類似企業比較法」です。非上場企業の株価算定などによく使われ、「同じような事業を行って上場している企業の時価総額を基にした企業価値の平均を求め、収益などとの割合を考えながら、推定したい企業に当てはめて株価を推定する方法」ということでした。

もう少し具体的に説明すると、プロセスは3つだけで、とても簡単です。

1　類似企業の選定
2　各種指標の比較
3　当該企業へのあてはめ

まず、何といっても「同じような事業」をやっている上場類似企業をみつけてこないことには話が始まりません。ところが、これが意外に大変です。似たような上場企業がなかなかないというのがよくある悩みです。産業構造や事業の型が似ている企業を探したり、日本でみつからなければ海外の企業を参考にしたりといった苦労をすることになります。また、あったとしても多角化企業で他の事業の影響も業績に入ってしまっているような場合もあります。この場合は、できる限り当該事業だけの業績を比べたいので、セグメント情報などを駆使することになります。

とはいえ、外部から企業情報を取得している場合には、その企業の詳細なセ

---

19) 似ている企業を比較するという意味では、他に類似会社比準法、類似業種比準法といった手法があります。後者は国税庁方式などともよばれますが、その名の通り税金の試算に用いられるものだったりしますので、企業実務ではまず用いられることはありません。また、似ている取引を比較するという「類似取引法」というものもあります。株式市場ではなく、M&A市場における類似した取引を集めてきて、後は類似企業比較法と同様に財務数値を使って評価額を算出します。ただし、日本では取引事例自体の蓄積が少ないので、これもあまり用いられません。

グメント別財務諸表はわかりません。したがって、事業ごとの正確な数値取得はあきらめ、類似企業を選定する際にセグメントごとのバランスを考慮した加重平均等を用いるなどの方法で代替することもあります。**類似企業の選定が、マーケット・アプローチにおいては一番難しいところでもあり、短所になりがちな部分でもあります**。あまり細かいことにこだわらなければ、ざっくりした数値がすぐに取れるのは長所でもあるのですが。

次に、使用する指標を算出します。PER（Price Earnings Ratio＝株価収益率）、PBR（Price Book-Value Ratio＝株価純資産倍率）、PSR（Price Sales Ratio＝株価売上率）、PCFR（Price Cash Flow Ratio＝株価キャッシュフロー比率）など、よく使われる指標はいくつかありますが、特によく使われる指標にEBITDA倍率（EBITDAについては34ページのコラム1をご覧ください）があります。類似企業比較を行う場合、そのことをマルチプルなどとよびますが、通常はこの倍率による比較のことを指します。この倍率を例にとって、具体的にみてみましょう。

図表2-21　類似企業比較法でよく用いられる指標──EBITDA倍率

> EBITDA倍率＝（株式時価総額＋有利子負債）／EBITDA
>
> **対象企業株主価値＝EBITDA×類似会社平均EBITDA倍率－有利子負債**

従来、**EBITDA倍率は6～8倍**あたりが妥当な水準といわれてきましたが、最近では10倍越えも普通です[20]。この数値が求められたとすれば、あとは当該企業にそれを当てはめて逆算すればよいだけです。当該企業についてわからないのは株主価値だけです（これが知りたいわけですよね）。したがって、すでにわかっている当該企業における財務数値と、類似企業から求められたEBITDA倍率から逆算することで、その企業のあるべき株主価値がわかります。これを発行済株式総数で割ることによって一株当たりの理論的な株価が導かれるということになります。

なお、非上場企業の場合には、こうして求められた株価から**30％程度のディスカウントがなされる**のが普通です。のちほどM&Aに関する説明のところでも取り扱いますが、非上場企業の株式は流動性に乏しいため、このことをリス

---

[20] 最近はM＆Aが活況を呈しており、買収価格がつりあがってきていることなども影響しています。この水準はもちろん業種などにより異なります。

クであると考えてリスク分だけ価格を割り引くということです。

第**3**章

事業計画づくりに必要な
ファイナンスの知識

事業の将来像を考えてみる

◆企業価値はどうしたら上がるのか

　さて、そろそろ頭が痛くなってきた人もいるのではないでしょうか。ここで少し数字の話をお休みにしましょう。ここから先はしばらく、事業の見方についての話が続きます。ここまでみてきたファイナンスの要諦は、実際の事業の先行きを考え、計画を作り、それを実行するために必要なものです。**ファイナンスは目的ではなく事業のための手段です**。その事業の先行きがきちんと定まっていなければ、必要な資金を算定することもできませんし、事業の価値を評価しても単なる数字の遊びになってしまいます。では、事業についてどのように考えればよいでしょうか。特に、ファイナンスと密接な関係のある、将来の事業計画とはどうやって作るのでしょうか。この本は「一応」ファイナンスの本なのであまり多くのページは割けませんが、大事なことなのでここで説明してみたいと思います。また、ここでみる内容は、先ほどのDCF法を用いたときに「将来のフリーキャッシュフローを予測する」必要があるという要素に対応しています。

　まず、重要なのは「**その事業計画の実行によって企業価値が上がるのか**」という点です。企業価値についてはすでに説明した通り、「負債と資本のコストを勘案後の、その企業が生み出す将来キャッシュフローの現在価値の総和」でした。これを向上させる方法は、実は3つしかありません。まあ、要素が3つしかないので当たり前ですね。事業からのリターン、その事業にかかる元手、元手にかかるコストです。ということは、これらをどうにかすれば、企業価値は上がることになります。

1　事業からのリターンを上げる
2　事業にかかる元手をうまくかける
3　元手にかかるコストを下げる

　やるべきことはこれだけです。1については、すでにおなじみです。事業からのリターンを上げるということは、リターンを利益と考えれば、**売上を上げ**

るか、**費用を下げるか**、につきます。常日頃から行っていることですね。最初に、利益といってもなるべくキャッシュフローベースの利益がいい、と申し上げたことを覚えていらっしゃいますでしょうか。もし、リターンをキャッシュフローと考えれば、費用を下げるといっても、実際には現金として出ていかない減価償却費は足し戻されるだけだった[1]とか、営業キャッシュフローを増やすのであれば、運転資金増減にも気を配らなければならないとか、そういったことも思い出していただけると万全です。

　2は何を意味するのでしょうか。事業から上がるリターンが元手にかかるコストよりも大きいようであれば元手をちゃんとかける、一方で事業から上がるリターンが元手にかかるコストよりも小さい、すなわち逆ザヤになってしまっているのであれば、その元手はさっさと引き上げる、こうした判断を迅速に行おうということです。企業の言葉で言えば、**投資実行判断、投資撤退判断を的確に行う**ということです。言うのは簡単ですが実行するのは難しいことの筆頭に挙げられるかもしれません。詳しくは第5章で説明します。

　昔はこうしたバランスシートに関することが企業の成功指標に入ってくることはなかったのですが、いまではしっかりと入っています。それゆえに、たとえばずっと逆ザヤになっていて我がグループ内ではこれ以上支えられないといった理由で事業を売却するなど、M&Aの動きも盛んになってきているのです。これについては第5章で取り上げます。

　最後の3はすでに説明しました。元手にかかるコスト、すなわち加重平均資本コストのことです。ただし、ここでみなさん、おかしいと思いませんでしたか。加重平均資本コストは投資家が企業に要求する最低限の収益率です。また、投資家の機会費用であるともいえます。そうであるならば、なぜ企業が勝手に「コストを引き下げる」などと言えるのでしょうか。それは投資家が決めることでは？

　まさにその通りで、**資本コストの多寡は投資家が決めます**。それにもかかわらず、企業が行うべきこととしてこの3を挙げているのには理由があります。

---

[1] 減価償却費は現金としては出ていかない費用なので、キャッシュフローの計算時には足し戻されることはすでに説明した通りです。ただし、ここで気をつけていただきたいのは、こうした非現金費用も、税金の計算上は費用であるため、早い時期に発生させれば現在の税金の支払いを少なくすることができるということです。税金は現金で出ていくので、この支払いを将来に先延ばしできれば、金利分がプラスになります。あまり大きな声で言うと税務当局に怒られるかもしれませんが、税金は費用項目の中でもほぼ最大の現金流出を伴います。健全な節税を考えることは、キャッシュフロー経営のうえでも必要です。特に、最近では国をまたいだ税務の問題が大きくなっています。国際税務は、企業価値向上のためにも注力すべき分野といえます。

図表3-1　企業価値を向上させる3つの手法

●**企業価値の向上手段**

1. 資本投下はせずに事業から得られる収益を増やす	2.「資本コスト＜収益」である事業に資本投下するまたは「資本コスト＞収益」である事業から資本を引き上げる	3. 資本コストを引き下げる
↓	↓	↓
事業戦略	投資戦略	財務戦略
営業キャッシュフローをどのように増大させるか	投資キャッシュフローをどのように的確に扱うか	財務キャッシュフローをどのように柔軟に調達できるか

ふたつだけ、企業側にもできる施策があるからです。

ひとつは、すでにみたように**最適負債資本構成**を考えることです。これによって加重平均資本コストは下がりますね。もうひとつは、資本コストの多寡を決める投資家自身に訴えかけるということです。投資家は、資本コストの多寡をさまざまな情報によって判断していますが、その情報の出所はみなさんの会社自身です。そうであれば、その情報を的確に伝えることによって、投資家の判断材料をよりよくし、ひいては企業の望む（願わくは低いコスト）状況に導けるのでは、ということです。もうおわかりですね。**情報開示を充実させる**ことです。これについては本章の最後で触れます。

◆ 「大きな物語」を作る

事業計画で取り上げられている内容は、「**将来キャッシュフローを生み出す力に"眼に見えて"変化を及ぼすようなもの**」でなければなりません。企業価値に何ら影響のない、枝葉末節の事柄に力を入れても意味はないのです。これは、意外に見落としがちな点です。グループ売上高の50％を占める事業も、5％しか占めない事業も同じような重きを置いて網羅的に説明したり、キャッシュフローにさして影響を与えないような話でありながら直近に出た新製品の話に時間を割いたりしている事業計画がよくみられます。

こうした内容を無視しろ、と言っているわけではありませんが、時間は有限、労力も有限です。「メリハリ」をつけましょう。扱っている内容を、将来キャッシュフローにどのくらい影響するのか、という観点から見直して、力の配分を決めてください。将来キャッシュフローに占める割合が微々たるものであるならば、その要素はさっさと忘れましょう。きっと、余計なことをする手間が

大いに省けると同時に、自社にとって本当に注力すべき大事なことは何なのか、が見えてくるはずです。

「事業計画」を作るうえでの基本姿勢は、「**自社の企業理念に沿った事業の将来像を考え、将来にわたって生み出すキャッシュフローをどのように増やしていくのかに注力する**」ということです。

では、姿勢を正したところで、具体的にどうすればよいでしょう？　将来のキャッシュフローをどのように増やしていこうか、といった点にまず注意が向きがちですが、これは「HOW」の議論です。もちろん、これも大事ですが、その前に「WHAT」と「WHY」が明らかかどうかを確認してください。すなわち、「その事業の"型"は何なのか」ということと、「なぜ、おカネが入ってくるのか」ということです。

事業の最前線にいる事業部門が作る計画は、「おカネが入ってくるために具体的にどうしたらよいか（HOW）」が中心となりますが、それら事業部門を束ねて全社を運営する本社部門が計画を考えるときは、おカネが入ってくる仕組みを理解して、それがなぜ将来も持続可能なのか、という大きな物語を描く必要があります。これがないと、全体を俯瞰して最適解を考えたり、外に向かって発信したりすることができません。まずは、事業ごとに「WHAT」と「WHY」を明らかにしましょう。

◆外部環境の分析から始める

そう言うと、早速腕まくりをして自己分析を始める向きもありますが、実はあまり賢い方法とはいえません。われわれ自身も常に環境から影響を受けているように、事業を取り巻く大きな流れがわからなければ、その事業の来し方行く末に関する理解はおぼつかないからです。したがって、大きな物語を作るためには、まず事業が置かれている環境を理解し、その中でその事業がどのような地位を占めているか、それはなぜか、といったことを検討します。教科書的に言えば、**最初が「外部環境分析」、次に「内部資源分析」**ということになります。

外部環境には、政治・経済・社会・技術の状況など、また業界や市場動向、顧客の状況、競争状態、規制の動向などが含まれます。これらが企業の生み出すキャッシュフローを大きく規定してしまう場合もあります。一方、こうした環境の中で現在、企業がどのようなマーケットポジションを得ていて、そして将来も得ていくことができるのか、その源泉となる強みは何か、といった分析が内部資源の分析になります。

図表3-2　事業分析の全体像——企業・事業を評価する流れ

　本書は、ファイナンスをテーマにしているのであまりページ数は割けませんが、経営でのファイナンスを考えるうえで事業の将来像を描くことは必須ですから、簡単に概観しておきましょう。

　「市場（Customer）・競合（Competitor）・自社（Company）の３Ｃを見よ」[2]と言われることがありますが、外部環境分析は前者のふたつ、内部資源分析は自社の分析、ということです。また、SWOT分析、というのもよく使われます。Strengths（S＝強み）、Weaknesses（W＝弱み）が内部資源の分析、Opportunities（O＝機会）、Threats（T＝脅威）が外部環境分析、に相当します。余談ですが、この分析では、SとO、WとTを取り違える場合がとても多いです。いま一度ご確認を。また、分析しただけで満足してしまいがちなフレームワークの筆頭でもあります。したがって、そうならないための秘訣をお示

図表3-3　SWOT分析とTOWS分析

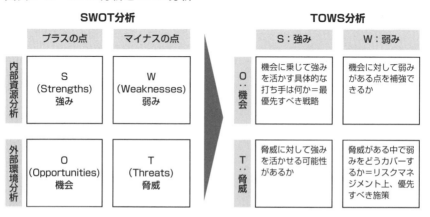

2）　３Ｃ分析とよばれます。

ししましょう。

　SWOT分析を行ったら、今度はその各要素を組み合わせて具体的なアクションプランまで考えてみてください。これにより、分析だけで終わることはなくなります。これを、SWOTをひっくり返してTOWS分析などということもありますが、名前はともかくとして、せっかく分析した内容をそのままで終わらせず、「だからこういうことを考えるべきだ・やるべきだ」といった、将来につながる提案にしていただきたいと思います。

◆「事業の型」を把握する

　外部環境を考えるにあたっては順番があります。まず、どこの国でその事業を行うのかを考えてください。特定の国における、国家の脆弱性などからくる信用リスクのことをソブリンリスクといいます。これが高い場合、政情不安などにより事業に影響が及ぶリスクが高まります。たとえば、突然の為替送金停止や、国家による工場の強制的な接収などです。こうしたリスクが高ければ、そもそもその国に進出するべきかどうかも含めて判断が必要でしょう。

　次に、その国における**マクロ環境の分析**を行います。マクロ環境といっても手当たり次第に分析すればよいというわけではありません。あくまでも、その事業が対象とする市場や属する業界について、将来キャッシュフローに影響を与えうる要因を検討するということです。マクロ環境の中でも特に重要とされているのが、政治・経済・社会・技術の動向です。これらの頭文字を取ってPEST分析[3]などともよばれます。最近では環境との関わりなども無視できなくなってきました。

　これらを行ったうえで、ようやく**市場や業界の分析**に入ります。自社が対象とする市場については、**しっかりと特定**してください。現在対象としている市場だけではなく、将来対象とする可能性のある市場も含まれます。また、そのなかで自社はどのような客層をターゲットにするかという点を考え、その詳細を明らかにすることが必要です。広く消費者一般に受け入れられる企業もあれば、ニッチな客層を狙いたい企業もあります。それにより市場も変わってきます。市場規模はぜひ明らかにしておいていただきたいと思います。どのくらいの規模なのかが明らかにならないと戦略の立てようもありませんし、ファイナ

---

[3]　PESTとは、Politics（政治）、E = Economy（経済）、S = Society（社会）、T = Technology（技術）の頭文字です。別に変わった分析をしようというわけではなく、マクロ環境を考えるうえで大きな要素であるこの4つが、将来キャッシュフローに影響を与えうるかどうかを検討するということです。

ンス的には影響甚大です。後述するファイナンシャル・プロジェクションも作れなくなってしまうからです。

　そのうえで、市場や業界の特性について把握しましょう。安定性や成長性、景気に対する感応度など、基本的なデータはもちろんですが、ここでぜひ押さえておいていただきたいのは、「その事業の型は何なのか」ということです。自社がどのようなビジネスモデルで戦うのか、競争に勝てるキモは何なのか、という「自社分析」に移る前に、そもそもやっている事業の「クセ」を知っておく必要があります。この「クセ」に反するような打ち手は、どんなに立ててもなかなか成功しないからです。

　たとえば、規模が効くのか効かないのか。規模が効くのであれば、それを実現するための投資が事業の決め手になってくるでしょう。一方、規模が効かなければ、差別化要素を磨くしかありません。また、事業のライフサイクルがどうなっているのかを知ることも重要です。よく、黎明期、成長期、成熟期、衰退期などと4つに分けられますが、おカネの動きを考えれば黎明期はとにかく先行投資をすることが不可欠である一方、成熟期での投資はあまりおススメできない選択肢です。それにもかかわらず、勝手知ったる事業となった分野に過大投資を行えば屋台骨が揺らぎます。成熟期には、投資ではなく回収を行うべきです。

　投資家的な視点でよく使われるのは、その事業がPL（損益計算書重視）型か、BS（バランスシート重視）型か、といった分類です。投資と回収の時間の違い、といってもよいかもしれません。前者は、投資から回収までほとんど時間がかからない型です。投資と回収が同年度の中で高速回転しているようなタイプです。外食産業などはかなりこれに近いといえます。損益計算書とキャッシュフロー計算書の間にさして差がなく、バランスシートを見ていても何もわからない、といった業種ですね。"労働集約型"といわれたり、"ピープル・ビジネス"といわれたりするのもこのタイプです。

　一方、巨額の投資をしてから回収までに長い時間がかかる事業も多くあります。俗に、"バランスシートヘビー"な業種、とよばれるものです。あるいは、"資本集約型"といわれたり、"装置産業"、"固定資産ビジネス"などとよばれることもあります。インフラ系の事業はたいていそうですね。こちらは、バランスシートをしっかり見ないと、その事業で何が起こっているのか、といったことはなかなかわかりません。

　こうした事業の型が把握できたら、次は競合の分析です。「競合のことなど

図表3-4　投資と回収による事業の型の分類

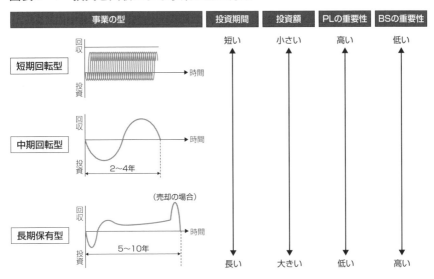

わかっている」とみなさん仰いますが、意外に知らないことが多いのは、競合が取っている戦略や、それに基づく数字の予測です。競合はたしかに事業の型を踏まえて、それを効果的に活かす打ち手を打とうとしているのか、どういった顧客をターゲットに戦おうとしているのか、その結果、将来のマーケットシェアはどう動きそうなのか、といったところです。特にシェアについては、ぜひ数字で予測してみてください。のちほどファイナンシャル・プロジェクションを作るときに役立ちます。

② ビジネスモデルを検証する

◆会社の宝物は何だろうか

　ここからは、分析を行う対象事業の、内部における経営資源の分析に入ってきます。

　まずは、これまでみてきたような外部環境の中で、自社の事業がどのような地位を築いており、今後築いていくか、といったことを分析します。市場の中での重要性、たとえば売上順位はどのくらいか、マーケットシェアをどのくらい確保しているか、といった基礎的事項はまず押さえなければなりません。そのうえで、本質的に重要なのは、「**なぜそのマーケットポジションを得ることができたのか**」に対する答えです。「何か」が他よりも優れていたから、であるはずです。その「何か」を特定することがここでの目標です。要するに、その事業が持つ「強み」ですね。この「強み」を称して「競争優位性」などとよぶこともあります。他よりも優れているが故にいまの地位を勝ち得たその要素、企業にとっての宝物ということです。

　さて、この「宝物」ですが、単に「いま持っている」だけではダメです。「将来にわたってキャッシュフローを生み出す力」なのですから、それが「**将来にわたっても維持することができるか**」を見極めなければなりません。将来も維持可能な優位性がどこにあるのか、ということが分析のキーポイントです。ここで重要なのは、「何がそのマーケットポジションを保持していくことができる"原動力"になっているのか」ということです。その企業の強みといってもよいでしょうし、もう少し堅苦しくいえば「**競争優位の源泉はどこにあるのか**」ということになります。これがなければ将来にわたってキャッシュフローを生み出し続けることはできません。そして、この"強み"を、最大限に活かせるような経営戦略、事業戦略が描かれており、それを実行に移すことのできる経営者、責任者がいるか、という点もまた重要です。

　ただし、貴重な「宝物」を豊富に持っていたとしても、それをうまく活かしていくことができなければ文字通り「宝の持ち腐れ」になってしまいます。「宝を使っている人の能力」や「どうやって使っていこうとしているかという意思」に踏み込むことになります。外部の人たちが企業を見るうえでは、これは、経

営陣の質や能力、経営や事業、財務に対する理念や戦略の方向性などの定性分析になります。経営陣の質や能力、などというと、「そんな数値化しにくいものをどうやって測るのだ？」と質問されがちですが、たとえば、アナリストが企業トップと直接面談して話を聞きたがるのは、別に偉い人に会いたいからではなく、実際に話をしてこの点をしっかり把握したいがためです。また、過去にその経営陣がコミットしてきたことを実際にどの程度実行しているのか、という実績も重要です。

　会社の内部では、こうした「宝を使っている人の能力」は、事業部門の責任者を配置した時点ですでに相当試されているでしょうから、その点は若干、企業を外部から分析する際とは異なるかもしれません。しかし、内部だからこそもっと踏み込むことができ、かつそうしなければならないのは、**本社と事業責任者とのコミュニケーション**です。事業部門の側は、事業の視点から計画を持っており、それを基に経営資源配分を求めてきます。一方で、本社の側は客観的、全体的な視点から個々の事業の将来を考えつつ、全体的な経営資源配分に注力します。このすりあわせをしなければなりません。**企業が外部投資家に対して行うIR Meetingのような場が、企業内部で、本社と事業部門との間で必要となります。**喧々諤々やることになりますが、ここで議論をスムーズにするためには、お互いが「論理」と「数字」に基づいて話をすることが必要です。どちらの計画が正しい、という白黒つけるための戦いではなく、それぞれの知見を持ち寄って、冷静によりよいものを作るための場、ということですね。このあたりについては、また第6章で触れたいと思います。

◆「ビジネスモデル」はアイデアにあらず

　もうひとつ気になる点を補足しておきましょう。「ビジネスモデル」という言葉です。たいへんよく使われる言葉ですし、事業の枠組みを考えるうえで重要でもあります。一方、この言葉を何か"素敵なアイデア"や"クリエイティブな斬り口"のように考える人もいます。そういう発想も大事なのですが、ファイナンス的な視点からみると、ビジネスモデルに必須なのは**「おカネの"入り"が"出"を上回るような仕組み」**ということになります。これが実現できなければ当然ながら"ビジネス"にはなりません。

　また、おカネの"入り"（キャッシュイン）と"出"（キャッシュアウト）が明確に定義できれば、そのビジネスでキモとなること、あるいは決してやってはいけないこともわかります。たとえば、航空会社のビジネスモデルは意外にシンプルです。最大のキャッシュインは旅客収入、最大のキャッシュアウトは

航空機の購入代金です。キャッシュインがアウトを上回らなければいけないので、将来的に回収が見込めないような過大な航空機の購入はそれだけでビジネスの首をしめます。スカイマークは、これで倒産してしまいましたね。

さらに、大枚はたいて航空機を購入したら、決してやってはいけないことは「空気を乗せて飛ぶ」ことです。航空会社のビジネスは固定資産ビジネス（ただ、この固定資産が動くので余計に費用がかかりますが）なので、この資産をフルに活用しなければならないのです。よく、旅客収入の面での安売りなどを問題視する人がいますが、空気を乗せて飛ぶ（一円にもならない）くらいなら、"少しでも支払ってもらったほうがまだマシ"というものです。パッケージツアーなどで破格の値段のものがありますが、一因にはこうした事情もあります。

空気を乗せて飛んでばかりいると会社は潰れます。政治的な要因などで搭乗率の低い路線を多く抱えるナショナルフラッグが次々と潰れていったのにも、こうした背景があります。逆に言えば、航空会社の儲けの"キモ"は、いかに旅客をたくさん乗せて、できれば正規運賃を支払ってもらって満席の飛行機を飛ばすか、にあります。この調整はイールド・マネジメントあるいはレベニュー・マネジメントなどとよばれて、航空会社のビジネスモデルの要になっています。

◆投資家と企業では物語の組み立て方が異なる

そろそろファイナンスの話に戻っていきたいと思います。ここで、みなさんが事業計画を立てる場合と、それを投資家が見る場合の目線の違いについて触れておきましょう。後述するように、事業部門と本社部門の目線の違いといってもよいかもしれません。

投資家が企業を分析する際と、企業が自社について考える際には、同じ外部環境分析、内部資源分析を扱っていても、その組立ての順番がまったく異なります。企業の方々は必ずといっていいほど、内部資源の分析から意識の中で処理していきます。

どちらが正しいとか間違っているということではありません。これは企業と投資家の考え方の違いによるものです。企業は、そもそも「やりたいこと」があって何かを始めた存在です。その「やりたいこと」が面白いから、新しいから、うまくいくと思って始めたわけですね。当然、それは自社だからこそ進めていけるユニークな取組みであり、自らの強み、です。したがってまずそれを語りたい。それが斬新であればあるほど、同じことをやっている人たちなどはいない、と思います。ですから、競合といえるほどの競合は見当たらないと考

えたりします。"オンリーワン"なのですね。それゆえ、業界に新しい価値を与えることができるわけです。こう思わなければ、そして実際にそうでなければ事業を長く続けていくことはできません。もっともな思考の流れであるといえます。

　ところが、投資家の頭の中はこうなってはいません。彼らは、どこに「先立つもの」を投下するともっとも儲かるか、という視点からものごとを見ています。つまり、すべてのものを相対比較してしまう人たちなのですね。そもそも、アメリカに投資するのか、日本に投資するのか、からしても相対比較です。その中で日本を選んだとします。日本における株式市場がいいのか、社債市場がいいのか、不動産市場がいいのか、これも相対比較です。仮に株式市場にしたとしたら、そこでまたどの業界がいいのか、という比較になります。業界がやっと選べたら、そこの業界にいるプレイヤーたちはまずもって全部「競合」です。主だったプレイヤーたちの財務分析は全部、横比較してみたり、将来予測も比べてみたり、「並べて比べる」ことに余念がありません。企業のみなさんが、「どうしてそんなところが競合になるのか」と不平をもらしたとしても、まずは業界全体を捉えてプレイヤーに然るべき区分をつけるまでは、広くみな競合です。比べているうちにだんだん事業の型などが把握できてきて、カテゴリー分けなどをし始めますが、また、その中での相対比較が行われます。そうした相対比較の中から、「この会社は確かに競争優位性がある」と思われた会社に対して、実際にその強みは将来も維持可能なのだろうか、維持を上手くやっていけるような経営者がいるのだろうか、本当に「やりたいこと」は何なのだろうか、と興味を持つわけです。分析としては、必ず外部環境分析から始めることになります。

◆「競合はいない」は禁句

　こうした人たちを企業の側から見ると、「なんてモノのわかっていない人たちだろう」と思います。「あんな会社とウチを並べるなんて、よっぽど業界構造がわかっていないに違いない」とか「どうしてウチがこんなに業界に対して価値を与えていることがわからないんだ」など、フラストレーションも溜まります。

　しかし、相手もみなさんの説明を聞いてこう思っています。「なんて独りよがりな企業なんだろう」と。彼らは相対比較でしかものを考えないので、「競合はいない」などと言われれば、「それはすごい」と思う前に「それでは分析ができない」と思います。企業と投資家、どちらが劣っている、間違っている、

図表3-5 投資家の視点、企業の視点──「企業の思い」と「市場の眼」とのギャップ

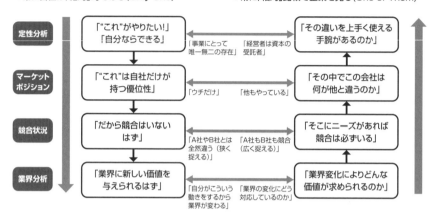

といったことではなく、そもそもの思考の流れの方向が逆なのです。

したがって、企業の方々の説明があくまで"内部資源から考える"ものだと、やはり投資家としては理解度が低くなります。これは、企業が資本市場に対して情報開示を行う際にも留意すべき話であるとともに、事業部門の事業計画を束ねて全社戦略を考える本社部門においても問題となります。本社部門は、企業グループの中ではいわば内部にいる「投資家」ですから、彼らとしては外部の投資家のように、**「"外部環境"をまず見据えて将来予測を作らなければならない」**という話になります。

これはけっこう難しいです。なぜならば、本社にいる人たちだって企業の一員として長年生きてきているので、投資家的な見方に切り替えること自体に抵抗があるからです。しかし、こうした見方をしていかないと、自社を取り巻く大きな流れの中で、どこに「先立つもの」を投下すると将来伸びていけるのか、といった問題に答えは出せません。本社部門における将来予測は、事業部門と同じ目線で事業を見ることにあるのではなく、彼らが自分に引き寄せて見がちな外部環境を客観的に把握し、その環境に合致した強みを活かしていくことができるのかを見定めたうえで、他の事業との相対比較を行って経営資源の配分を決めるためにあります。事業部門とは違った見方ができるからこそ本社の存在意義はあるのです。

③ あなたの事業はちゃんと回りますか？

◆数字にまで落としてこその経営計画

　ここまで定性的な分析を積み重ねてきましたが、将来のことだからといってこれらを定性的なままにしておいてはいけません。ファイナンスの要諦は、「将来を確からしく予測する」ことにあります。そうであれば、予測した将来については「**確からしく**」数字に落としていただくことが必要になります。

　将来像に関する議論を行うときに、その対象となる要素が「数字」で示されていると、議論の内容は実用的になります。もし数字なしで議論をするとどうなるでしょう？「この先、売上はぐっと増えると思うんですよ」「"ぐっと"ってどういうことなんですか」「まあ順調に回っていくってことで……」「何で？」——あまり生産的な議論とはいえませんね。

　「これまでの業界平均の売上の伸びは３％、それを我が社はこの強みがあって長年２％近く上回ってきている。大きな業界環境変化がないので、今後２～３年はこの差は維持できよう。ただし、３年後に規制緩和があって、新しいプレイヤーが入ってくることが考えられ、シミュレーションを行うと、当該年に売上成長率は２％程度低下すると思われる」くらいの説明があれば、「ではシミュレーションの内容を具体的に」とか、「業界変化がないというがこうした要素はキャッシュフローに影響を与えるのでは」というように、話が具体的に先に進みます。計画の内容はぜひ数字にしてください。

　とはいえ、いい加減な数字を置くわけにもいきませんし、逆にあまりに精緻な数字を作っても労多くして何とやらです。したがって、ひとつは「**過去の実績と断絶しない、整合性ある数字を作る**」ということ、もうひとつは「**計画を語るのにふさわしい精度の数字を作る**」ということが必要になります。

　前者は「過去の実績」をどう分析して将来に活かすか、ということであり、ここでは財務分析のスキルが用いられます。財務分析については、まだ本書で触れていなかったので、本章でこれからみましょう。

　一方、後者については「将来予測」をファイナンシャル・プロジェクションに落とす作業が必要になります。これを作らないと、今後の資金計画は立てられません。苦手とする人も多い分野ですが、やってみると意外に簡単です。ぜひ慣れてみてください。こちらについては本章の第４節で扱います。

◆過去の分析が示すトレンド

　過去の数字から得られる各種の財務指標は、企業が過去に「やる」といった事柄を実際に成し遂げてきたのかどうか、本当に評価に値する業績を上げ得てきたのか、を示します。こうした経営分析においてみるべきポイントは、財務諸表から得られるものとして、成長性、収益性、効率性、安全性、流動性、生産性といったあたり、加えて株式関連指標といったあたりに区分できるでしょう。こうした視点を定めずに財務分析に乗り出すと、無数にある指標の波におぼれて収拾がつかなくなります。実際には、こうしたいくつかの視点を象徴する指標がいくつかあれば、それで十分です。

● 成長性に関する指標

　まずは損益計算書で、どのくらい儲かっているかをみます。もっともとっつきやすいのが「成長性」です。前年に比べてどのくらい伸びたか、といった指標が使われます。やはり伸びてほしいのは売上高や本業からの利益ですから、売上高成長率、営業利益成長率といった指標が多用されます。成長性が高ければ、それだけキャッシュフローも潤沢になるだろうと予想はされますが、一方で先にみたように、あまりに急激な成長は黒字倒産を起こしかねないという点には留意が必要です。

図表3-6　財務分析の全体像

	枠組		内容	主な指標(例)
CF	PL系	成長性	・事業の成長度	・売上や利益、CFの成長率
		収益性	・売上高に対する儲けの割合 ・損益分岐点分析	・各種利益やCFと売上高の割合 ・損益分岐点分析
	BS系	効率性	・資産に対する儲けの割合	・ROA、ROE、ROIC ・各種回転期間(率)
		安全性	・財務の柔軟性	・負債／資本比率 ・CF／負債比率 ・インタレスト・カバレッジ・レシオ
		流動性	・短期的な資金繰り	・流動比率、当座比率 ・手元現金残高 ・バックアップラインの有無
	その他	生産性	・投入量と産出量の対比	・従業員あたり売上高、利益 ・労働生産性、資本生産性
		株価指標	・株価との関連 ・配当支払いの状況	・PER、PBR、EPS、BPS、Qレシオ ・DOE、DPS、配当性向

● 収益性に関する指標

　次に「収益性」です。売上高が急激に成長しているからといって、莫大な費用が掛かっていたりするのは困ります。売上高に対する利益の水準をみましょう。このとき、利益の種類を何にするかによって、みているものも変わります。売上原価だけを差し引いた売上高総利益率をみるのであれば、その企業の営業活動のうち、直接にモノやサービスを作っている部分の収益性がわかります。売上高営業利益率であれば、営業活動全般の収益性がわかりますし、これが売上高経常利益率になると、金融活動も含めた収益性の指標となってきます。企業間で事業の成否について比較をしたい場合には、本業からの利益を示す売上高営業利益率の段階で比較するほうが、その企業の財務構成などの影響を受けなくて済みます。

　また、収益性の分析で忘れてはならないのは「損益分岐点分析」です[4]。文字通り、損失が出るのか、利益が上がるのか、その分岐点はどこかをみるための分析で、売上＝費用（利益がゼロ）になるときの売上高を求めます。このときの売上高を損益分岐点（BEP：Break Even Point）といいます。これを求めるためには、費用を変動費と固定費に区分します。変動費は売上の変動により上下する費用（たとえば、原材料費や外注費など）、固定費は売上の変動にかかわらず発生する費用（たとえば、家賃や正社員の人件費[5]など）です。そのうえで、以下の式によって損益分岐点売上高を求めます。

$$損益分岐点売上高 = 固定費 \div \left(1 - \frac{変動費}{売上高}\right)$$

　たとえば、現在の売上高が48百万円、変動費が24.96百万円、固定費が16.8百万円の損益分岐点売上高は、

$$16.8 \div \left(1 - \frac{24.96}{48}\right) = 35（百万円）$$

　数式をみるより、図表のほうがイメージしやすいかもしれませんね。上記の例で図示すると次ページのようになります。

---

[4] 英語では、Break-Even Point Analysis あるいはCost-Volume Point Analysis（CVP分析）などとよびます。
[5] 固定費を変動費にするために、社員を正社員から派遣社員やアルバイトに切り替えるなどということが行われたりもします。売上高の減少に抵抗力のある費用構造にしたいということですが、ちょっと複雑な思いにかられますね。

図表3-7　損益分岐点分析

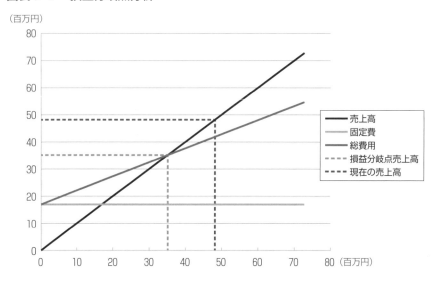

　さて、どうしてこのような分析をするのでしょう？　たとえば、設立して間もない企業を考えてみましょう。まだ売上はたっていませんが、オフィスを借りたり、従業員を雇ったりして固定費は着々と出ていってしまいます。このままでは赤字です。いったいどれくらい売上を上げれば一息つけるのだろう、と知りたくなりませんか。あるいは既存事業において、いまは売上が上がっているけれども、悪くなったらどうなるのかシミュレーションしたい、どこまで売上が落ちたらこの事業は赤字になってしまうのだろう──。これも押さえておきたいところです。また、固定費の割合が高ければ、損益分岐点売上高のハードルはけっこう高くなります。したがって、費用構造を柔軟にするためには固定費の変動費化なども考えたいところです。一方、固定費は売上が増えても一定ですので、損益分岐点を超えて売上が上がりだすと、利益はどんどん大きくなります。こうしたことを分析するために、損益分岐点分析は昔からよく用いられています。

◆なぜROEが注目されるのか

●効率性に関する指標

　次に、損益計算書と貸借対照表（バランスシート）の関係をみます。「効率性」は、貸借対照表の左側にある資産をどのくらい効率よく回して、利益を稼いだのかをみる指標です。もっとも簡単なものに、左側にある資産の総額、すなわ

ち総資産に対する利益の割合をみるROA（Return On Assets＝総資産利益率）とよばれる指標があります。このときの利益は当期純利益を使うことも、営業利益を使うこともありますので留意してください。理由は収益性の部分で述べたのと同じです。

同様に、株主から預かった資本を使ってどのくらい利益を稼いだのかを表わす指標をROE（Return On Equity＝株主資本当期純利益率）[6]といいます。この場合には、利益は必ず当期純利益です。なぜでしょう。損益計算書の最後にあたる当期純利益こそが、株主資本に繰り入れられる株主の持分だからです。株主が拠出した資本を結局どのくらい増やしたのか、という意味を持ちます。したがって、株主はこの指標を重視します。また、最近注目されるようになった指標でもあります。なぜかというと、「ROE基準の導入」がなされつつあるからです。日本企業のROEは歴史的にみても低い状況であったところ、2014年8月に、経済産業省より「持続的成長への競争力とインセンティブ～企業と投資家の望ましい関係構築～」プロジェクト最終報告書（いわゆる「伊藤レポート」）が公表され、「『資本コスト』を上回る企業が価値創造企業であり、その水準は個々に異なるが、グローバルな投資家との対話では、**8％を上回るROEを最低ライン**とし、より高い水準を目指すべき」と明示されました。

また、議決権行使助言会社であるISS[7]は、2015年の議決権行使助言方針より、「**過去5期平均のROEが5％を下回る場合、現経営陣の役員選任議案に反対推奨を行う**」とする基準を打ち出しました。直近の会計年度のROEが5％以上ある場合には反対推奨はしないとされているうえ、5％というのはかなり低い水準にみえますが、低いROEしか出せないトップには退陣してもらいましょう、といっているわけです。このグループに入っていなくとも、企業にとっては無視できないルールでしょう。

こうして注目されることとなったROEですが、この指標が本当に素晴らしいものかどうかにはちょっと疑義もあります。当期純利益という、キャッシュフローとは関係ない損益に関する数字を分子に、またこれも時価とはまったく関係ない簿価の株主資本を分母に使っている指標が、本当にどれだけ株主持分

---

[6] 104ページの一覧表では「自己資本当期純利益率」となっていますが、このあたりの表記についてはコラム4をご覧ください。株主資本、自己資本に関する以下の記載も同様です。
[7] 議決権行使助言会社とは、株主総会にかけられた議案の内容を独自に分析し、主として機関投資家に向けたその賛否を助言するサービスを行う会社です。世界的に寡占となっており、ISS（Shareholders Services）とGlass Lewisが主要な地位を占めています。両社が毎年公表する議決権行使助言方針は無視できない内容となっています。

の増加を表わしているのかはちょっと怪しいところです。また、ROEを上げようとすれば、**王道を行くのは利益を増やすこと**ですが、実は分母である株主資本を減らしてもROEは上がります。ROEへの視線が厳しくなってきたため、自社株買いなどをして無理にでもROEを上げようとする企業もありました。なかには、転換社債型新株予約権付社債（詳しくは136ページを参照）を発行し、資金を調達すると同時に、その資金で自己株式を取得する企業などもいました。負債を増やす一方、自社株買いで資本を減らすというリキャピタライゼーション（負債・資本の再構築）を行うため、リキャップCBなどとよばれていますが、小手先の財務手段でROEを何とか上げようとしているようにみえ、市場の反応は芳しくなく、今では下火になっています。

　ROEにはもうひとつだけ知っておいてほしい特徴があります。図表3-8の通り、ROEは分解すると、それぞれ収益性、効率性、安全性の指標となるということです。これをデュポンシステムなどとよびます[8]。これをみると、自社のROEが何によって向上しているのか、あるいは向上を妨げられているのかがわかります。先のリキャップCBに頼るような企業は、収益性も効率性も向上していないのに、安全性を犠牲にしてROEを上げているということです。

図表3-8　デュポンシステム

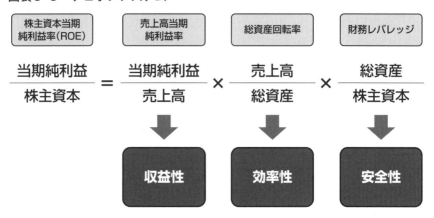

　最近では、ROIC[9]（Return On Invested Capital＝経営資本利益率）といった指標もよく使われます。経営者にとっては、ROEよりもむしろ重視したい指標です。

---

8)　化学会社のデュポンが自社の経営分析のために取り入れたのでそうよばれています。
9)　ロイックと読みます。

図表3-9　ROIC-WACCスプレッド

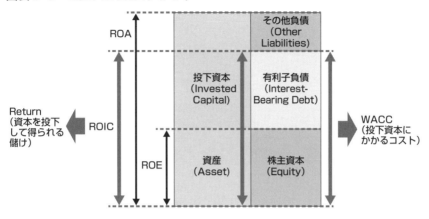

　経営資本（Invested Capital、投下資本ともいいます）とは、有利子負債と株主資本の合計です。負債にしろ株式にしろ、投資家が投じてくれた資金ということですね。それを運用して利益を出しているので、その利益と投資資金の割合をみたものです。

　このROICという指標がなぜ使われるようになったかというと、第2章で説明した**加重平均資本コスト**と比較できるからです。加重平均資本コストは、有利子負債と株主資本にかかる投資家の期待収益率でした。それであれば、同じ有利子負債と株主資本に対する利益をみることで、この企業が投資家の期待収益率を上回る利益を上げているのかそうでないのかがわかります。この差をROIC-WACCスプレッドなどともいいます。これがプラスであれば企業価値を向上させているし、マイナスであれば企業価値を毀損している状況にあるということです。なお、利益には本業でどのくらい儲けられたかということで営業利益、それも税引後営業利益（NOPAT：Net Operating Profit After Tax）を用います。29ページの図表からもおわかりいただけるとおり、営業利益から後におカネを支払う主な利害関係者は、債権者、株主と政府です。そのうえ、先に政府に支払う税金を除いてしまえば、あとは債権者と株主の取り分になりますので、分母となる有利子負債と株主資本から得たリターンということでは、このNOPATがふさわしいのです。また分母がWACCと同じなので、資本コスト以上のリターンを生み出しているかどうかがわかります。ROIC-WACCスプレッドが近年、重視されている理由はここにあります。

　効率性の指標としては、他に営業関連債権債務の効率性をみる指標がありま

す。こちらは運転資金（Working Capital）でした。売掛債権＋棚卸資産－買掛債務で求められることについてはすでにみましたね。これらの債権債務がどのくらい効率よく回っているかを確認するために、回転期間や回転率をみる指標があります。たとえば、売掛債権回転期間を日数でみるとすると、売掛債権を日商（売上高÷365）で割ればOKです。たとえば90日といった数字が得られた場合、これは、売掛債権が1日あたりに直した売上高の90日分溜まっている（＝これだけの金額がまだ現金化できていない）ということです。売掛債権回転率という指標もありますが、これは回転期間の逆数を取っているにすぎません。売上高を売掛債権の額で割れば回転率となります。売掛債権が1年分の売上高の何パーセント滞留しているのかということです。

回転期間と回転率は、実際には同じことを示しているわけですから、両方計算する必要はありません。どちらか、お好みのほうをしっかりと覚えておけば十分です。また、棚卸資産と買掛債務は売上原価に関係するので、同じ計算を売上原価に対して行います[10]。

これらの指標が重要なのは、現金化できるのにしていないものがどれだけ溜まっているのか、あるいは現金で払わなければならないけれども猶予を得ているものがどれだけあるのか、というキャッシュフローに関係する指標だからです。また、実はこれらの要素、特に棚卸資産のあたりはもっとも粉飾が行われやすいところのひとつでもあります。したがって、過去の動きや業界水準と照らし合わせておかしな動きをしていないかどうかを確認するためにも重要です。

◆ 貸借対照表の右側を考える

● 安全性に関する指標

「安全性」は、文字通りその企業が倒産したりしないか、すなわち信用リスクの多寡をみます。貸借対照表（バランスシート）の、今度は右側、特に有利子負債の状況に着目しているわけですね。これが多いと、返せなくなる危険が高まります。したがって、財務三表における有利子負債の影響度をみるのが安全性に関する指標といってよいでしょう。まず、貸借対照表のなかでは、有利子負債に対する株主資本の割合といった指標がよく使われます。いわゆるDE Ratio（Debt-to-Equity Ratio）です。返さなくてもよい株主資本が十分にあれば、倒産などの事態は避けられそうです。また、有利子負債がたとえ多くても、**それを返すだけのキャッシュフローが毎年十分に入ってくる**のであれば、あまり

---

10) 売掛債権との日数比較を行いやすくするために、売上高に対して計算される場合もあります。

問題はありません。したがって、キャッシュフローと有利子負債の割合などもみる必要があります。このときのキャッシュフローは、本業で稼いだおカネをみるという意味では営業キャッシュフロー、それを稼ぐのに必要な投資も含めて考える場合にはフリーキャッシュフローがよく使われます。また、格付け会社などではちょっと特殊なキャッシュフローを使います。営業キャッシュフローに運転資金増減を足し戻して現金配当を除いた指標を留保キャッシュフローといいます。その企業が、営業拡大も投資もせず、ただ株主に配当だけは一応支払っておくというような状態を続けた場合、いったい何年で有利子負債を全部返せるのか、ということです。

さらに、損益計算書のなかでの有利子負債の影響も注意しておきたいところです。よく使われるのはインタレスト・カバレッジ・レシオです。営業利益と支払金利の割合ですね。これが1を切るということは、本業で稼いだ利益で金利の支払いができないということですからちょっとまずい状態だということがわかります。

● 流動性に関する指標

「流動性」は、安全性の指標の一部でもあるのですが、より短期的な資金繰りをみる場合に使われます。有名な指標には、流動比率や当座比率といったものがあります。仮に流動負債をすべて一時に返済したり清算したりしなければならなくなったとき、すぐに現金化しやすい流動資産で返せるのかどうかというのが流動比率です。また、現金化しやすいといっても、実際には棚卸資産などはすべて現金化できるかどうか怪しいものだ、という保守的な考えでそれを除いた指標でみるのが当座比率です。

これらは有名な指標であり、流動比率は200％、当座比率は100％を切らないようになどといった水準も語られたりします。もちろん、これらの水準を大幅に切るようであれば問題があるということはわかります。ただ、実際にはあまり"使えない"指標でもあります。短期の資金繰りをみたいのに、財務諸表がまとまらなければ計算することができないからです。また、極端に業況が悪くなった企業などは資産の売却に走りがちですが、その代金をたまたま現預金として持っていた、などという場合には数字がよくなってしまいます。したがって、これらの指標は参考程度にみておけばよいでしょう。実際に短期の資金繰りが気になるような状態であれば、**毎日の資金の出入りを実際にチェックするとか、銀行に融資枠があるかを調べる**といった、もう少し生々しい分析が必要です。

● **生産性に関する指標**

「生産性」に関する指標は、特に外部からはなかなか正しい数字が把握できないのであまり使われないことが多いように思います。たとえば、付加価値とは、企業が仕入れたものが、商品になるまでに付与された価値のことですが、これにはいくつか計算方法があります。中小企業庁方式とよばれるのは、売上高から外部購入価値を除く方法です。一方、日銀方式とよばれるのは、経常利益に、人件費や賃借料、減価償却費、金融費用および租税公課を積み上げていく計算の仕方をします。付加価値の売上高に対する割合を売上高付加価値率といいます。また、付加価値の有形固定資産に対する割合を資本生産性、同じく付加価値の平均従業員数に対する割合を労働生産性といいます。どのくらい資産を回して付加価値を作ることができたか、あるいは人員の活動により付加価値を作ることができたか、をそれぞれ表わすわけですね。前者は**資本集約的な企業**で、後者は**労働集約的な企業**で重要な指標ですが、一般的に、製造業では**労働生産性と資本生産性は**、トレードオフの関係にあるといわれています。また、有形固定資産に対する平均従業員数の割合を労働装備率といいます。

より多く使われる生産性の指標には、従業員一人当たりの売上高や営業利益などが挙げられます。

● **株価に関する指標**

最後に、株式関連の指標も押さえておきましょう。PER（株価収益率＝Price Earnings Ratio）は、株価を一株当たり純利益で割って求められます。一株当たり純利益のことをEPS（Earnings Per Share）ともよびます。PERは、株式が利益の何倍で売買されているのかをみる指標です。同様の指標にPCFR（Price Cash Flow Ratio）があります。利益よりもキャッシュフローを重視しているわけですね。

また、PBR（Price Book-Value Ratio）というものもあります。株価純資産倍率などともいわれます。これは、株主持分である純資産の一株当たりの額（これを一株当たり純資産額＝BPS、Book-Value Per Shareといいます）に対して株価が何倍あるかを示したものです。ただし、これはあくまで簿価に対する指標なので、最近では時価純資産額を用いることもあります。これをQレシオといいます。

配当に対して同様の計算を行ったものをDPS（Dividend Per Share＝一株当たり配当）とよぶこともあります。ちなみに、配当性向は配当と当期純利益の割合のことです。また、DOEは、Dividend On Equityの略で、日本語では株

コラム4　株主資本、自己資本、純資産の違い

ここで、株主資本、自己資本、純資産の違いをみておきましょう。

昔はこれらはすべて同じことを指していたのですが、会計基準の変更に伴い、これらの間に差が出てきてしまいました。各々の定義は以下のようになります。

図表3-10　株主資本・自己資本・純資産

株主資本	資本金	株主資本	
	資本剰余金		
	利益剰余金		
	自己株式		
評価・換算差額	有価証券評価差額金	自己資本	純資産
	繰越ヘッジ利益		
	為替換算調整勘定		
新株予約権			
少数株主持分			

　　株主資本＝資本金＋資本剰余金＋利益剰余金＋自己株式
　　自己資本＝株主資本＋評価・換算差額（有価証券評価差額金など）
　　純資産　＝自己資本＋新株予約権＋少数株主持分

こうなると財務分析の場合に困ります。昔はROEでも、株主資本利益率とよぼうが、自己資本利益率とよぼうが同じことだったのですが、いまでは上記の違いを考えなければなりません。銀行などでは財務指標を計算する場合、自己資本に一本化して分析を行っているようですので、104～105ページの一覧では一応、それにあわせて記載しています。ただし、本質的なことを考えると、自分のものでもないのに「自己資本」とよぶことには、何やら違和感を覚えます。これも戦後日本の金融システムが銀行中心、株主軽視であったことの名残りでしょう。なお、本書では株主の持分であることを意識するために、本文中の表現には「株主資本」という言い方を主に使っています。

図表3-11　主要財務指標一覧

成長性関連指標（単位：%）	
売上高成長率	＝[(当期売上高÷前期売上高)－1]×100
営業利益成長率	＝[(当期営業利益÷前期営業利益)－1]×100
経常利益成長率	＝[(当期経常利益÷前期経常利益)－1]×100
当期純利益成長率	＝[(当期純利益÷前期当期純利益)－1]×100
フリーキャッシュフロー成長率	＝[(当期フリーキャッシュフロー÷前期フリーキャッシュフロー)－1]×100
EBITDA成長率	＝[(当期EBITDA÷前期EBITDA)－1]×100 ※EBITDA＝EBIT＋減価償却費
EBIT成長率	＝[(当期EBIT÷前期EBIT)－1]×100 ※EBIT＝経常利益＋支払利息割引料－受取利息配当金
総資本成長率	＝[(当期総資本÷前期総資本)－1]×100
自己資本成長率	＝[(当期自己資本÷前期自己資本)－1]×100
収益性関連指標（単位：%）	
売上高売上総利益率	＝売上総利益÷売上高×100
売上高営業利益率	＝営業利益÷売上高×100
売上高経常利益率	＝経常利益÷売上高×100
売上高当期純利益率	＝当期純利益÷売上高×100
売上高営業キャッシュフロー率	＝営業キャッシュフロー÷売上高×100
売上高フリーキャッシュフロー率	＝フリーキャッシュフロー÷売上高×100
EBITDA Margin	＝EBITDA÷売上高×100
EBIT Margin	＝EBIT÷売上高×100
効率性関連指標（単位：%）	
ROA(総資産営業利益率)	＝営業利益÷期首・期末平均総資産×100 ※ROA(総資産当期純利益率)＝当期純利益÷期首・期末平均総資産×100
ROE(自己資本当期純利益率)	＝当期純利益÷期首・期末平均自己資本×100
ROIC(経営資本営業利益率)	＝税引後営業利益÷期首・期末平均経営資本×100 ※経営資本＝有利子負債＋自己資本
総資本回転率	＝売上高÷期首・期末平均総資本
固定資産回転率	＝売上高÷期首・期末平均固定資産
有形固定資産回転率	＝売上高÷期首・期末平均有形固定資産
売掛債権回転期間(日)	＝期首・期末平均売掛債権÷(売上高×12÷365) ※売掛債権回転率(回)＝売上高÷売掛債権
棚卸資産回転期間(日)	＝期首・期末平均棚卸資産÷(売上原価×12÷365) ※棚卸資産回転率(回)＝棚卸資産÷売上原価
買掛債務回転期間(日)	＝期首・期末平均買掛債務÷(売上原価×12÷365) ※買掛債務回転率(回)＝売上原価÷買掛債務
投融資効率	＝(受取利息割引料＋受取配当金)÷(短期貸付金＋長期貸付金＋有価証券＋投資有価証券＋出資金＋関係会社株式等＋現金・預金)×100
流動性関連指標（単位：%）	
流動比率	＝期首・期末平均流動資産÷期首・期末平均流動負債×100
当座比率	＝期首・期末平均当座資産÷期首・期末平均流動負債×100 ※当座資産＝流動資産－棚卸資産－その他流動資産
手元流動性	＝期首・期末平均現金・預金÷売上高×100
売掛債権対買掛債務比率	＝期首・期末平均売掛債権÷期首・期末平均買掛債務×100
安全性関連指標（単位：%）	
負債比率	＝(期首・期末平均流動負債＋期首・期末平均固定負債)÷[(期首・期末平均流動負債＋期首・期末平均固定負債)＋(期首・期末平均自己資本]×100

DE Ratio（有利子負債自己資本比率）	＝期首・期末平均有利子負債÷期首・期末平均自己資本×100 ※有利子負債＝短期借入金＋1年以内返済予定の長期借入金＋1年以内償還予定の社債＋長期借入金＋社債＋長短リース債務＋受取手形割引高
有利子負債経営資本比率	＝期首・期末平均有利子負債÷［期首・期末平均有利子負債＋期首・期末平均自己資本］×100
自己資本比率	＝（期首・期末平均自己資本＋特別法上の引当金）÷期首・期末平均負債・資本合計×100
有利子負債依存度	＝期首・期末平均有利子負債÷期首・期末平均（負債・資本合計＋受取手形割引高）×100
固定比率	＝期首・期末平均固定資産÷期首・期末平均自己資本×100
固定長期適合率	＝期首・期末平均固定資産÷（期首・期末平均自己資本＋期首・期末平均固定負債）×100
売上高金融収支比率	＝（受取利息配当金-支払利息割引料）÷売上高×100
売上高金利負担率	＝支払利息割引料÷売上高×100
インタレスト・カバレッジ・レシオ（倍）	＝（営業利益＋受取利息配当金）÷支払利息割引料
有利子負債平均金利	＝支払利息割引料÷期首・期末平均有利子負債×100
DEBT/EBITDA	＝期首・期末平均有利子負債÷EBITDA
DEBT/EBIT	＝期首・期末平均有利子負債÷EBIT
有利子負債フリーキャッシュフロー比率	＝フリーキャッシュフロー÷期首・期末平均有利子負債×100
生産性関連指標	
付加価値（円）	＝総生産高－（当期商品仕入高＋原材料費＋外注加工費）（控除法） ※総生産高＝（売上高＋製品・仕掛品増加額） ＝経常利益＋労務費＋人件費＋支払利息割引料＋賃借料＋租税公課＋減価償却費（加算法）
売上高付加価値率	＝付加価値÷売上高×100
従業員一人当たり売上高（円）	＝売上高÷期首・期末平均従業員数
従業員一人当たり営業利益（円）	＝営業利益÷期首・期末平均従業員数
従業員一人当たり人件費（円）	＝（労務費＋人件費）÷期首・期末平均従業員数
従業員一人当たり付加価値（円）	＝付加価値（年間）÷期首・期末平均従業員数
労働生産性	＝付加価値÷期首・期末平均従業員数
労働装備率	＝期首・期末平均有形固定資産÷期首・期末平均従業員数
労働分配率	＝（労務費＋人件費）÷付加価値（年間）
資本集約度	＝期首・期末平均総資本÷期首・期末平均従業員数
資本生産性	＝付加価値÷期首・期末平均総資産
設備投資効率	＝付加価値（年間）÷期首・期末平均有形固定資産
総資本投資効率	＝付加価値（年間）÷期首・期末平均総資産
株価関連指標	
配当性向	＝配当金総額÷当期利益×100
EBITDA倍率（倍）	＝（時価総額＋有利子負債）÷EBITDA
EPS（一株当たり当期純損益（円））	＝当期純損益÷期末発行済株式総数
BPS（一株当たり純資産額（円））	＝当期純資産÷期末発行済株式総数
PER（株価収益率（倍））	＝株価÷（当期純損益÷期末発行済株式総数）
PBR（株価純資産倍率（倍））	＝株価÷（当期純資産÷期末発行済株式総数）
DOE（自己資本配当率）	＝配当金総額÷期首・期末平均自己資本
DPS（一株当たり配当）	＝配当金総額÷期末発行済株式総額
TSR（株主総利回り）	＝$\dfrac{（一株当たり配当額＋株価上昇額）}{当社株価}$

主資本配当率ともよばれ、株主資本に対してどの程度配当がなされたかを示す指標です。最近では、TSR（Total Shareholders Return：株主総利回り）という指標が注目されています。配当だけではなく、株価の上昇も含めてどのくらいのリターンがあったかも見るものです。

これら一連の指標については、104〜105ページに定義をまとめて掲げておきました。

これらの指標は、**ただ単年度の数値を眺めているだけでは何も語りません**。まずは過去何年分かの数字を算出して、そのトレンドをみてください。次に、競合他社や業界水準と比較してください。こうした**相対比較によって初めて、その企業の状況がわかります**。

とはいえ、「過去の分析」からわかるのは、「過去その企業がそうであった」ということだけです。もちろんそれは情報としては有効であり、重要なものですが、財務分析を一通り終えた後には、「ではこれからどうなるのか」に相当するものがなければなりません。すなわち、先ほど大きく分けた残りのひとつ、**「将来予測」**です。この将来予測に、これまで分析してきたさまざまな定性的な要素が、如何に的確に数字に落とし込まれているか、が重要です。この将来予測を「ファイナンシャル・プロジェクション」（あるいはキャッシュフロー・プロジェクション、財務モデル）とよびます。また、こうしたプロジェクションを作ることを「財務モデリング」などとよぶこともあります。これをもって、**将来のキャッシュフロー生成能力、すなわち、企業価値の状況が数字としてみることができるようになるわけですね**。

④ さっさと作ろう財務モデル

◆ファイナンシャル・プロジェクションを作ろう

　将来予測をするなどというと、とにかく面倒くさいことに思われがちです。ファイナンシャル・プロジェクションなどと片仮名を使われればなおのことです。ただ、実際にはそれほど難しいことではありません。先に実物を見てしまいましょう。要は、将来の簡単な財務三表を作るということです。

　これによってさまざまなことがわかります。まずは、みなさんが考えた将来の計画が実行に移されたとき、業績はどのように推移するのか、企業価値は果たして向上するのかということが数字で示せるようになります。中期経営計画や新規事業のビジネスプランは本当に現実的なのか──。これについては、ぜひ確認する必要があります。また、将来、どの時点でおカネが足りなくなるか、すなわち、資金調達が必要になるのか──。これらについては、ぜひ押さえたいところです。さらには、前章で説明したDCF法によって株主価値を算出する際のフリーキャッシュフローの計算根拠にもなります。つまり、経営者にも、債権者にも、株主にも必要な情報ということですね。**将来のキャッシュフロー生成能力を示す**のですから、とても重要な情報になります。

　さて、作成の目的がわかったところで、実際に作ってみましょう。ただ、ここで注意してほしいことがあります。

　「プロジェクションを作る際に、過度にアカウンティングにこだわるな」ということです。先ほどもみたとおり、アカウンティングというのは過去の実績を正確に伝えるためのものです。一方、ファイナンシャル・プロジェクションを作るのは、将来のためであり、今後の企業価値がどうなるのか、全体像を確からしく予測するためです。したがって、アカウンティング上、精緻なものを作る必要はまったくありません。そんなところに時間をかけるのはやめましょう。

　では、どうすればいいのか。**「大所を押さえる」**ことが肝心です。企業価値は「将来キャッシュフローを生み出す力」でしたね。ですから、**将来どこからキャッシュフローが生まれそうなのか**、ということが明らかになればよいわけです。そういう意味で、キャッシュが出入りするところを押さえる。これだけです。出入りするのは何でしょう？　33ページでも説明したように、入ってく

図表3-12 ファイナンシャル・プロジェクション(1)－損益計算書

(単位：百万円)

	前年度	1年度	2年度	3年度	4年度	5年度
売上高	1,000	1,030	1,061	1,093	1,126	1,159
売上原価		727	746	759	774	789
（うち減価償却費）		88	87	86	86	86
売上総利益		303	315	334	352	370
販売および一般管理費		218	222	227	237	248
（うち減価償却費）		22	22	22	21	21
営業利益		85	93	106	115	122
受取利息・配当金		0	1	1	1	1
支払利息・割引料		11	11	11	7	7
経常利益		74	82	96	108	116
税引前当期純利益		74	82	96	108	116
法人税等		22	25	29	32	35
当期純利益	47	52	58	67	76	81

図表3-13 ファイナンシャル・プロジェクション(2)－貸借対照表

(単位：百万円)

	前年度	1年度	2年度	3年度	4年度	5年度
流動資産						
現金・預金	40	91	146	72	139	180
売上債権	95	107	110	105	108	111
たな卸資産	145	127	131	132	136	137
固定資産						
有形固定資産	1,600	1,710	1,809	1,907	2,009	2,117
減価償却累計額	500	610	720	829	937	1,044
純固定資産額	1,100	1,100	1,089	1,078	1,073	1,073
総資産	1,380	1,426	1,476	1,387	1,456	1,500

	前年度	1年度	2年度	3年度	4年度	5年度
負債						
買掛債務	95	99	102	105	108	111
短期借入金	50	50	50	50	50	20
長期借入金	375	375	375	225	225	225
負債合計	520	524	527	380	383	356
純資産						
株主資本	860	902	950	1,007	1,073	1,144
負債および純資産合計	1,380	1,426	1,476	1,387	1,456	1,500

図表3-14 ファイナンシャル・プロジェクション(3)－キャッシュフロー計算書

(単位：百万円)

	前年度	1年度	2年度	3年度	4年度	5年度
当期純利益	47	52	58	67	76	81
減価償却費		110	110	109	108	107
運転資本の増減						
売上債権の増加		−12	−3	6	−3	−3
たな卸資産の増加		18	−4	−1	−4	−1
仕入債務の増加		4	3	3	3	3
運転資本増減額		10	−4	8	−4	−1
営業活動によるキャッシュフロー		171	164	184	180	188
投資活動によるキャッシュフロー		−110	−99	−98	−102	−107
FCF（フリーキャッシュフロー）		61	65	86	77	81
配当金		−10	−10	−10	−10	−10
短期借入金返済額						−30
長期借入金返済額				−300		
新規短期借入金						
新規長期借入金				150		
新規株式発行額						
財務活動によるキャッシュフロー		−10	−10	−160	−10	−40
現金増減		51	55	−74	67	41
期初現金残高		40	91	146	72	139
期末現金残高	40	91	146	72	139	180

図表3-15 ファイナンシャル・プロジェクションの作り方

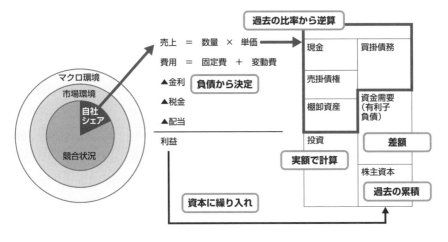

るおカネでもっとも大きいものは売上高です。また、負債や資本などを調達すれば、いずれは返済や還元などという形を取る必要があるものの、調達した時点でのキャッシュは増えます。

一方で、キャッシュを減らす大きな要因は各種費用です。利害関係者のみなさんに支払うべき費用、具体的には取引先、仕入先に支払う原材料費や物流費などの費用、従業員に支払う人件費、投資家に支払う金利や配当、国や地域に支払う税金、といったところです。また、運転資金が増えたり、投資をしたりすれば、それだけキャッシュが出て行くことにもなります（運転資金の場合には増減どちらにも影響しますね）。この5つ、すなわち、①**売上**、②**費用**、③**運転資金**、④**投資資金**、⑤**負債と資本**を中心にみていけば、**大所はつかめます**。

したがって、図表3-12～3-14を改めてご覧いただくと、有価証券報告書などに記載されている財務三表などよりはるかに簡素であることがわかります。実際には、用途によってさらに項目を加えたりもしますが、基本的には"このくらいのもの"と思っていただければ十分です。

◆ **前提条件を押さえる**

では、順番に「やるべきこと」をみていきましょう。おおよそ以下のような流れでファイナンシャル・プロジェクションは作られます。

1　定性的な将来予測をもとに、数値の前提条件を固める
2　市場や競合、自社の状況を反映した売上を設定する

3 売上に応じて変動する費用（変動費）と、売上にかかわらず発生する費用（固定費）に注意しながら、費用を設定する。──これで損益計算書ができる

4 運転資金（営業関連債権債務の増減）はすべて売上に応じて変動するように、過去の財務分析の結果を用いて設定する

5 将来必要な投資を実額で推定する。減価償却費の設定も忘れずに行い、費用に反映する

6 5を前提としたときに必要な資金需要を明らかにする。それを借金で賄うのか、増資で賄うのかを決める。──これで貸借対照表ができる

7 損益計算書と貸借対照表から、キャッシュフロー計算書を作る

このなかでもっとも重要なのは「前提条件を固める」プロセスです。定性的な将来予測の際に、これから市場はどうなるのか、競合はどう動くのか、自社の強みを活かして勝てるのか、といったことを分析しましたね。これらを具体的な数値に落としてまずは売上につなげます。ここで、市場の大きさを予測しておいたことが役立ちます。将来、市場が5％程度の成長を続けていくと予想できれば、競合のシェアや自社の強みに変化がない限り、みなさんの会社の売上も5％ずつ伸びていくと考えられます。しかし、実際にはいろいろな変化があるでしょう。これらも定性的に把握されているものを数字にしてみます。

「大手が参入してきて10％程度のマーケットシェアを奪っていくだろう。自社シェアには2％程度のダメージが見込まれるが、3年後には画期的な新製品が出るのでマーケットシェアを5％は取り返せるだろう」──などということですね。市場の大きさが決まり、競合のシェアが決まれば、自社のシェアもわかります。また、売上は「単価×数量」で決まります。この単価と数量の動向がどうなのか、によっても計画の数字は変わってきます。これまで伸びてきたのが主に単価を上げてきたことによるものであり、これからしばらくデフレが続いてそうした行動が望み薄なのであれば、単価を下げたときのシミュレーションをしなければなりません。こうして、まず売上の将来予測が決まります。それが、結果的に間違っているかどうか、はここでは問題ではありません。何を根拠にその予測をしたのか、それが論理と数字できちんと示せれば、まず予測としては合格です。

◆費用と運転資金を設定する

売上が決まると、あとはそれに連動して決まる項目が結構多いです。まずは

費用を考えましょう。過去の実績を分析したときに、売上に連動する変動費は売上の何％くらいにあたるのかをみましたね。特に変化を予測しないのであれば、それを用いて将来の売上の一定割合を変動費としておきます。また、固定費は実額で考えます。たとえば、人件費であれば、将来の推定従業員数と平均賃金を掛け合わせれば、実額が出ます。逆に言うと、従業員数推移などは前提条件のところで固めておかなければならないということですね。主な費用別に前提条件をおいて数字を作っても結構です。ただ、あまり細かい費用項目にこだわる必要はありません。おカネが出ていく「大所」にこだわってください。あとは「その他」などとしておけば十分です。ただし、金利と税金、そして配当の水準については、予想される金利水準や実効税率、これまでの配当実績などをもとに、個別に設定します。

ここまでで損益計算書ができました。

売上に連動して決められる要素はまだあります。運転資金ですね。31ページでみました。売掛債権、買掛債務、棚卸資産、すべて売上と深く関係します。これも、それぞれ回転期間や回転率といった指標があり、過去の実績はすでにわかっている（このように、過去のトレンドを参考にするうえで、過去実績の財務分析は必要なのですね）ので、これも大きな変動がなければその指標から将来の運転資金を逆算します。たとえば、売掛債権回転期間が過去ずっと50日程度であれば、すでに作った売上予測の数字とこの回転期間の数字を使って求めればよい、ということです。

もし、「これから全社的にキャッシュマネジメントに注力する。3年後までに売掛債権回転期間は2割削減！」などという改善運動が盛り上がっているなら、3年後に売掛債権回転期間が40日になるように見込んでおきましょう。

また、有利子負債のうちでも短期借入金は運転資金と関係が深いので、これも売上の何日分くらいあるかを過去の財務分析から求めて、その日数分だけおいておきます。

◆重要な投資の見極め

ここですでに、損益計算書のほとんどと、貸借対照表の上半分くらいはできてしまいました。あとは貸借対照表の下半分と、それに関係する損益計算書上の項目くらいです。ただ、ここから先は、売上と連動しないので、先ほどの固定費のように実額を考えざるを得ません。

その最たるものが投資です。設備投資にしろ、企業買収等の投資にしろ、貸

借対照表の左下側に記載される資産の異動はどれほどあるのか？　通常、企業は投資計画も減価償却の予定も持っていますから、その実額を入れればいいですね。各事業会社が出してきた投資計画をまず入れてみる、というのがよいかと思います。企業を外から見て判断するアナリストなどが、なぜ決算説明会で「投資と減価償却の予定は？」とすぐ聞くかというと、キャッシュアウトの大きな要素となりうるのに、外からはいまひとつわからない、ここの数字を埋めたいからです。

　もし、企業が開示してくれなければどうするか？　仕方がないので、これまで得た定性的な投資計画情報や、過去実績などから自分たちなりの仮説を立てて貸借対照表を作っています。これがみなさんにとって有利なものならばよいですが、非常に不利なものを作られないよう、少なくともある程度の方向性は出しておくのが情報開示では必要といえそうです。

◆負債と資本を考える

　投資金額が入ると、貸借対照表の左側は完成してしまいます。あとは右側ですが、上半分はすでに完成していますね。したがって、負債と資本を考えればいいだけです。

　このうち、先に作るのは資本の側です。すでに決まった増資計画などがあればそれを入れておく必要はありますが、この項目に年々歳々加わるのは、すでに作った損益計算書の中から、さまざまな利害関係者に支払う費用を除いた最終的な利益です。これを組み込んでしまうと、あとはもうやることがありません。貸借対照表の右半分の残りは、内部留保だけでは埋められない必要資金額です。つまり、将来予測に従って営業活動や投資活動を行うと、いくらおカネが足りなくなるのかが、貸借対照表の右と左の差として出てくるわけですね。これが将来、必要な資金需要です[11]。

　まずは、過去からの分とあわせて有利子負債としておきましょう。有利子負債のうち短期借入金はすでに運転資金とともに設定してしまいましたから、ここで使われるのは長期借入金です。事業のために必要な投資を、営業活動から上がる儲けで賄った後、賄いきれずに借金をしなければならない金額がいくらあるのか、ということを示します。もし、借金があまりに多額になるようであ

---

11)　もし、貸借対照表の右側ではなく、左側が足らないという結果になったら、それは資金余剰が生じているということです。これはとりあえず現金としておきましょう。そのうえで、それだけ余剰が生じてしまうなら「投資をもう少しすべきでは？」とか、「株主に配当をもっと支払うべきでは？」などの方策を検討しましょう。

れば、ひとつには増資など資本を動かすことも考えてみなければなりませんが、一方では投資が過大ではないか、費用がかかりすぎていないか、という点も考えてみてください。

ここまでで貸借対照表の完成です。あとは図表1-8で説明したような関係に留意しながら、キャッシュフロー計算書を作る「計算」をすればよいだけです。ここでは新しく設定することはありません。出ていった費用を足し戻した現金ベースの利益と、貸借対照表の前年と当年の差からもたらされるおカネの動きを、営業、投資、財務のそれぞれの活動に区分して表記します。先ほどの資金需要は、新規の借入れとして財務活動におけるキャッシュフローに表わされます。こうしてキャッシュフロー計算書を作り、最後の現金残高が貸借対照表の現金残高と一致することを確認して、作業は終了です[12]。

「ちょっと待って、他にも"その他流動資産"とか、"特別損失"とか、いろいろあるのに無視していいの？」と思った人もいるかもしれません。ここで、先ほどの話を思い出してください。「アカウンティングにこだわるな」ということでしたよね。こうしたさまざまな要素がキャッシュフローに大きな影響を与えない限りにおいては、無視していただいて結構です。あるいは過去の実績とほぼ同様の数字を入れておけば十分です。特別損失といったものは、出ることがわかっていて、かつかなり金額が大きいのならその見込み額を入れておけばいいだけです。こんなところに時間を使うのは無駄です。いまやりたいのは、将来のキャッシュフローがどうなるのかというシミュレーションです。いたずらに仕事を増やすことなく、速やかに済ませましょう。

◆完成したらコミュニケーション手段として用いる

やっと、過去の実績とつながる、将来の予測ができました。お疲れ様です。でも、これで終わりではありません。目的は、ファイナンシャル・プロジェクションを作ることではありません。これを用いて、さまざまなコミュニケーションを図ることにあります。使うのは「経営者」、そして「債権者」や「株主」といった投資家でしたね。まず、前者からみましょう。

何といっても、事業部門とのやり取り。事業部門が出してきた投資計画を丸

---

[12] ここでは資金需要を長期借入金で調整する方法を紹介しましたが、長期借入金は実額で設定しておいて、貸借対照表の左側の現金で調整する方法もあります。いずれの場合も、キャッシュフロー計算書の現金残高と貸借対照表上の現金残高は一致します。なお、アカウンティングの世界では、このふたつは現金の定義が異なるので一致しないことが多いですが、ファイナンシャル・プロジェクションではおカネの流れをシミュレーションする必要があるので、必ず一致させます。

呑みすると、その事業部門は債務過多になることがわかったり、業界の状況に対してあまりにも保守的な売上予測しかしてきていなかったり（あるいはその反対）といったことが、数字と論理を持って示せるようになります。これで、あとは十分に話し合ってください。その際に、さまざまなシミュレーションができるのも、こうしたファイナンシャル・プロジェクションがあってこそです。そして、納得いくような数字になったならば、ぜひそれを従業員間でも共有し、「こうした売上を、利益を、企業価値向上を目指すのだ」ということを事業部門の責任者が知らしめる必要があります。また、その責任者がこの目標を達成できるかどうかをみることも必要ですね。数字について協議して納得してひとつのプロジェクションになったならば、その実現について事業部門の責任者はコミットしなければなりません。本社側はコミットを獲得して、実行を見守り評価をするわけですね。

　また、ここで作成したファイナンシャル・プロジェクションは、**外部の投資家に説明する際の有力なツール**になります。事業部門が出してきたものを本社側の全体最適の観点から叩き、お互いに納得するものが部門ごとにできたなら、それを足し上げたものは、全社計画のベースになります。これが、全社としての「やりたいこと」であり、そこで必要とされたおカネは、「先立つもの」を提供してくれる投資家から調達してこなければなりません。投資家に対して、"おカネが必要である理由"を示すのに、これほど強力なツールはありません。M&Aなど、巨額の資金が必要な際、こうしたプロジェクションを示すことはすでに当たり前になっています。

　しかし、多くの場合、面倒くささにしり込みして投資銀行などにその作成を丸投げしてはいませんか？　多額のフィーを払って雇っているわけですから、別にやってもらってかまいませんが、出てきたアウトプットに、自社の強みや外部環境の分析などが的確に組み込まれ、たしかに「自社として」納得のいく数字になっているかどうかは、十分に検証する必要があります。また、M&Aといった機会ではなくても、中長期の計画説明、投資資金の借入れや増資、などの際に、自社の将来像を示す必要は多く生じます。もしかすると、従業員も明確な説明を望んでいるかもしれません。そうしたときに、「論理」と「数字」に裏打ちされた説明は非常に重要です。まずは大まかな全体像で結構ですから、ぜひご用意ください。

　さて、ファイナンシャル・プロジェクションが完成すると、これで「確からしい」将来の事業の姿が明らかになります。ただし、ファイナンスという面か

らみると、まだ不完全燃焼な部分があります。先ほど、資金需要についてはとりあえずすべて借入れとして設定していましたね。しかし、この部分は本当にそれで財務の健全性を保てるのかなど、じっくりみる必要があります。いわば事業という「やりたいこと」の将来図ができたので、次に、それを実行するために必要な「先立つもの」、つまり事業を行うために必要なおカネをどうやって調達してくるのかについて考えようということです。負債と資本についてはすでに説明していますが、次章ではもう少し具体的に、それらを調達するときに考えるべきことに焦点をあてていきます。なお、調達についてはあまり実務で考える必要がないという方は、第5章に飛んでいただいてもかまいません。

第4章

実際にどのような
資金調達がなされているのか

資金調達ってそもそも何?

◆内部調達とは何か

　おカネを用意する——これが資金調達です。これにはいくつかの種類があります。まず、わざわざ外部の人たちに接触するまでもなく、自分の会社がおカネを持っている場合。たとえば、企業の内部には、過去に利益を十分に蓄積し、一部は配当に回したけれども残った利益を内部留保として蓄積していたり、減価償却費のように、費用としては落ちるけれども現金としては出ていっていないようなおカネが残っていたり、といったように、内部で使えるおカネが貯まっている場合があります。これを使うことを内部調達といいます。「たくさん現預金があるんだよね」ということであればそれを使うのもこのうちに入ります。

　ただ、いくつか気をつけていただきたいことがあります。いつでも自由に資金を調達したいから手元に現預金をたっぷり持っておくのがよいのではないか、と思われるかもしれませんが、あまりにたくさん持ちすぎれば、現預金を預けておくことによって得られるリターンは微々たるものなので、貸借対照表の右側で支払っている資本コストよりも、貸借対照表の左側で得るリターンのほうが低くなってしまいます。つまり、逆ザヤ、企業価値の毀損です。やはり企業たるもの、現預金を抱えて恋々としているよりは、自分がやりたいこと（＝事業）に使って素晴らしいリターンを上げたいものです。

　もうひとつ、先ほど内部留保という言葉を使いましたが、**内部留保と現預金は似て非なるもの**です。現預金は、貸借対照表上に記載されており、これは確かにおカネとして企業が持っているものですが、内部留保は、企業が現在おカネとして持っているとは限りません。貸借対照表上で言えば、右側にある純資産の部の中の利益剰余金などがこれにあたりますが、これは左側にあるさまざまな資産にすでに化けてしまっています（これが内部調達の結果ですね）。内部留保というと、なんとなく「企業が隠し持っている現金」といったイメージを持っている人も多いのですが、そうではないことを理解しておきましょう。

　昔、どこかの政党が、「企業の内部留保を吐き出して賃上げを」などと言っていたことがありましたが、そんなことをしたら、企業がこれまで内部調達によって投資をして事業に使っている工場や土地、その他事業のために使ってい

るさまざまな資産を売らなければならなくなってしまいます。内部留保の一部は確かに余剰現預金として貸借対照表に載っているかもしれませんが、それ以外のものはすべて内部調達によって資産への投資に充てられています。どこかに金庫があって、秘密の隠し現金＝内部留保があるわけではありません。ただし、投資した資産や事業が本当に有効に活用されているか、企業価値向上のために的確に用いられているかはまた別の話です。

◆外部調達——負債か資本か

　過去の利益の蓄積や減価償却による資金留保効果を利用しても投資に必要なおカネが足りない、となったら、これは外部から調達せざるを得ません。これを外部調達といいます。そのままですね。ただ、これには種類があります。まず分けなければならないのは、「負債調達」か「資本調達」かです。負債と資本については前にもみましたが、もう一度おさらいしておきましょう。

　負債調達というのは要するに借金をすることです。したがって、このおカネは借りたらいつかは返さなければなりません。その代わり、金利は別として元本は借りた分だけ返せばよいので、「会社が10倍に成長したから10倍にして返せ」などとは言われません。また、前もって契約でいつ返すのか、いくら利子をつけて返すのか、などを決めてしまいますから、それ以上のことを要求されたりはしません。加えて、金利は税引前で払いますから、税効果が発生します。損金算入もできます。こうしたことを考えると、あなたの会社が倒産の危機にでも瀕していない限りは、それほど高くはつかないおカネです。

　一方、資本調達というのはその逆です。何といっても返さなくてもいい。これは素晴らしいメリットですね。しかし、世の中よいことづくめではありません。こうした資金を出してくれる人たちは、会社の成長とともに自分たちへの還元も大きくなってくれることを期待しています。「会社が10倍になったら、10倍の還元があるんだろうな」と思っているわけですね。会社が成長するに伴うリスクを一緒にとってくれるのですから有難い存在ですが、成長への期待は高いために、それに見合った高いリターンを約束してあげないといけません。これが資本コストでしたね。株主が要求する資本コストの中身は株価上昇益と配当ですが、配当についてはすべての利害関係者に支払うものを払った後の剰余利益から支払われるので、税効果もありませんし、損金算入もされません。そういう意味でも高いおカネです。

　したがって、企業の外部調達における悩みは、まず「**返さなければいけないけれども相対的に安い資本コストの負債で調達**」するのか、「**返さなくてもい**

いけれども相対的に高い資本コストのかかる資本で調達」するのか、どちらを選ぶのかということになります。ただし、前者の場合には安全性に信頼がおけなければいけません。返せるか返せないか危ういほど業況が悪い、ということであれば負債調達はなかなかできませんし、できたとしてもコストは跳ね上がります。一方、後者の場合には、成長性に期待が持てなければなりません。「全然成長しないのはわかっているのだが、我が社にあなたのお金を預けてみないか」とは言えませんよね[1]。

ここで、またひとつ注意してほしいことがあります。日本では、以前は資本というのはタダだと思われていました。株式市場が発達しておらず、物言う株主（ちゃんと還元してくれ、と言う人たちのことですね）がいなかったから、資本での調達は、「返さなくてもいいしコストもかからない」と思われていたのです。しかし、いまではそんなことはありません。株主還元が悪ければ、株主はとっとと離れてしまいます。

また、当時は会計上、資本調達した資本のことを「自己資本」とよんでいました。コラム4に記した通りです。あたかも自分のおカネのようですね。したがって、これは内部調達だと思っている人もたまにいらっしゃいます。しかし、これは自分のおカネでもないし、内部調達でもありません。株主という人たちから預かってきた、立派な外部調達資金です。

◆ 直接金融と間接金融

負債にするか資本にするかを決めても、まだ終わりではありません。次に考えるべきことは、「直接、資本市場から調達するのか、仲介者を通じて調達するのか」です。前者を直接金融（あるいは直接調達）、後者を間接金融（あるいは間接調達）といいます。具体的には、株式市場で株式を発行したり、社債市場で社債を発行したりするのが直接調達、PEファンド[2]や特定の株主から資本を募ったり、銀行から借金したりするのが間接調達です。したがって、負債、資本それぞれに、直接か間接かという選択肢があることになります。

---

1) では、逆はどうなのでしょう？　安全性に疑問があるけれども資金を投じる株主はいるのか。あるいは、成長性に疑問があるけれども資金を融通する債権者はいるのか。これは、実はどちらも存在します。もしかしたら倒産するかもしれないくらい危なっかしいけれども、いまやっている投資が一発当たれば大逆転、大きな成長が見込める、といった会社であれば、リスクは非常に高いですが、ほぼギャンブルだと思って投資する株式投資家はいるでしょう。ベンチャー支援などもこのひとつです。一方、成長性には乏しいけれども、まあそれなりに安全性は確保されているのであれば、負債の提供者としては貸すのに問題はありません。事業が衰退期に入った大企業などでもよくみられますね。

図表4-1 直接調達と間接調達

	間接調達	直接調達
負債	銀行 その他の金融仲介者	社債市場
資本	PEファンド その他の金融仲介者	株式市場

　日本は、間接調達大国です。それも、ほとんどは負債の調達です。つまり、銀行の力が非常に強いのですね。これは、戦後以来の金融システムが影響しています[3]。戦後、日本は資本市場に厳しい規制を課し、企業の資金調達先を銀行に集中しました。銀行は、私企業というよりは、ほとんど金融システムインフラとして、各企業の資金調達に応じてきました。昨今では、資本市場の規制改革も進み、銀行といえども株主を持つ私企業であるため、何でもかんでも銀行が用立てればよいということにはなっていませんが、それでもやはり企業の資金調達先として、銀行という存在はたいへん大きなものです。

　ただし、どこの国でも同じわけではありません。たとえば、米国では直接金融が主流です。中小企業であっても、社債を発行して資金を集めることを普通にやっています。

　さて、もうひとつだけ付け加えさせてください。ここまでみてきた資金調達のパターンは、すべて企業が自分の信用力によっておカネを用立ててくる、というものでした。これを企業金融といいます。まさにコーポレート・ファイナンスですね。ただし、世の中にはそうではないおカネの用立て方もあります。

---

2) ファンドといってもいろいろな種類があります。ここでPEファンドと言っているのはPrivate（間接調達）でEquity（資本）を提供するファンドのことです。上場前の企業に対して投資をするといった形が多くとられます。一方、株式市場に上場している企業の株式を安い時に買って高く売る、といったタイプのファンドはここでは対象としていません。

3) 詳しくは、野口悠紀雄著『1940年体制』（東洋経済新報社、2010年〈増補版〉）や、松田千恵子著『ファイナンスの理論と実務』（金融財政事情研究会、2007年）をご参照ください。

図表4-2　資金調達の種類

ある特定の資産やプロジェクトのキャッシュフローと資産価値をベースにおカネを用立てる、ということも実はできます。前に、企業はキャッシュフローを生み出すプロジェクトの集合体のようなものだ、といいました。そうであれば、その中からいかにも儲かりそうなプロジェクトだけを取り出して、それを見合いにおカネを用立てる、ということもできそうです。実際に多く行われています。これを、資産金融、アセット・ファイナンスなどといいます。詳しくは、またのちほど説明しましょう。

ここで、資金調達の種類が出そろったので、一応まとめておくと、上図のようになります。

内部調達についてはすでに相当説明してしまったので、ここから先は外部調達について、改めて、ひとつずつみていきましょう。まずは負債の調達です。これをデット・ファイナンス（Debt Finance）などともいいます。Deadではありません。でも、きちんと返せないと企業がDeadしてしまうコワイものでもあります。

2 借金をするということ

◆銀行借入れにはどのような種類があるか

　負債の調達、すなわち借金をするということについては、大きく分けて銀行など仲介者から借りるのか、それとも社債市場に直接アクセスして社債を発行するのか、という2種類があります。まずは銀行借入れからみてみましょう。

　銀行借入れの特徴は、まず何といっても手軽であるということです。みなさんの会社にも日夜、銀行員が出入りしていることと思います。みなさんの会社がよい会社であればあるほど、彼ら彼女らはおカネを貸したくて手ぐすねひいています。こういった人たちに一声かければ、面倒くさい手続きもそれほどなく、時間的にも結構迅速に（普通は）おカネを貸してくれます。

　では、銀行から借り入れるにあたっては、どのような種類の借り方があるのでしょうか。大別して3種類です。①**手形を使う**、②**証書を使う**、③**枠を作る**、です。

①手形を使う（手形借入れと手形割引）

　まずは手形を使った借入れです。「そもそも手形って何？」と思った人はいらっしゃいますか。最近あまり見ないですものね。下図のようなものです。

　図のような手形は、正確には「約束手形」といいます。「XXか月後にいくらの現金を支払います」と約束した"紙"ですね。単なる紙なのですが、昔は、

図表4-3　約束手形

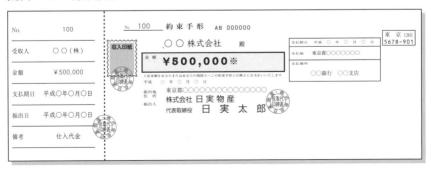

一定の証明になるような紙には手形を押したことから、こうよびます。紙といっても、書いてある内容が内容ですから、これは立派な有価証券です。

　さて、これを使う借入れを、銀行用語では「手形貸付け」といいます。あちらは貸すほうなので貸付けですね。企業にとっては手形借入れです。借入れにあたって、「XXか月後にいくらの現金を支払います」と約束した紙＝手形を銀行宛に振り出して、その金額だけの借入れを行うということです。手形が、超ミニマムな契約証書になっているということですね。この手形の扱いについては、手形法で債権者の権利が確立されています。したがって、銀行としても安心して貸せますし、企業にとってもあまり手間のかからないやり方です。ただし、一般にはあまり長期の手形は発行されません。

　もうひとつ、手形を使った借入れの形態があります。「手形割引」というものです。また「割引」が出てきましたね。前にみたのとまったく同じ意味です。たとえば、あなたの会社（A社）が、取引先のB社から「3か月後に現金1,000万円を支払います」という手形を受け取ったとします。粛々と3か月待ち続ければ、B社に何かまずい事態が起こらない限り、B社から1,000万円を受け取ることができます。ところが、場合によっては、3か月も待ちたくないこともありますよね。そのときは、B社から受け取った手形を銀行に持ち込んで現金に換えることができます。銀行としては、B社が何かまずい会社でない限りは（しつこいですね）、3か月たてばB社から回収できるわけですから問題ありません。ただし、ここでファイナンスの鉄則が顔を出します。3か月分の金利はどうするのでしょうか。当然ながら、3か月先にしか手に入らない1,000万円をいま渡すわけですから、1,000万円は現在の価値に割り引かれなければなりません。だから手形割引というのですね。

　こうした手形を使った借入れは便利でよいのですが、実は大きな欠点があります。印紙税がかかります。その額は馬鹿になりません。また、管理も結構煩雑です。何といっても現物をなくしたらたいへん。したがって、大企業を中心にほとんど使われなくなってきています。経済産業省は、2026年を目途に利用廃止を目指す方針を打ち出しています。また、こうした手形の役割を電子的に行おうという電子債権というものが、2008年（平成20）12月施行の電子記録債権法（平成19年法律第102号）に基づき可能になりました。従来の紙ベースの手形取引に代わる電子決済の仕組みで、その名も電子手形などとよばれ、使われるようになってきています。やっていることは、紙ベースの手形と同様です。

②証書を使う（証書貸付け）

次に「証書を使う」貸付けです。これがもっとも一般的な借入形態かもしれません。日本の場合、銀行と取引する際には、まず包括的な取引条件を定める銀行取引約定書というのを結びます。そのうえで、借入れを行う際には別途、金銭消費貸借契約証書というものを結びます。借り入れる金額や金利、期間、返済方法などさまざまな条件を記した契約証書を締結するものです。この証書をもとにお金の貸し借りを行うので、証書貸付けとよばれます。

証書貸付けの形態には、大別してふたつあります。ひとつはターム・ローン、もうひとつはリボルビング・ファシリティなどとよばれます。ターム・ローンは、借入れと返済の金額、スケジュールが予め決まっているローンのことです。融資期間が中長期となる証書貸付契約で、契約時に融資を一括実行するのが一般的です。一方、リボルビング・ファシリティは、予め設定した枠や期間の範囲内であれば、借りて返してまた借りて、という繰り返しができるローンを指します。

こうした契約を結ぶときに、銀行側がどんなところを見ているかについてはのちほどじっくり考えることにしましょう。

③枠を作る（当座貸越しとコミットメントライン）

銀行では当座預金という、企業がおカネの受払いに用いる預金の種類があります。しょっちゅう受払いをしていると、何かの都合で、残高以上の支払いが急に生じることもあり得ます。残高がなければ払うことができませんから、支払いが不能になって事業に大きな悪影響を与えてしまいます。こうしたことがないように、この預金口座に対して、予め枠を設定して、その範囲内であれば、自動的におカネを貸す仕組みが当座貸越しです。

この枠のことを限度額などともいいますが、たとえば、当座預金に限度額1億円の当座貸越枠をつけておけば、残高がなくても1億円までの支払いができるということになります。非常に便利ですね。ただし、銀行にとっては、突発的に貸出しが生じることにもなり、しかも何でそうなったのか把握できないという点では、正直言ってあまり嬉しい形態ではありません。

コミットメントラインというものも同様に「枠を作る」形態です[4]。企業が銀行などに手数料を支払うことで、必要なときに一定金額まで融資を受けられる枠を予め定めておく、その枠のことをこうよびます。いったんコミットメントライン契約を結べば、使用していない部分（未貸枠などとよばれます）につ

図表4-4　コミットメントラインとは何か

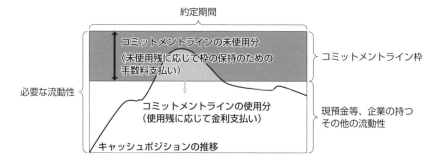

いても、銀行は要請があれば貸出しを行わなければならないため、そのための手数料が生じます。銀行は手数料収入が得られる一方、企業にとっても手許現金の削減効果が期待でき、双方にメリットがあります。特に、昨今では企業が余剰の手許現金を多く持ちすぎていると、株主から「事業に投資しないような余剰現金を持っているなら、株主に返せ」と言われかねません。一方、企業としては何か起こったときに必要かもしれないので、用心のためもあって一定量の現金は持っておきたいものです。

コミットメントラインはこのジレンマを解決しました。手許に現金を大量に置いておく代わりにコミットメントラインを結べば、余分な手許現金は不要になります。必要があれば、いつでも約定した分だけの融資は受けられるので、心配はいりません。バランスシートのスリム化にもつながるので、多くの企業がこれを取り入れています。ただ、注意していただきたいのは「アンコミット」のラインというのも存在するということです。コミットメントは「約束した」という意味なので、銀行側も無下に貸さないというわけにはいきませんが、アンコミットメントというのは「約束していない」ので、まさかのときには借りられないと思ったほうがよいです。

「まさかのときなどウチの会社に限って起こるはずがないから、手数料節約

---

4) いまや昔話ですが、以前はこうした融資形態が法に触れるとされてきました。融資枠の手数料がそれまで金利とみなされていたためです。たとえば、契約期間1年で100億円の融資枠設定に対し1％の手数料を取ったとし、実際に融資した額が1億円だったとすると、元本と金利がイコール、すなわち年100％の利息を取ったとされて、法定の上限金利を上回ってしまうこととされ、法務省が「手数料の名目で実質的に高金利を取る脱法行為を助長する」として長らく実現が見送られてきた経緯があります。もちろん、海外ではとっくの昔に使われていたのですが。'90年代当時にはまだこのような議論がなされていたこともありました。日本の金融を縛ってきたさまざまな規制の存在や、その変化を考えさせられますね。

のためにアンコミットでいいや」などと考えていると、いざというときに使えない枠となってしまい、大変な目にあうかもしれません。なお、コミットメントラインは、形態としては先にみたリボルビング・ファシリティに属するものです。

◆債権者は何を見ているか

さて、銀行融資テキストのようなお話はこれくらいにして、より実践的な話に移りましょう。こうした借入れを企業が行うとき、銀行など債権者の側はいったい何を見ているか、です。

負債の特徴とは何だったでしょうか。そう、「いつか必ず返さなければならない」でした。その代わりに株主資本よりはコストの低い資金であることもすでにみました。債権者にとって、「本当に返してくれるのか」はもっとも大きな関心事です。貸したのに、相手側の事情で返してもらえなくなってしまい、貸し手が損失を被る可能性を信用リスクといいます。

信用リスクはふたつの側面からなっています。ひとつは、約束した期日に返すための現金をちゃんと持っているかどうか。「将来の返済時期までにこの会社はきちんとおカネを生み出せるのか」という点、すなわち、先にみた、企業のキャッシュフロー生成能力ということです。これを、信用リスクの中でも特に「クレジット・デフォルト・リスク」といいます。企業の信用そのものですね。一方、決められた将来の返済時期までには返せなくても、結局のところ持

図表4-5　信用リスクとは何か

```
                    ┌─────────────────────────┐
                    │        信用リスク         │
                    │ 何らかの形で他者に資金を融通した場合、その資金が、│
                    │ 融通した相手方の事情により、決められた期日に、│
                    │     元通りに（通常は金利を伴って）        │
                    │   戻ってこないことで貸し手が損失を被る可能性  │
                    └─────────────────────────┘
                          │                │
          ┌───────────────┘                └───────────────┐
          ▼                                                 ▼
    決められた期日に                                    元通りに
   債務不履行の可能性                                   回収の可能性
  クレジット・デフォルト・リスク                           回収リスク

    借り手の信用力                                      信用補完
  キャッシュフロー生成能力                         担保、保証、優先劣後等
```

っていた資産を売ってどうにか返済できたとか、そういう可能性はありますね。こちらは「回収リスク」です。信用を補完するものなので、そのものずばり「信用補完」ともいいます。担保をつけたり、保証をつけたりすることです。

したがって、債権者が見ているのは、まず「クレジット・デフォルト・リスク」——企業のキャッシュフロー生成能力は本当に大丈夫なのか、という点、次に「回収リスク」——ちょっと不安があったならどのように信用を補完すればよいか、という点です。

加えて、債権者は自分のリターンを契約で定めます。いくら金利を払うのかとか、将来のいつ返済をするのかとか、そういったことはすべて契約に書いて決めておきたいです。加えて、もし返済されなかったらどうするのだ、ということも気になります。キャッシュフロー生成能力に不安があるようであれば、担保を取ったり、保証を入れたりといった信用補完について、きちんと契約に書き込んでおきたいところです。

すなわち、債権者が見ているのは次の3つです。①**キャッシュフロー生成能力**、②**信用補完の状況**、③**契約の内容**。これについては、銀行だけではなく、社債権者についても同様です。

ここで、もうひとつ債権者の見方に特徴的なことを挙げておきましょう。借金を返す方法についてです。一般的に「借金」といわれるものを背負った場合、それを返す方法は3つしかありません。これは、大企業だろうが個人だろうが同じことです。すなわち、

1　事業からの資金流入を増やすか
2　保有資産を売却するか
3　新たに資金調達をするか

の3つです。

個人が住宅ローンを背負ったとしましょう。通常は、給料から毎月一定額ずつ返済していくことになります。これが1ですね。ところが、勤め先が潰れてしまい、しばらくは給料の入る見通しが立たなくなってしまったとします。仕方がないから自家用車は売ることにして、その資金をローンの返済に充てるなどといったことになるでしょう。これが2です。あるいは、予定していた海外旅行はとりやめて、その資金を借金返済に充てざるを得ないということもあるでしょう。そうこうしているうちに、売るものもなくなってしまいます。そう

なると、家を売ってローンを返さざるを得ないかもしれません。しかし、時間が経って担保価値が下がってしまったので若干の不足が出てしまいました。仕方がないので、その穴埋めは親に泣きついて何とか出してもらいました。この、親に出してもらった、という行為が最後の3となります。

なんだかどんどん話が暗くなっていって恐縮ですが、実際の法人向け貸し出しでも事情はほとんど同じです。優良企業は事業からのキャッシュフローで悠々返済を賄えますが、それが足りなくなると不動産を売ったり、工場を閉めたり、あるいは行う予定であった設備投資を取りやめたりして資金を捻出せざるを得なくなります。さらに厳しくなると、銀行からの支援交渉や緊急つなぎ資金を何とか…、といった話になってきます。

企業再生の手順も必ず3→2→1です。倒産寸前の企業を何とか生き残らせるためには、まず緊急手術としての何らかの資金供与が必要です。返済が難しく融資の条件を見直したり、あるいは、株主からの追加出資を募ったりします。

何とか命だけは助かりそうだ、となれば、次に問題のあった体の箇所に対して大幅にメスを入れます。不稼働資産は売却し、不採算店舗は閉める、といったことですね。バランスシートのスリム化です。健康が回復するにしたがって、将来のことが考えられるようになり、スリムで元気になった体でちゃんと働いて、また本業で儲けていくことができるようになります。もちろん、そこまでいくには厳格な食事制限とか、厳しいリハビリ、などというものは当然必要ですね。

◆融資契約の内容はどうなっているのか

債権者として重要な要素である「契約」にはどのようなことが書かれているのでしょうか。

まずは、当然ながら「約束の内容」が書かれます。借入れの条件ですね。いつ、いくら貸すのか、返すのか、金利はいくらか、どうやって計算するのか、担保や保証などの信用補完をどうするか、借入れにあたって満たすべき条件は何か[5]、借り入れる側の状況に嘘いつわりがないか[6]、等々です。

また、「約束を守らなかったらどうなるか」という点も言及されます。この契約を借り手が遵守している限りにおいては、負債投資家は、決められた期日までその資金提供を続けることに異存はありません。この決められた期日は、民法では「期限は、債務者の利益のために定めたものと推定する」（民法136条1項）とされています。つまり、契約を遵守している限りにおいては、借り手

> **コラム5** 金利の決まり方
>
> 　金利には固定金利と変動金利があります。前者は金利の水準は変わりません。10億円借りるのに固定金利3％と決まっていれば、10億円×3％×365／365＝3,000万円を毎年、金利として支払います。
> 　一方、変動金利は、市場の実勢に応じて金利水準が変わります。銀行がおカネを調達してくる水準（仕入価格ですね）に、借入人の信用リスクに応じたマージン（これを「スプレッド」といいます。信用リスクが高まると高くなります）を乗せたものを適用します。銀行がおカネを調達してくる水準としては、よく銀行間での仕入れ金利であるLIBOR（London Interbank Offered Rate）などが使われ、LIBOR＋3％などといった形で表記されてきました。ただ、長らく使われてきたこの指標も2021年末で公表停止となり、後継指標に引き継がれます。

は決められた期日に返済を行えばよく、期日がくるまでは返済の必要はないということです。貸し手もそもそもそうした契約で資金を供与したのだから、期日がくるまでは返済を請求できません。これを、「期限の利益」といいます。借り手にとっての利益です。

　一方、借り手が契約を守らなかった場合、借り手はこの「期限の利益」を喪失します。株主に比べローリスク・ローリターン志向であり、確定運用を旨とする投資家であるため、事前にリスク・リターンの内容を定める契約は非常に重要なもので、その契約内容が破られるというのは、貸し手にとっては好ましくない状態です。決められた期日に返済すべき債務を支払わない、といった債務不履行はもっとも嫌なことですし、契約した相手の状態が、契約時とはまったく異なってしまった、というのも同様です。

　したがって、そのような一定の事由が発生した場合には、借入人に期限の利

---

5) 契約書には、詳細な貸出条件に移る前に、そもそも貸出実行の前提となる条件が述べられます。条件がそろっていなければ貸し手は貸出しを行う義務を負いませんが、すべてそろっている限りにおいては貸出義務が発生します。貸出前提条件書類としては、定款や取締役会議事録、授権証明、印鑑証明、契約で必要とされる許認可書類、弁護士の法律意見書（リーガルオピニオン）、担保関連書類等があり、個々の状況に応じて定められます。

6) あまりなじみがないものとして、「事実表明及び保証」という項目があります。貸出しの実行条件のひとつとして、「実行時点での事実を表明し、それが真実であると保証することで、英語で、Representations & Warrantiesとよばれます。契約書に関連する特定事実の存在や状態について、借り手に言明させ、その正確性に瑕疵があった場合には債務不履行事由とするものです。この条項は、契約締結日現在においての存在や状態について、それが事実であると表明し、かつ保証する、といった意味であり、将来にわたる義務を負うものではありません。ただ、ここに虚偽があると、後で期限の利益喪失事由になりえます。

益を喪失させ、残っている債務のすべての返済期限を到来させる、ということを契約の中に入れることになります。この一定事由を「期限の利益喪失事由」といい、この契約内容を「期限の利益喪失条項」といいます。

◆財務制限条項とは何か

こうした期限の利益喪失条項をいくら数多く定めて万全を期したとしても、実際に期限の利益喪失というような事態はなるべく避けたいのが当然です。したがって、貸し手としてはそうなる前の未然の防止策も契約に盛り込みたいところです。契約上で借入期間中に一定義務を課し、借入人および融資状況の健全性を維持しようとするわけですね。このために定められるのが、「確約」（コベナンツ）といわれるものです。

このうち、「何かをすることができる／してもよい」と定めているものをアファーマティブ・コベナンツ、「何かをしてはいけない／ある制限を守らなくてはいけない」と定めているものをネガティブ・コベナンツ、といいます。ネガティブ・コベナンツを破った場合には、期限の利益喪失事由となりえます。

ネガティブ・コベナンツのうち有名なものがネガティブ・プレッジです。これは、新規の担保設定は貸し手の了解なしにはできないことを規定したものです。銀行にとっては、自分が担保を取っていないのに、後からきた別の銀行が担保を取ってしまったら嫌ですよね。したがって、他の銀行[7]に担保を供与する場合には、自行にも担保を供与しない限り認められないこととする条項です。他の債権者への担保供与を防ぐために設定されます。

こうしたコベナンツのうち、財務について定めたものがファイナンシャル・コベナンツ（財務制限条項）です。融資期間中の、借り手の財務状況について最低限守るべき水準を定めたものです。これは、ファイナンス実行時に予測した将来から、現実がどのくらい乖離しているかをモニタリングするうえで重要であり、また想定していない事柄を借り手に行わせないようにするためにも用いられます。

よくあるのは、①売上高や利益、キャッシュフローの最低水準を定めたもの、②投資の最大水準や資産売却の制限を行ったもの、③有利子負債の最大水準や株主資本の最低水準、配当の最大水準を定めたもの、です。それぞれ、営業キャッシュフローを確保し、投資キャッシュフローにおいて過大な支出や資産の持ち出しがないかどうか確認し、財務キャッシュフローにおいて借入依存を減

---

[7] 銀行に限らず、返済の約束に関して優先権などがないすべての貸主（これを同順位債権者といいます）についても同様です。

> **コラム6** 期限の利益喪失条項とダウン・グレード・クローズ

　期限の利益を喪失させるような条項はさまざまに定められていますが、いくつか例を挙げておきましょう。

・クロス・デフォルト条項

　当該契約以外の他の債務において借り手が債務不履行・期限の利益喪失を起こした場合、当該契約においても期限の利益を喪失する旨の条項。

・マテリアル・アドバース・チェンジ条項

　通称、MAC（マック）クローズなどともよばれる。契約の背景となる重要な内容、借り手の表明保証などについて重大かつ明白な変更があった場合には、そもそもの契約の前提が失われたとして、期限の利益喪失を宣言することができる条項。実際にはあまり行使されません。

・チェンジ・オブ・コントロール条項

　特定株主の議決権水準が一定割合を下回った場合には期限の利益喪失を宣言できる条項。買収時ファイナンスによくみられます。買収を仕掛けた当事者であるスポンサーが、負債を借りるだけ借りて買収を行い、自分は早期に退出してしまうことを防ぐ条項です。

・グレース・ピリオド

　これは、期限の利益喪失条項ではありませんが、請求喪失事項について、ある一定期間内にその原因となった違反事項が解消されれば、請求は行わない、とする場合、その期間をグレース・ピリオドといいます。

　財務制限条項に関しては、借入人の状況を考えながら1つひとつ設定していくのは大変なので、外部の信用格付けにリンクさせてしまおう、といった条項もあります（格付けについては後述します）。格付維持を要件としていたり、格付けが下がったら金利を上げる、あるいは期限の利益を喪失する、と定めている条項を、ダウン・グレード・クローズとよびます。一見、モニタリングも簡単そうで便利なのですが、実は結構危険な条項でもあります。企業と銀行の間に第三者である格付け会社の評価が入ってきてしまうと、信用リスクが悪化して危機的な状況であるときに、状況判断の要素をコントロールの効かない第三者に委ねることにもなりかねません。

　コベナンツの設定には労力を要しますが、実は貸し手がどのくらい借り手のことを理解しているかを示すテストのようなものでもあります。どういったコベナンツを要求してくるかによって、金融機関の力量もまた問われているといえましょう。

らして資本の充実を図り、株主に渡る現金支出を制限するといったことを目的としています。これらの種類や水準は、企業の状況によってもちろん変わってきます。

　では、これらのコベナンツに抵触した場合にはどうなるのでしょうか。契約上は、抵触すれば期限の利益喪失事由に該当するので即時返済請求を、ということになります。しかし、実務上いきなりそうなる場合は少ないです。借入人の状況がよほど予断を許さないのであれば別ですが、そうでない場合には、借入人を倒産に追い込むよりは、何らかの交渉を行ったほうが、貸し手にとっても得るものは大きい（というより、失うものが小さい）からです。この交渉には大別して2種類あります。契約内容の修正と契約内容の実行の一時停止です。これらも契約の中に定められますが、実際にどうするかはその時点での交渉事になります。

社債を発行するということ

◆ 投資家から直接資金を集める

　さて、長らく銀行融資について説明してきたのでこのあたりで社債に移りましょう。銀行が、「間接金融」でおカネを集めてそれをローリスク・ローリターンを旨としつつ「負債」の形で貸してくれる人たちだとするならば、同じことをやっているのだけれども、企業にマーケットで直接貸し付けている人たちも存在します。社債投資家、という人々ですね。アメリカでは、おカネを借りるといえば、社債市場で社債を発行する、というほうが普通ですが、日本では銀行中心の経済インフラシステムが長く続いたために、銀行の存在感がまだ大きく、社債市場にはそれほど厚みがありません。とはいえ、ファイナンスを考えるうえでは重要な事項も多いのでちょっとみてみましょう。

◆ どのような社債があるのか

　社債という言葉をいきなり使ってしまいましたが、社債は債券の一種で、事業会社が出すものを通常こうよびます。債券とは、定期的に一定の利子を支払い、所定の満期日に額面金額を償還することを発行する団体（これを「発行体」といいます）[8]が約定している証券のことで、発行体が倒産でもしない限りは将来のキャッシュフローが確定[9]します。

　この債券は、発行体によって呼び名が若干変わります。公的機関が出している債券を公共債といい、そこには政府が発行する国債、地方公共団体が発行する地方債などが含まれます。一方、民間団体が出すものを民間債（あまり使いませんが）といい、金融機関が発行する金融債と、事業会社が出す事業債に分かれます。通常、これらを社債とよんでいます。

　社債にもいろいろな種類があります。総じて、以下のような点で種類分けで

---

[8] 債券を発行する団体ということで言えば、企業もそのひとつです。金融業界では、債券に関しては企業はよく「発行体」とよばれ、株式に関しては「銘柄」などとよばれますが、それらの呼び方は企業としてはちょっと人格（法人格？）を否定されたような言い回しに感じられたりもします。

[9] したがって、確定利付き証券（Fixed Income Securities）などともよばれます。金融関係の人たちが「Fixed Income」をやっているといったら、それは債券担当だということですね。

きるのではないでしょうか。

1　公募か私募か
2　国内か海外か
3　担保があるかないか
4　新株予約権があるかないか
5　固定金利か変動金利か
6　利付債か割引債か

　このうち、4〜6については説明することがちょっと多いので項目を分けてみていきます。まずは1〜3を片付けてしまいましょう。

◆どこで、誰に対して発行するのか

　大企業にお勤めのみなさんは、社債と言えば普通は公募社債をイメージすると思います。ただ、そうではない社債ももちろん存在します。私募債ですね。金融機関や、50名未満の少人数の特定投資家を相手に発行する債券（少人数私募債）をこのようによびます。ほとんどの場合は銀行を引受け手として発行される私募債は、中小企業の場合には保証をつけるのが一般的です。また、少人数私募債はほとんど中小企業にしか用いられません。

　公募か私募かで、情報開示に違いが出てきます。公募債では、発行総額が1,000万円から1億円までであれば有価証券通知書を、1億円以上であれば有価証券届出書を財務局に提出しなければなりません。また一度、有価証券届出書を提出した企業は、以後、継続して有価証券報告書を提出する必要があります。非上場企業であっても、有価証券届出書などを公表している企業は、社債発行が理由で提出しているといえます。一方、私募債では、財務局への届出は必要ありません。

　なお、公募債・私募債の定義については留意しておくべき点があります。一般に公募債という場合には、格付けを取得し、引受証券会社を通して不特定多数の投資家を対象として発行し、発行後は債券市場で自由に売買される社債のことを指す場合が多いとされています。一方、金融商品取引法上の区別では、50名以上の投資家に対して勧誘を行えば、証券会社との契約や格付けの取得がなくても公募債の扱いになります。この点については混同しがちですので注意が必要です。

　こうした社債をどこで発行するのか、という点もあります。大きくは、国内なのか、海外なのかということですね。また、通貨にも違いを持たせることができます。円建てなのか、外貨建てなのか、外貨ならば何なのか、ということ

です。

　また、銀行からの融資と同じく、社債にも担保をつけるのかつけないのか、といった違いがあります。昔は、無担保社債を発行できるのは一部の優良企業のみでしたが、いまではそうした法的規制はありません。

◆新株予約権とは何か

　新株予約権についてみてみましょう。まず、新株予約権など特別な権利のついていない社債を普通社債（Straight Bond：SB）とよびます。その名の通り何の変哲もなく、事業会社が発行して定期的に一定の利子を支払い、所定の満期日に額面金額を償還する債券のことです。新株予約権というのは、これにつける「おまけ」のようなものです。

　どういうおまけかというと、文字通り何らかの形で新しく株式が手に入る、というものです。よく聞くのは転換社債（Convertible Bond：CB）[10]という呼び名でしょう。社債を事前に決められた転換価額で株式に転換することができるものです。「転換社債型新株予約権付社債」という長々しい名前が正式名称です。投資家からみれば、転換価額よりも株価が上昇すれば、株式に転換、売却することで利益を得ることができますし、逆に転換価額より株価が低いままなら、転換せずに満期日まで待つことで社債としての利息を受け取り続けることもできます。美味しい商品ですね。普通社債と違い投資家が利子以外で利益を得る可能性があることもあり、通常は低い金利で発行が可能なため、発行する側にとっても嬉しい商品です。

　ただ、もちろんいいことづくめではありません。発行体は自社株価の上昇を見越して転換社債型新株予約権付社債を発行し、株式への転換が実施されて負債としての支払いを逃れることを夢見ますが、もし株価が下落すればもちろん

10）　この言葉を聞くと、MSCB（Moving Strike Convertible Bond＝転換価格修正条項付転換社債型新株予約権付社債）を思い出す人も多いでしょう。株式に転換できる権利が与えられた社債で、一株当たりの転換価額を市場価格に応じて一定期間ごとに修正できるものです。転換価格が修正（多くの場合は低い価格に転換される）できるため株価が下落しても投資家の側は利益を得ることが容易です。この金融商品が有名になったのは、2005年にライブドアがニッポン放送買収のため、MSCBで800億円を調達し、これをいまは亡きリーマン・ブラザーズが引き受けたからです。このときの転換価格は株価の90％でしたので、引き受けてすぐ売っただけで10％儲かりますし、ライブドア株を空売りし株価を安くすればもっと儲かります。当然、既存株主の利益は毀損されますが、当時はM&Aによる成長可能性などを誇示することによりそれを目立たなくしていました。あまりに悪辣なので、2007年になり、上場株式の10％超を転換することの禁止などの規制が行われ、いまでは下火になっています。

現金で償還せざるを得ません。あてがはずれて倒産したような事例もあります。このタイプの社債は、本質的には、負債と資本の決定権限を市場に譲り渡すことで成り立っています。財務構成という、企業財務にとって非常に重要な意思決定を市場動向に委ねるという意味では十分留意が必要です。また、こうした社債を買い集め、一気に株式に転換することで企業買収を仕掛けた例も以前ありました。美味しい話には毒があるということかもしれません。

なお、企業の財務分析を行う際、転換社債型新株予約権付社債は転換がなされていない限りは有利子負債に含めます。特に、格付け会社や銀行など、債権者の立場からの分析では必ずそうしますので、「もう少しで転換価格に届くから株主資本として見逃してほしい」というのは残念ながら駄目です。

転換社債型新株予約権付社債という名称があるなら、ほかの新株予約権付社債もあるはずですね。単に「新株予約権付社債」といわれたら、これは昔でいうワラント債のことです。決められた価格で新株を買う権利がついた債券のことですが、新株を買う権利をワラントということからこうよばれていました。2002年の商法改正によって、転換社債と、新株引受権付社債のうち、社債部分とワラント部分が分離できないもの（非分離型）をまとめて、転換社債型新株予約権付社債とよぶことになり、分離できるものを単純に新株予約権付社債というようになりました。

同じカテゴリーにストックオプションというものもあります。企業の役員や従業員が、一定期間内に、予め決められた価格で、所属する企業から自社株式を購入できる権利をこうよびますが、新株を予約するという行為については同じなので、新株予約権の一種として扱われます。

これら新株予約権に関しても注意してほしいのは、当然ながら株式が増える可能性があるということです。既存の株主にとっては自分の持っている株式の価値の希薄化につながります。このあたりのことは株式に関する次の章でゆっくり説明しましょう。

◆金利を考えるための基礎知識

債券には固定金利で利息が支払われる場合と、変動金利で利息が支払われる場合があります。これはすでにみた銀行借入れと同じですね。ちなみに、利息というのは支払う金額そのもの、金利はその元本に対する割合を示します。債券を考えるときにやっかいなのは、その他にも利率とか利回りとか、いくつか言葉がわかっていないと混乱しがちなことと、金利が上がると債券の価格が下がるなどという摩訶不思議な記述によくお目にかかる点です。数字が苦手な人

は読み飛ばしていただいて結構ですが、ここはちょっと整理しておきたいところです。まずは利率と利回りの話から。

「利率」とは、債券の額面に対して何％の利息がつくかという割合を示すものです。これは「金利」と同じ意味合いと思っていただいて今は結構です。債券の場合、表面利率、あるいはクーポンレートなどともよばれます。額面が100円で利率が3％ならば、利息は100円×3％で年にして3円支払われることになります。一方、「利回り」とは、投資した元本に対して、1年当たり何％の収益が得られるかということを示すものです。さて、利率と何が違うのでしょう？　**利回りは債券価格が変わると変わる**、これがポイントです。

債券は発行したときに買って、必ず満期まで持って償還される、といった類のものではありません。株式もそうですが、発行[11]された後に売買されて、それには時価がつきます。

債券の時価が発行した額面と等しい状態を「パー」といいます。これに対して、債券の時価が額面を上回る状態のことを「オーバーパー」、債券の時価が額面を下回る状態のことを「アンダーパー」といいます。また、額面とは、債券価格の基準となる価格のことをいいます。日本の債券では、通常、額面を100円として発行し、満期日（償還期日）を迎えると額面（100円）で償還されます。ただし、パーで発行されるだけでなく、オーバーパー、あるいはアンダーパーで発行されることもあります。債券が流通していれば時価はもちろん変動しますから、常にオーバーパーとアンダーパーの間を揺れ動くことになります。ということは、その債券をいくらで買って、いくらで売ったかにより、「投資元本に対する収益」は変わってくるということです。何と面倒くさいことでしょう。

ただし、こういったことがあるがゆえに、債券投資をする側は、額面に対する利率を基にした受取利息＝インカムゲインだけではなくて、元本の売却益＝キャピタルゲインも期待することができるわけですね（もちろん、キャピタルロスになってしまう場合もあります）。パーで購入して、償還期日まで保有した場合は、償還差損益は発生しませんが、保有期間中に買って償還まで保有していた場合も同様です。市場で中途売却した場合には、売却損益が発生するということです。

---

11) ちなみに、債券や株式が新規に発行され、発行者から直接、もしくは証券会社、銀行等を介して投資家に一次取得される市場のことを発行市場、すでに発行された証券が、投資家から投資家に転々と流通・売買される市場のことを流通市場といいます。この発行市場、流通市場のそれぞれで、債券の価格は変わるのですね。

加えて、期中に利息を受け取ったら、それを再投資してさらに儲ける可能性もあります。こうした再投資による益を見込まないものを単利利回り、見込むものを複利利回りとよびます。本当は、単利利回りというのは、最初に説明した「今日の百万円と明日の百万円は違う」という金融の鉄則を無視した計算なので、ファイナンスで使うのは甚だよろしくないのですが、なぜか日本の社債は単利利回りが多いです。これも銀行中心の経済インフラシステムが長く続いた所以でしょうか。海外の債券はほとんどが複利利回りで、投資するほうからすれば当然こちらのほうが有利です。

> **コラム7** 債券の利回り
>
> 　利回りの種類は3つあります。①直接利回り、②単利利回り、③複利利回りです。面倒くさいですが、文句を言っても始まらないので、一応みておきましょう。これらを決める要素は3つ、表面利率、残存期間、債券価格、つまり入手するのに支払った元手です。表面利率は発行時に決定され、通常は固定です。残存期間は時間の経過とともに短くなっていきます。債券価格は市場動向によって決定されます。表面利率に応じた金利が支払われることによる儲けがインカムゲイン、元本そのものの価格変動によって得られる儲けがキャピタルゲインです（損をすることもあります）。
>
> **①直接利回り**
> 　仮にキャピタルゲインをまったく想定しない場合の儲けを考えてみましょう。この場合には、単純に利率に基づいて得られる利息額を投資元本で割ればよいだけです。これを直接利回りといいます。
>
> $$\text{直接利回り} = \frac{\text{表面利率}}{\text{債券価格}} \times 100$$
>
> **②単利利回り**
> 　次に、債券の価格が動く場合を想定してみましょう。動き方としては3種類あります。債券の発行日に取得して最終償還日まで持っていた場合を応募者利回り、債券を途中で買って最終償還日まで持っていた場合を最終利回り、途中で購入して途中で売却した場合を所有期間利回りといいますが、やっていることはみんな同じです。
>
> $$\text{単利利回り} = \frac{\text{表面利率} + \dfrac{\text{額面} - \text{債券価格}}{\text{残存期間}}}{\text{債券価格}} \times 100$$
>
> 　直接利回りと比べると、先ほどのインカムゲインだけの直接利回りの式に、キャピタルゲインを表わす部分が足されただけです。
> 　さて、もうひとつ。複利というのは、受け取った利息をさらに再投資していくも

のでしたね。したがって、額面100円の債券の場合には、償還期間（平均）利回りの計算は以下の式を解いて求められます（ r ＝複利利回り）。

③複利利回り

$$債券価格 = \frac{表面利率}{1+r} + \frac{表面利率}{(1+r)^2} + \cdots + \frac{表面利率+100}{(1+r)^n}$$

債券価格をP、表面利率をC、残存期間の年数をnとして数式を書くとこんな感じです。

$$= \sum_{t=1}^{n} \frac{C}{(1+r)^t} + \frac{100}{(1+r)^n}$$

数式だと頭の痛くなる方は、実例でみてみましょう。

利率0.5％（年１回利払い）、期間５年、額面100円の債券を70円で購入した場合の複利利回りは以下のようになります。

$$70 = \underbrace{\frac{0.5}{1+r} + \frac{0.5}{(1+r)^2} + \frac{0.5}{(1+r)^3} + \frac{0.5}{(1+r)^4} + \frac{0.5}{(1+r)^5}}_{インカムゲイン} + \underbrace{\frac{100}{(1+r)^5}}_{キャピタルゲイン}$$

この式を解くと、 r ＝利回りは約８％になります。ところで、これと似た式をどこかでみかけませんでしたか。そう、第２章でＤＣＦ法というものをみましたね。あれと同じです。何のことはない、複利利回りの債券価格というのは、その債券が生み出すキャッシュフローを現在価値に割り引いたものだったのですね。

◆なぜ金利が上がると債券価格が下がるのか

　先ほど、「利率」あるいは「表面利率」と「金利」は同じような意味だと申し上げましたが、なぜ呼び方が違うのでしょうか。実は「金利」にはちょっと別の意味もあり、債券を考えるときには、こちらの意味にも着目してみなければならないのです。それは、世のなか全般のおカネの価値を表わす水準といった意味です。

　マクロ的な経済の基準となる金利は、中央銀行によって決められ、これを上げたり下げたりすることで、経済のコントロールをしています。景気が過熱しているときにはこの基準金利を引き上げます。すると、銀行も企業に貸す際の金利を引き上げますから、企業の金利負担は増大し、いきすぎていた投資などへの資金需要を減退させます。景気を「冷やす」効果があるわけですね。一方、景気が悪いときには、基準金利を引き下げて資金需要を喚起しようとします。これは、景気がよすぎておカネがどんどん使われているときはおカネを借りる

のに必要な金利を上げておカネの価値を高くして手に入れにくくし、景気が悪すぎておカネがまったく動かないときは、おカネの価値を安くして手に入れやすくしているのですね。

この金利の上げ下げは、債券の価格にも影響を与えます。「金利が上昇（債券価格は下落）した」などという表記、新聞などで時々みかけませんか？ みなさんを惑わせる記述でもあります。なぜ金利が上がると債券の価格は下がるのでしょう？ 具体的な例で考えてみましょう。

ここに2年後に満期を迎える表面利率3％の債券があったとします。これに投資すると、1年ごとに金利支払いが行われ、1年後に3円、2年後にも3円、加えて2年後には額面の100円が支払われ、合計106円がもらえます。ところが、1年後に金利が上がったとします。たとえば、いきなり10％になったとしましょう。先ほどの債券（これを債券Aとします）の条件はもう決まっているので、1年たった時点では、残りの1年の金利3円と額面100円が戻ってくることになり、今後もらえる金額は103円となります。

しかし、金利が上がってから発行された債券が1年満期で表面利率10％だったとしましょう。この債券を買えば、1年で10円の金利支払いが行われ、さらに額面の100円が1年後に戻ってきます。1年後に110円もらえるわけですね（これを債券Bとします）。

さて、あなたは債券A（1年後に103円もらえる）と債券B（1年後に110円もらえる）のどちらを選びますか？

まったくリスクに差がなければ、たくさんおカネが入ってくる債券Bのほうを選びますよね。あえて債券Aを選ぶとしたら、買うときに支払う値段を安くしてもらえないとちょっと…、ということになるはずです。つまり、債券Aを買うとすれば、少なくとも債券Bに投資するのと同じ利回りになるまで、債券Aの価格を引き下げてみなければなりません。したがって、「債券価格は下落」することになります。先ほどの単利利回りの式にあてはめて考えると、93円あたりまで引き下げてようやく売れる水準になるということですね。

ここまで、年間に一定の金利が支払われるタイプの債券を取り上げてきました。実は、これを利付債といいます。一方、支払うべき金利分だけを先に割り引いて発行する形の債券もあります。これを割引債[12]といいます。たとえば、

第4章　実際にどのような資金調達がなされているのか

---

[12] 割引債については日本でも複利計算が主流なので、価格と利回りの関係は以下のようになります。

償還価格 = 債券価格 × $(1+複利利回り)^{残存期間}$

本文の例で言えば、$100 = 96 \times (1+r)^5$ となり、利回りは0.82％くらいになります。先ほどの複利計算の式と実はまったく一緒です。

償還時に額面100円で戻ってくる5年満期の債券を、金利分割り引いて現在96円で売り出すといったような形です。割引債は債券の発行日から償還日まで利息、すなわちクーポンの支払いがまったくないので、海外ではゼロ・クーポン債などとよばれます。

● スポット・レートとイールド・カーブ

　金利の話が出たところでもう少しだけお付き合いください。いま出てきた割引債にはさまざまな期間が想定できますが、キャッシュフローは償還日にしか生まれません。したがって、この複利最終利回りはそれぞれの期間に応じた利回りに相当します。これをスポット・レートといいます。現在から一定期間後の該当する期間に満期となる割引債の利回りということですね。各期間のスポット・レートは、当該期間において発生するキャッシュフローの現在価値を決定する割引率ともいえます[13]。利付債の価格は、こうした割引債の価格を合計したものです。また、このようにさまざまな期間の割引債があった場合、そのスポット・レートを縦軸に、期間を横軸にとってグラフを作ったものをイールド・カーブといいます。

　イールド・カーブは、通常期間が長くなるほど金利が高くなる、右肩上がりの形をしています。これを順イールドといいます。逆に、右下がりの曲線になる場合を逆イールドといいます。投資家が将来において景気が減退することに連動して金利が低下すると予測する一方、目先の資金需要などで短期的な金利が上昇したりすると発生します。景気減退局面にあるときや、金融当局の金利政策が変化したときなどにみられます。日本でもバブル崩壊後には逆イールド

図表4-6　イールド・カーブ

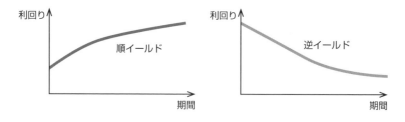

---

13)　スポット・レートの算出にあたっては、計算の対象とする債券にデフォルトリスクがないとされる国債が用いられるのが一般的ですが、実際には流動性のある割引形式の国債はほとんど存在しないため、スポット・レートを直接観測することはできず、利付国債の利回りから推定されるのが通常です。

現象がみられました（古いですが）。一方、いまの時代に注目されている金利の話もありますね。マイナス金利です。文字通り、金利がマイナスになった状態を指す用語です。

一般的には、おカネの借り手が貸し手に利払いなどを行いますが、マイナス金利の場合には逆で、貸し手が借り手に利払いを行うことになります。ローンを借りると利息がもらえたり、預金を預けると利子を払わなければならなくなったりするのと同じというとわかりやすいでしょうか。ただ、こんな世界が簡単に出現してしまっては困ります。現在適用されているマイナス金利は、中央銀行に対して民間銀行が預けている準備預金のうち、法定額を上回る部分に対してマイナス金利を課すというものです。民間銀行はそこに資金を貯蔵させているだけですから、そんなところに置いておかずに市中に回らせて、すなわち企業や個人への貸出しなどをもっと積極的に行って、景気をよくしてくださいということですね。日本では2016年に導入されました。これでおカネが動き、企業や個人もせっせとおカネを使い、経済が成長するとよいのですが……。いまのところはそうした資金需要の喚起にはつながっていません。成長の芽がなかなかないのにおカネだけはあり余る、成熟国特有の悩みですね。

コラム8 金利の期間構造

金利と期間の構造がどう決まるかについては、実は3つほど理論があります。まずひとつは純粋期待仮説です。先ほどのスポット・レートは、現在からある期間に適用される金利のことを指しましたが、これに対して将来のある期間からある期間に適用される金利のことをフォワード・レートといいます。純粋期待仮説は、長期金利は将来の金利の期待値で決定されるというもので、長期で運用しても、短期で運用しても、結果が同じになるように長期の金利が決められるとする理論です。ということは、2年のスポット・レートと、1年のスポット・レートとそれから1年先の1年物のフォワード・レートの組み合わせはイコールになるということですね。具体的な事例は以下の通りです。

【事例】
- 現在の1年物の短期金利が10%、1年先の1年物の預金金利が12%と予想するのであれば、2年物の長期金利は、約11%（概算値）に決まる
  - 元本100万円を1年物の短期で運用すると、2年後には
    100万円×（1＋0.10）×（1＋0.12）＝123.2万円
  - 元本100万円を2年物の長期で運用すると、2年後には
    100万円×（1＋0.11）×（1＋0.11）＝123.2万円
  - 1年物の将来金利が12%ではなく10%になった場合、100万円を1年物（10%）で借り入れて2年物（11%）で運用すれば、リスクなしで利益が得られる ⇒ 裁定が働くため、短期金利と長期金利の運用結果が等しくなるところで金利は決定するはず

これに基づけば、短期金利と長期金利の運用結果が等しくなるところで常に金利は決定するはずです。これを「裁定が働く」といいます。ただ、実際の市場では常にそれが働くとは限りません。したがって、裁定が正しく働かない一瞬のすきを狙って儲ける取引を裁定取引（アービトラージ）などといったりします。

　次に、流動性プレミアム仮説があります。これは、資金の運用期間が長くなるほど、将来に金利が変動して損失を被る可能性は大きくなるので、長期金利は、リスク分（不確実性）だけ短期金利よりも高くなるという考え方です。先ほどの純粋期待仮説に、投資家の選好を加えたものということもできますね。

　最後は市場分断仮説です。短期金利と長期金利は、別々の市場で、各期間の金利に対する資金需給により決定されるとするもので、純粋期待仮説で考えたような、短期市場と長期市場の間の裁定取引は行われないと考えます。裁定取引を行うために発生する手数料が高かったり、市場に自由に参加できないような場合には、これが当てはまるともいわれています。

◆債券の期間をどう考えるか

　さて、最後に債券の期間についてもうひとつだけ付け加えておきましょう。
　残存期間が3年で、表面利率が1％の利付債と、同じ残存期間で表面利率が10％の利付債のキャッシュフローは以下のようになります。

表面利率が1％のものは
- 1年め額面1円
- 2年め額面1円
- 3年め額面101円

表面利率が10％のものは
- 1年め額面10円
- 2年め額面10円
- 3年め額面110円

　残存期間は同じでも、このふたつ、キャッシュフローを得るまでの実際の期間の長さは異なります。キャッシュフローの大きさも考慮に入れたうえで考えると、クーポンレートが1％のもののほうが、平均償還期間は長いです。
　ここにも「今日の百万円と明日の百万円は違う」という金融の鉄則が顔を出しています。
　とすると、ちょっとこれらの債券の「実質的な」残存期間（「デュレーション」

といいます）を知りたくなりませんか。上記の例で計算してみると以下の通りです。

図表 4-7 デュレーションの計算

◆デュレーションの計算式

$$\frac{(各キャッシュフローの現在価値 \times 回収期間)の合計}{各キャッシュフローの現在価値の合計}$$

● (例1) 額面100円、残存期間3年、表面利率1％（年1回）、最終利回り3％の債券のデュレーション（D_2）

$$D_1 = \frac{\dfrac{1 \times 1}{1+0.03} + \dfrac{2 \times 1}{(1+0.03)^2} + \dfrac{3 \times 101}{(1+0.03)^3}}{\dfrac{1}{1+0.03} + \dfrac{1}{(1+0.03)^2} + \dfrac{101}{(1+0.03)^3}} = 2.97(年)$$

● (例2) 額面100円、残存期間3年、表面利率10％（年1回）、最終利回り3％の債券のデュレーション（D_2）

$$D_2 = \frac{\dfrac{1 \times 10}{1+0.03} + \dfrac{2 \times 10}{(1+0.03)^2} + \dfrac{3 \times 110}{(1+0.03)^3}}{\dfrac{10}{1+0.03} + \dfrac{10}{(1+0.03)^2} + \dfrac{110}{(1+0.03)^3}} = 1.81(年)$$

　具体的には、将来受け取る予定のキャッシュフロー（元本および金利）の現在価値を計算し、それぞれの現在価値が、キャッシュフローを受け取ることができるまでのそれぞれの期間に、その現在価値合計に占める構成比を乗じて計算します。クーポン収入のない割引債の場合は、残存年数＝デュレーションとなります。

　このデュレーションは、債券に投資した場合の実質的な回収期間を表わすとともに、金利変動への感応度も示します。金利変動に対して消極的な戦略をとる場合はデュレーションを投資期間に合わせると金利リスクが回避できます。これをイミュニゼーション（免疫化）戦略とよびます。一方、積極的に金利リスクをとる場合、金利が低下すると予想するときには、デュレーションが大きい債券に投資し、逆に金利が上昇すると予想する場合には、デュレーションが小さい債券に投資をします[14]。

---

14) また、修正デュレーションも債券投資ではよく使用されます。これは債券投資額の平均回収期間を表わすデュレーションを「1＋最終利回り」で割った指標で、利回り変化に対する債券の価格変化を計算する場合に用います。たとえば、修正デュレーションが1の場合、最終利回りが1％変化すると債券価格も1％変化することを示しています。修正デュレーションが大きいほど、金利変動に対する債券価格の変動率が大きくなります。

◆格付けの基礎知識

さて、難しそうな計算式を伴うお話はもうこれで終わりです。ここからは、社債のリスクを表わす格付けに話を移したいと思います。

社債のリスクを考えるうえで避けては通れないのが「格付け」です。トリプルA、シングルBなどの呼称はすでにおなじみでしょう。より詳しくは、「信用格付け（Credit Rating）」とよばれます。

信用格付けは、これから3～5年程度の中長期に関し、当該企業の信用リスクの状況を予測し、その結果をアルファベット記号で表わしたものです。トリプルAという非常に低い信用リスクを表わす記号がついた企業への資金拠出では、そのリターンは低く、記号が表わす信用リスクが高くなるにつれ、リターンは高くなる、ということです。企業からしてみれば、格付けが高ければ支払う金利は少なくてすむし、低ければ多くなるということですね。格付けをつけるにあたっては、過去にどのような格付けの会社が実際に倒産したかを分析したデフォルト・スタディという蓄積があり、この実績を参考に個別企業の実態や将来予測を行っています。

みなさんも、誰かにおカネを貸すときには、相手に確実な返済能力があるかを知りたいのではないでしょうか。この能力のことを信用力といいます。信用格付け（以後、単に「格付け」といいます）は、この信用力の高さをみています。したがって、債券が確実に返済されるかどうかを判断するうえで重要な指標となります。

格付けは、信用力の高低によってトリプルAからCまで21段階程度に分かれています。トリプルB以上を投資適格等級とよび、相応の信用力があるとされ

図表4-8　格付けと金利の関係

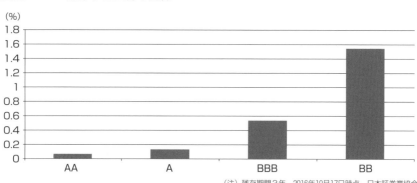

（注）残存期間3年、2016年10月17日時点、日本証券業協会

ています。この水準未満の格付けは投機的等級とよばれます。

　格付けが突然動くと市場が動揺するため、格付けには、今後どちらに動きそうかを表わす「見通し（強含み、弱含み、安定的などと表わされます。アウトルックなどともいいます）」がついています。また、実際に動く前には格付けの「見直し（レビューなどともいいます）」を行うと公表されるのが一般的です。

◆信用格付けはどう決まるのか

　信用格付けが示すのは、過去の財務実績ではなく、将来の予測である点に留意する必要があります。信用格付け会社は、先ほどから説明している通り「将来のキャッシュフローを生み出す力」と、「信用補完」、すなわち、クレジット・デフォルト・リスクと回収リスクの掛け合わせで企業の将来像を判断しています。もう少し具体的に言うと、だいたい5年くらい先の将来を設定し、そのときにその企業が、どのくらいの信用リスクの程度であるかを判断してその水準をいまの格付けとしているわけですね。

　よく、格付けというのは企業の通信簿である、という人がいますが、これは間違いです。通信簿は過去の実績についてつくものですよね。期末テストで100点を取った、とか。しかし、信用格付けがみているのは、期末テストで100点を取った中学生の現時点の能力よりは、むしろ「この中学生が5年経ったらどこの大学に入っているか」に近いです。借金を返済するには、そのための現金が必要です。したがって、格付けのカギは「返済を十分こなすに足る潤沢なキャッシュフローを将来にわたって生み出し続けられるか」です。信用格付けは、通信簿というよりは、むしろ**予想屋に近いこと**をやっているのですね。

　個別債務への格付けでは、これに加えて信用補完の状況も重要となります。担保や保証の有無、優先劣後構造などにより格付けは変わってきます。また、銀行支援状況なども格付けに織り込まれています。なお、個別債務ではなく、その発行体がもし無担保普通社債を発行したとしたら、どのくらいの格付けになるのか、という発行体の総合的な信用力に関する格付けを「発行体格付け」といいます。

　一方で、ちょっと気をつけておきたいのは、単に格付けといった場合にふたつの種類が想定されるということです。信用格付け会社などが行う信用格付けと、銀行などが内部管理のために行う格付け、です。銀行では、これを外部格付け、内部格付け、と呼び慣わしています。「外部格付けが下がったら、銀行の融資態度にもそれなりに影響が出るはず」というのも事実ですが、「外部格付けと内部格付けはまったく違うもの」という理解もしておかなければなりま

せん。銀行内で行われている格付けは、まさに通信簿です。今期の決算がよければ上がるし、悪ければ下がります。つまり、これまでの過去の実績に関してつけられているわけですね。もちろん、毎期大きく変動しては困るので、ある程度の調整は行われています。

> **コラム9　格付けの歴史**
>
> 格付けとは、公的な保証や基準などではありません。民間の格付け会社による信用力に関する意見です。19世紀末、米国では債券市場が拡大し信用情報の必要が高まったため、格付け会社の前身となる信用調査会社が多く生まれました。いま存在しているような形の格付けは、1909年にジョン・ムーディーがアルファベットの記号を鉄道会社の債券につけたのが始まりとされています。取扱いの難しい信用情報を、誰でも手っ取り早くわかるようにしたのはグッド・アイデアでした。ただ、当初ムーディーが考案した格付け記号は、その後スタンダード・アンド・プアーズに売却されてしまいます。いまでもムーディーズだけ格付け記号が若干違うのはこのためです。
>
> 格付けへの需要を決定的に高めたのは1929年の大恐慌です。多くの債券が債務不履行に陥る中、高格付け債券は比較的無事だったため、格付けの活用が増える契機となりました。
>
> 当初、格付け会社は投資家に格付け情報を販売して細々と事業を成り立たせていました。収入拡大を図るため、1970年代に入ると格付け会社は発行体からも手数料を徴収するようになります。このモデル転換は"儲けのアイデア"としてはうまく機能しましたが、構造的な利益相反という今日まで続く問題を持ち込むことにもなりました。
>
> 経済がグローバル化するとともに投資家の格付け依存も顕著になってきます。一方、格付け会社は急速な拡大に陣容が追い付かず、格付けの質を巡る問題も顕在化しました。1997年のアジア危機、2001年のエンロン事件、そして金融危機の発端ともなった証券化商品への格付けなどです。以降、格付け会社には多くの規制が課されることになりました。格付けの利便性を享受しながら格付け会社を的確に規律づける取組みは、いまも続いています。

4 株主から出資を募るということ

◆ 株式の調達はどのように行われるか

　ここから話は俄然明るくなって、株式による資金調達、すなわちエクイティ・ファイナンスに移ります。一般的に、エクイティ・ファイナンスというと株式の増資がイメージされます。会社が資本金を増やすことを増資とよびます。増資には大別して①無償か有償か、②誰が新株を引き受けるか、によっていくつかの違いがあります。先にみた新株予約権の発行も、転換されれば株式になるのでここに含まれます。

　無償増資とは、新株発行に伴う払込金がない場合、有償増資は払込金がある場合です。無償増資を具体的にみると、資本準備金などを資本金に繰り入れる場合、金銭ではなく株式で配当を行う場合（株式配当）、株式の単位を分割する場合があります。よく考えてみればこれらはみな投資家からの実際の資金の払込みはありません。効果は同じだということで、まとめて株式分割とよばれることになりました。

　株式分割を行っても、株主価値に変化はありません。たとえば、株式の単位を分割することを考えてみましょう。1対10の分割であれば、もとが1株500円だとすると、分割後は1株50円になります。しかし、総発行数は10倍になっても、総発行額は変わらず、資本金に変化はありません。日本ではなぜか株式分割を行うと株価が上昇する傾向が従来みられましたが、パイを4等分しようが10等分しようが、パイの総量は変わらないのと一緒で、当然ながら全体の株主価値も変わりません。こうした無償増資は、資本構成（といっても株主資本の内訳の話ですが）を変える必要があったり、一株当たりの金額を下げてより多くの株主の購入を容易にするといったことを目的として行っています。

　資金調達という点で言えば、焦点をあてるべきは有償増資です。これは**新株発行に伴う払込金が生じます**。これを誰が支払ってくれるかで、下記のような違いがあります。

1　株主割当増資
2　第三者割当増資
3　公募増資

　株主割当増資はその名の通り、既存の株主に新株を引き受ける権利を与える

ものです。その時点の持株数に応じて新株を割り当てます。第三者割当増資とは、特定の第三者に対して新株を引き受ける権利を与えるものです。現在株主であるか否かを問いません。対象となるのは、取引先、自社の役員など縁故者となることが多いので、縁故募集などともよばれます。

　第三者割当増資は、割当てがなされない既存株主にとっては自分の持株比率が低下することにもなりますし、不公正な価格で新株発行等が実施された場合に経済的な不利益を被る恐れもあります。したがって、新株を「特に有利な価格」で発行する場合（これを「有利発行」といいます）には，株主総会での特別決議が必要です。

> **コラム10　第三者割当増資**
>
> 　日本では、第三者割当増資の決議は特に有利発行でもない限り、公開会社であれば取締役会決議でもできてしまうので、これを利用したさまざまな問題のある増資は後を絶ちませんでした。そこで現在では、第三者割当増資を行う企業は、有価証券届出書に「発行価格の算定根拠及び発行条件の合理性に関する考え方」や「大規模な第三者割当の必要性」等を記載し、第三者割当増資の合理性や必要性に関する会社の判断について説明することが義務づけられ、その判断に際して、第三者による評価を取得した場合は、その内容を記載することとなっています。また、東京証券取引所では、希釈化率（発行株式数／既存株式数）が300％を超えれば上場廃止、希釈化率が25％以上となるとき又は支配株主が異動することとなるときには、独立第三者からの第三者割当増資の必要性・相当性の意見書の提出、または株主総会決議を行うことを含めた規制を行っています。

　最後に公募増資が挙げられます。これは広く一般に新株の払い込みを求めるものです。これらいずれを行うにあたっても、特に公募増資を行う際は、「なぜその資金が必要なのか」ということを未来の株主たちにきちんと説明することが必要になってきます。これが、第3章で説明したような、将来に対する「大きな物語」が必要な理由でもあります。

◆けっこう強い株主の権利

　ところでみなさん、株主はどんな権利を持っているのか知っていますか。株主が持つ権利は、会社法上でさまざまに決められています。これを「株主権」といいますが、主なものは以下の3つとされています。

1　株主総会での議決権等、会社の経営に参加する権利
2　配当金等の利益分配を受け取る権利
3　会社の解散等に際して、残った会社の資産を分配して受け取る権利

これらの株主権のうち、1は「共益権」、2と3は「自益権」とよばれます。前者は株主が経営に参画することを目的とする権利で、権利行使の結果が株主全体の利害に影響します。共益権はさらに、1株の株主でも行使できる単独株主権と、一定以上の割合の株を持つ株主でなければ行使できない少数株主権とに分けられます。後者は、株主が経済的利益を受けることを目的とする権利で、個人の利益のみに関係する権利です。こちらは単独株主権のみです。

また、持っている株式の割合に応じて、さまざまな権利を行使することができます。**たった1株でも結構いろいろなことができます。**たとえば総会決議取消訴権や、代表訴訟提起権などがあります。1株あれば、総会の決議も取り消しを求められるし、株主代表訴訟も起こせるということですね。経営者としては結構怖いです。

株式総数の一定割合を持つとさらにいろいろなことが可能となります。発行済株式の3％以上を保有していれば、株主総会の招集や帳簿の閲覧ができます。帳簿というのは、会社のほとんどすべての経理関係資料が含まれますので、どのような経営がなされているかが一目瞭然です。これも経営者にとっては脅威ですね。

図表4-9　株主の権利一覧

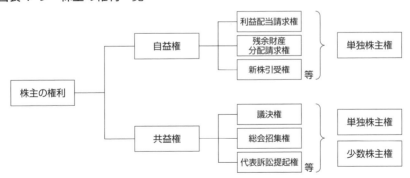

株主総会での決議は多数決で決まります。これは、多数株主による権利の行使になります。知られているものとしては、株主総会での特別決議（3分の2以上）で、取締役の解任、定款の変更、合併や解散など、会社や経営の形を根本から変えるような決議が可能になったり、普通決議（2分の1以上）で、取締役の選任や報酬の決議など重要な決議が可能になったりすることが挙げられます。3分の1超を持っていると特別決議に対して拒否権を行使できることも知られています。

さて、何でもかんでも株主総会にかけて株主とじっくり話し合ったほうがよいのでしょうか。もし、会社の態勢が不安定かつ不透明であれば、株主としてはそうしたいという気にもなろうというものです。一方、会社の態勢が十分整っているのであれば、ある程度そちらに任せたほうが、経営の意思決定は素早く行われるかもしれません。もともと、「株主より事業をよく知っている」からこそ経営者に常日頃の事業運営を任せているのです（この関係は後でもう少し補足します）。したがって、信頼できるのであれば、取締役会にある程度委任してもいいですよ、などということも定められています。

このように、株式による資金調達の特徴は、単におカネが手に入るというだけではなく、企業の方向を決めるさまざまな権利を持つ株主の異動や、その権利の変化を伴うというところにあります。

たとえば、せっかく3分の1超を持って拒否権を押さえていたのに、自分以外の第三者に向けた第三者割当増資を行われてしまったら、自分の持株比率は下がってしまい、拒否権を行使できなくなります。大規模な公募増資が行われれば、既存株主の株式は希薄化します。これまで10人の株主がいて、100の利益を10ずつ分け合っていたのに、株主が100人になったら、同じ利益を分け合うと、取り分はたったの1になってしまいますよね。これが希薄化です。当然ながら株主はこうしたことを嫌がります。株式による資金調達を行う場合には、株主の権利がどのように変化するのかについて十分な留意が必要です。

◆ どのような種類の株式があるのか

みなさんが普段「株式」というと思い浮かべるのは、おそらく「普通株式」というものだと思います。これには、実はきちんとした定義がありません。単に株式といえば普通株式のことを指します。先にみた株主の権利をすべて有している株式です。

一方、「普通ではない株式」というものがあります。さすがにこういったネ

ーミングはあまりセンスがよくないので、これを「種類株式」とよびます。みなさんも、優先株式とか、劣後株式、無議決権株式などといった言葉を耳にしたことがもしかしたらあるかもしれませんね。そうした株式のことです。日本の会社法では、普通株式とは違う特徴を持った9種類の種類株式が認められています。先ほどの**株主の権利について、**さまざまな**制限や変更を加えることができる**ようにしたのだと考えてください。

- **剰余金の配当**

　配当をどのように配るかについて、普通株式に対して優先して配ったり（優先株式）、劣後して配ったり（劣後株式）、あるいはある事業部門の業績だけに連動した配当を配ったり（トラッキングストック）することができます。次に出てくる「残余財産の分配」についても、もし会社が清算などの事態に陥った場合に、残った資産をどのように分けるかということについて、普通株式に対しての優先、劣後を決めることができます。「剰余金の配当」については優先、次の「残余財産の分配」については劣後、などといった複雑な構造を持つ株式も作ることができます。これを混合株式といいます。

- **残余財産の分配**

　上記の通りです。

- **議決権の行使**

　普通株式は一株一票の議決権を持ちますが、これを何らかの形で変えることができます。すべての議案について議決権を持たないとするものを完全無議決権株式、特定の議案について議決権を持たないとするものを一部議決権制限株式といいます。また、議決権の数に差を設けた複数の種類株式を発行することもできます。

- **譲渡制限**

　譲渡に関してその会社の承認が必要である旨を定めることができます。

- **取得請求権**

　株主が、当該株式会社に対して株式の取得を請求できる権利が付されている種類株式のことです。取得の対価が金銭であれば義務償還株式（株主に償還の選択権がある）、他種類の株式であれば転換予約権付株式と同じ形になります。

- **取得条項（一部）**

　ある一定の事由が生じた場合、当該株式会社がある種類の株式を取得することができるとする株式です。取得の対価が金銭であれば強制消却型の随意償還株式（会社に償還の選択権がある）、他種類の株式であれば強制転換条項付株

式と同じことになります。

- 取得条項（全部）

株主総会の決議によって、当該株式会社がある種類の株式全部を取得することができる株式です。これを使って、100％減資（強制取得）＋新株発行などを行うと、資本構造の大転換が可能となります。

- 拒否権

株主総会決議事項について、それとは別に種類株主総会の決議も必要な旨定めることが可能となっています。

- 役員選任規定

種類株主総会において取締役又は監査役を選任する定めのある株式のことです。

　これらの種類株式がなぜ重要かというと、種類株式の組み合わせによっては**強力な買収防衛策となり得る**からです。有名な例としては、グーグルやフェイスブックが創業者の持つ株式の議決権数を大幅に高めた、いわゆる「複数議決権株式」を発行しています。また、いわゆる「黄金株」とは**拒否権」付き種類株式の**ことです。多くの場合、譲渡制限も付いています。これを特定の株主が持っていれば、普通株主がさまざまな要求をしてきても、拒否権によって拒否することができ、その権利が特定の株主から動くこともありません。日本では国際石油開発帝石のみが黄金株を発行している上場会社で、その所有者は経済産業大臣となっています。エネルギー政策の一環ですね。しかし、こうした複数議決権株式や黄金株は、当然ながらコーポレート・ガバナンスの一環としての敵対的買収を妨げるものともなりますので、東京証券取引所では、株主総会の決議で無効にできることなど、一定の条件のもとでのみこれらを許容しています。

　また、種類株は事業再生などのときに多く使われます。たとえば、銀行などが持っている債権（企業にとっては負債、借金ですね）を返しきれないので、それを株式に転換して事業再生を行い、再生後の株価上昇による回収を見込むことをデットエクイティスワップといいますが、このときに発行される株式は多くの場合、無議決権優先株式という種類株です。借金回収のための株式なのに議決権を持たれると少々不都合ですし、一方で早く回収したいので配当支払いなどは優先的に決まった額を配当していこうという趣旨ですね。ただ、別に業況の思わしくない会社だけが種類株を使うわけではありません。2016年には、トヨタが配当を制限する代わりに実質的に元本保証となるAA種類株式を発行

しました。すでに償還されましたが、資金調達の多様化に資すると評価する声がある一方、なぜ種類株式なのか説明できず、ガバナンス上問題ではないかといった批判もありました。

これら種類株式で資金調達を行う例は、通常の事業会社においては多くはありません。単なる資金調達だけではなく、株主の権利に対して何らかの変更を行いたいというのが趣旨であるからです。

◆ファイナンスとガバナンスは表裏一体

株式による資金調達を考えるうえで、**ガバナンスの問題は避けて通れません**。紙面も限られているので、ガバナンスについての詳細は拙著『これならわかるコーポレートガバナンスの教科書』（日経ＢＰ社、2015年）に譲りたいと思いますが、ここでは、概要だけみておきましょう。

コーポレート・ガバナンスとは、よく企業統治と訳されますが、一般的には、企業の経営者と取締役会、そして企業をめぐる関係者、具体的には株主、債権者、顧客、取引先、従業員、国や地域といった企業に何らかの利害を持つ人々との関係性の問題であるとされます。そして、その中でも、経営者と取締役会、そして株主の関係が最重要であるとされ、**株主がいかに経営者を規律づけていく**かということに焦点が当てられます。

上場企業の場合、所有と経営の分離が進んでいる状況にあります。企業に出資をしてその株式を保有しているのは株主ですが、企業の舵取りを任せられているのは実際には経営者です。株主は経営者に企業の舵取りを依頼しており、経営者はその依頼を受けて、株主の代理人として企業を運営しているということですね。このように、依頼人が代理人に何らかのサービスなどの代行を依頼するという状態を、エージェンシー関係といいます。エージェンシーというのは、旅行代理店（トラベル・エージェンシー）のエージェンシーです。みなさんの依頼を受けて、旅行の手配を代理してくれる存在ということです。代理人なのでエージェントとよんだりします。また、依頼人は、もともとの要求を持っている本人という意味でプリンシパルとよんだりします。

こうした関係は、世の中に広くみられます。旅行の手配もそうですし、みなさんが銀行に預金をするという行為は、持っているおカネの運用を、銀行というプロフェッショナルに依頼して代わりに行ってもらう行為ですから、みなさんが依頼人、銀行が代理人のエージェンシー関係となります。大企業では、株主は経営者に対して企業経営を依頼し、経営者がそれを引き受けて代理人として企業経営を行うというエージェンシー関係が成り立つといわれています。

さて、ここからが問題です。代理人が専門的な知識と忠誠心とモラルに満ちあふれており、常に依頼人の利益を第一に考えて行動している場合は幸せですね。でも、往々にして、代理人は自分の利益も追求しがちです。ここに利害対立が生じます。これをエージェンシー問題といいます。

エージェンシー問題の厄介なところは、依頼人が代理人に関する情報を完全に知り得ないという点にあります。依頼人が望むような成果が上がらなかったとしても、代理人は、「自分は最善の努力を尽くしたのだから責任はない」と言うかもしれません。そのくせ、実際には怠けていたかもしれません。ところが、依頼人はそれを知りようがありません。あまりに情報が一方に偏っているのですね。これを「情報の非対称性」といいます。これがあることによって、依頼人が本来受け取れるはずの利益は侵害され、より有効に使われるはずだった資源は浪費されてしまうことになります。こうした浪費あるいは利益の侵害による損失を「エージェンシー・コスト」といいます。代理人を雇ったがゆえの代償ということです。このエージェンシー・コストをできる限り削減していくための仕組みや仕掛けを考えることが、コーポレート・ガバナンスの重要なポイントとなります。

もちろん、昨今のコーポレート・ガバナンスの議論はより広く、エージェンシー問題などを超えた企業の持続的成長の問題として捉えられています。しかし、大風呂敷を広げると焦点がぼやけます。ここで注意していただきたいのは、こうした関係性の中心にあって、規律づけられるのは「経営者」であって「企業」ではない、ということです。「経営者」にモノを申し、場合によっては退場を促すことさえできるのは、企業の構成員である「株主」だけです。したがって、**「経営者」と「株主」が最重要なコーポレート・ガバナンスの関係者**なのですね。いったん上場企業として広く公的な場で株主を募れば、経営者には

図表4-10　企業統治と情報開示

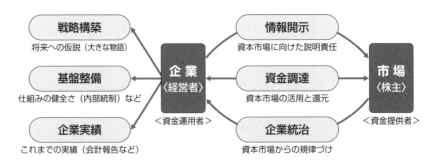

株主に対する責任が生じます。株主に対して、これまでの実績を語り（会計報告などです）、企業の仕組みの健全さを語り（内部統制などです）、そして何よりもこれから先、株主の資金をどのように活用して成長し、株主に対して然るべきリターンを還元していくのかについて、株主が納得するように語っていかなければなりません（これが第3章で説明した「大きな物語」です）。ゆえに**情報開示が必要とされる**のですね。

これがなされなければ、株主からの規律づけ、すなわち企業統治がさまざまな形で行われることになります。単に株式を売ってしまったり、株主総会でモノを申したり、はたまた敵対的買収をかけたり、あまり穏やかではないですが、これらはある意味、企業統治の発露ともいえます。

コラム11　「内部統制」はなぜ必要なのか

ここでちょっと「内部統制」の話です。そんな嫌そうな顔をしないでください。みんな嫌なんですから。日本で導入された内部統制の各種ルールは、企業に大きな負担を強いるものでした。本質的な議論がなされず、技術論ばかり先行して「内部統制コンサル」などという人たちを儲けさせるだけに終わったようにもみえます。ここでは本質的なことだけ考えてみましょう。

大企業になってくると、所有と経営の分離が進むだけではなく、経営の中での「意思決定機能」と「実行機能」の分離も進んできます。小企業なら社長さん自らが車を運転して営業に行ったりもするでしょうが、何千人、あるいは何万人もいるような企業ではとてもそうはいきません。経営者は企業の方向を決めるような意思決定業務に専念し、実際の事業を行うのは従業員に委任することになります。従業員のやっていることを、経営者はすべて知り得ません。したがって、経営者は、その影響をなるべく減らそうと、日常の業務プロセスが効率よく行われているか、不正や法律違反などはないか、等について、ルールを作ったり、マニュアルを整備したり、連絡や報告を求めたりします。そうしなければ、自分が委ねた仕事がきちんと遂行されているかどうかわからなくなってしまうからです。

これがわからなくなると、経営者が外部の投資家に対して説明する際にも困ります。「委ねた仕事はちゃんとやってくれているのだろうな」と問われて、「いや、下の者がやっているとは思うのですがよくわかりません」ではどうしようもありませんね。

したがって、内部統制は、本質的には「経営者のため」のものです。従業員を苦労させるためのものではありません（本来は）。

◆ 買収防衛策は是か非か

コーポレート・ガバナンスの原点が経営陣の規律づけにあるとすれば、新たな経営陣と将来像を押し立てて、現経営陣に反対する敵対的買収は、コーポレート・ガバナンスのもっともラジカルな実力行使であるといってよいかと思います。その行使を回避しようとすれば、考えつくのは「買収防衛策」ですね。従来、安定株主に自社株を持ってもらうといった予防策は日本企業の伝統芸でした。持ち合い解消が進む中、現在では「事前警告型ライツプラン」[15]といった形の買収防衛策が普及しています。2000年代中盤には、敵対的買収を仕掛けるアクティブな株主が積極的に活動したせいもあって、敵対的買収に怯える企業はいっせいに買収防衛策の導入に走り、その後導入社数は2008年に569社とピークを迎えました[16]。

その後、買収防衛策導入社数は漸減を続け、2014年には遂に500社を割り、2020年の4月時点では311社となっています。一方、買収防衛策を廃止する企業は徐々に増え、同時点で368社を数えるに至っています。

2015年に導入されたコーポレートガバナンス・コードでは、「買収防衛の効果をもたらすことを企図してとられる方策は、経営陣・取締役会の保身を目的とするものであってはならない。その導入・運用については、取締役会・監査役は、株主に対する受託者責任を全うする観点から、その必要性・合理性をしっかりと検討し、適正な手続を確保するとともに、株主に十分な説明を行うべきである。」と言及されています。

企業としては、自社の経営において本当に買収防衛策が必要なのか改めて考えるとともに、もしどうしても必要だと思うのであれば、それが**経営者の保身目的でないこと**を十分に株主に説明する必要があるということですね。

◆ 誰が企業価値を高めるのか

株主への説明ということでは、そもそも経営者が日夜、企業価値向上に努力し、そのための道筋を株主に示し、理解を得ていることが重要です。買収者が

---

15) 事前警告型ライツプランとは、大規模な株式買付け（多くは20％以上の取得）を想定し、そのような買収者が現れた場合には、買収者に対して買収提案の目的や内容、買取価格の根拠や資金の裏付け、買収後の経営方針などに関する情報提供を求め、それらを会社側が検討するためのルールを定めたうえで、買収者がそれを守らないときには新株予約権の発行などで対抗することを定めるものです。事前に買収防衛策の内容を開示すること、新株を購入する権利（ライツ）を用いることが特徴です。

16) 買収防衛策の導入・廃止数は、レコフM&Aデータベースによります。

現れたとしても、それだけで買収が実現するわけではありません。既存の株主としては、現経営陣と買収者のどちらが「企業の価値をより向上させてくれる可能性が強いのか」を見極めようとします。したがって、安易に敵対的買収者を寄せつけないためには、まず**常日頃の「事前準備」**が大事です。すなわち、経営計画をきちんと立て、情報開示を的確に行い、既存株主の日頃の納得感、満足感を高めておくということです。これは、短期的な見方におもねる、ということではありません。企業価値向上努力を怠っているような会社にはまともな投資家が寄りつかなくなります。そうすると、お行儀の悪いファンドや乗っ取り屋など一部の「投機家」が入ってきたときに、その意向がクローズアップされがちです。一方、日々企業価値向上に努力し、それを実現しているような会社は人気が出ますから、出来高も厚くなり、一部の投機家が変な動きをしたり、妙に短期的な主張をしたりしても、中庸な株主の見方が厚みを持つようになります。

　普段の企業価値向上努力をせずに、何か事が起こってから慌てて事後対応をしようとしても、それは何かしら企業価値に対してダメージを与えるものになりやすいといえます。敵対的買収者を避ける際に行われる究極の手段のひとつである「焦土作戦」（敵対的買収者に魅力がなくなるように、企業の価値を生み出している資産を売却するなどして外してしまう）などというのはその最たるものでしょう。

図表 4-11　株主による企業価値向上策の検討

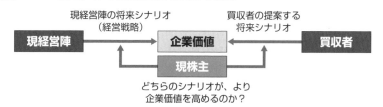

◆株主への提案をどう考えるか

　さて、株主と敵対してばかりいないで、彼らへの還元をきちんと考えましょう。株主への還元は、自社株買いと配当から成ります。自社株買いとは、企業が発行済株式を買い戻すことをいいます。自社株の対価として株主に現金が支払われるため、株主への配分のひとつになります。

　ただ、配当と異なるのは、自社株買いは、それに応じた株主に対してのみ、

配分が行われるということです。配当はすべての株主に対して一律に支払われます。日本では昔から「安定配当」に重きが置かれてきました。また、成長段階にある企業は、現金で配当を行うよりも、それを投資機会に回してさらなる成長を狙ったほうが企業価値が向上し、株価の上昇、すなわちキャピタル・ゲインが見込めるので望ましいといえます。一方、成熟期であれば、その逆のほうが株主の利益に沿うかもしれません。株主はその現金を他の投資機会に回せるからです。どのような配当政策を実施するかは、株主の大きな関心事でもあり、その変化はさまざまなメッセージをもたらします（これを「配当のシグナル効果」とよびます）。たとえば、増配の発表は経営者の自信の表われととられ、多くの場合、株価上昇要因になります[17]。

配当状況を評価する指標としては、配当性向やDOE（Dividend on Equity＝株主資本配当率）などがあります。先に説明したROEのデュポンシステムによる分解のように、DOEも以下のように分解できます。単に利益還元を高めるだけではなく、資本効率のよさも影響しているのですね。

$$\frac{配当}{株主資本(DOE)} = \frac{当期純利益}{株主資本(ROE)} \times \frac{配当}{当期純利益(配当性向)}$$

配当水準についての悩みはどの企業でも尽きませんが、ファイナンス上、これに対する確たる解答はありません。配当自体が株主価値を生み出すわけではないからです。とはいえ、昔の日本企業のように、単に額面に対する配当率を設定し、十年一日のごとくそれを守っている、というのもいまの時代には似つかわしくありません。配当の水準は、自社の状況や投資の必要などとセットで考え、説明されるべきでしょう。

一方の自社株買いについても、実行されるとROEが改善、EPSが上昇することで株価上昇要因になることがよく指摘されます[18]。ここでも、自社株買いのシグナル効果が発揮されます。すなわち、経営者と株主の間には情報の非対称性が存在するので、「経営者が自社株買いを決断したということは、株価が割安であるに違いない」と株主は考えるのです。また、自社株買いを負債で調達した資金で行えば、負債のレバレッジが働き、WACCが低下して企業価値が高まるという財務戦略上の効果も期待できます。

---

17) ただし、理論的には「配当政策と株主価値は無関係」です。株主は配当としての現金を受け取る代わりに、現金流出によって保有する株式の評価がその分、下落し、配当と同じ分だけのキャピタル・ロスとなるからです。第2章でも登場したモジリアーニとミラーが提唱したMM理論の第二命題であり、「配当無関連命題」といいます。これも完全市場を前提としているため、現実世界では適用できるわけではありません。

ただし、自社株買いを行った後、それをどうするかについては注意が必要です。消却すれば、それはもう市場には出てきません。一方、一定期間、金庫株として保有した後、再度、市場で売却したりする（これを処分などといいます）と、株主としては、いったん減った株式数が再び増えるので希薄化されたのと同じ反応、すなわち、ネガティブ反応を示すことが多くあります。もちろん、ストックオプションや株式交換の原資として金庫株を活用するという目論見もありますが、こういう反応についても覚えておいてください。

　また、最近では「結局のところ株主はいくら儲かったのだ」ということを端的に表すTSR（Total Shareholders Return）もよく用いられます。有価証券報告書でも記載が義務づけられるようになり、株主の視線はますます厳しくなっているといえましょう。

---

18)　もうひとつ、理論的には「自社株買いも株主価値とは無関係」です。自社株の買入価格と自社株買い後の株式価格に差が出ると、そもそも自社株買い自体が成り立たないからです。前者が後者より高ければ、株主はみな自社株買いに殺到しますし、そうすれば買入価格＝自社株買い後の株価、となるからです。ただし、これもあくまで理論上の話であり、実際には本文中に述べたようなさまざまな効果が実証されています。

その他のさまざまな資金調達と金融手段

◆負債と資本の間にある資金調達

● ハイブリッド・ファイナンスとは？

　ここまで、負債と資本それぞれの資金調達についてみてきましたが、これらふたつを足して2で割ったようなファイナンス形態も世の中には存在します。その名も「ハイブリッド・ファイナンス」といわれるものです。負債と資本の特徴を併せ持った金融商品のことを指し、たとえば負債なのに期限の定めがなかったり、株式なのに議決権がなかったりするもののことを総称してそうよびます。ただし、これにも広義のハイブリッド・ファイナンスと、狭義のハイブリッド・ファイナンスが存在します。前者には、先述の優先株式（通常は無議決権株）や、劣後ローンなどが含まれます。劣後ローンなど、通常のローンよりも返済順位が低いローンのことはメザニンファイナンスなどとよばれることもあります。中二階という意味ですね。普通の融資よりは順位が低く、かといって株式よりは順位が高いという中間の金融商品なのでそうよばれます。

　一方、狭義のハイブリッド・ファイナンスは、負債と資本の両方の性格を持つようにさまざまな仕掛けを施した証券のことを指します。優先出資証券や擬似資本などともいわれることがありますが、注意していただきたいのは、これらはあくまでも負債だということです。

　ただ、負債であることの特徴を薄め、きわめて資本に似せるような構造にしています。具体的には、①償還期限がない（永久債など）か、あるいはきわめて長い（実際には、返ってこないとやはり困るので、5年程度の期間経過後に効力の発生するオプション付きになっています）、②企業側の業況によって、金利の支払いを繰り延べたり、停止したりすることができる、③残余財産の請求権は、一般の債券に劣後する、といった立て付けにするのが普通です。

　では、なぜこのような証券を発行するのでしょうか。投資家にとっては、金融商品が多様化すれば、それだけ自分の描くリスク・リターンに見合った商品を選べることになるので好都合だからです。この裏返しとして、企業の側も、**さまざまなリスク選好を持った投資家を資金調達のベースにできる**というメリットがあります。また、こうしたハイブリッド・ファイナンスは、格付けを取得する際に一定の要件を満たせば、その一部を資本としてカウントしてくれる

といった特典もあります。そうすると、格付けを取るときに必ずチェックされる財務構成の安全性（たとえばDE Ratioのよさなど）において、株主資本を厚くみせることができるというメリットもあります。それも、実際に株式を発行して株主資本を厚くすれば、希薄化のリスクを伴いますが、ハイブリッド・ファイナンスではその心配はありません。つまり、既存の株主から文句を言われることもないわけですね。

● ハイブリッド・ファイナンスの注意点

こうしてみるといいことづくめのようなハイブリッド・ファイナンスですが、世の中にそんなにうまい話が転がっているわけはありません。当然ながら、こうした金融商品は、**負債よりは支払うべきコストは高く、株主資本よりは信用リスクが高い**ものです。したがって、自社の必要に応じて十分に吟味して活用しなければなりません。また、場合によっては、これらのハイブリッド・ファイナンスが買収防衛策とみられることもあります。企業側が必要なときに株式と交換できる条項がついていたりするので、敵対的買収者が来たときに、株式に転換すれば、敵対的買収者の持ち株比率を希薄化できるからです。

◆ LBO・MBOとは何か

企業を買収する、という行為はいまや日常茶飯事になってきました。詳しくは次章で取り上げることとしますが、企業の合併・買収のことをM&A（Mergers & Acquisitions）といいます。一方、バイアウト（Buy-Out）とよばれる場合もあります。前者は企業が主体となって買収を行う場合によく使われ、後者はファンドなどが企業を安く買って高く売るといった行為を行う場合によく使われます。ただし、そうした行為が行われるうちに、企業かファンドかといった使い分けが消えてしまい、どちらが行うにしてもバイアウトとよばれるようになった取引がいくつかあります。LBOとMBOがそれです。

● LBOとは？

LBO（Leveraged Buy-Out）は、買収資金を借入れに頼る比率の高い買収のことを指します。また、この借入れの担保として、買収ターゲットの企業が持つ資産やキャッシュフローを用いる（もちろん、買収が成功することが前提条件ですが）という、結構荒っぽい手法です。少ない資本で、相対的に大きな企業を買収できることから、梃の原理になぞらえて「レバレッジド・バイアウト」とされました。こうした取引に資金をつけることを、レバレッジド・ファイナ

ンスなどともいいます。

● MBOとは？

　一方、MBOはManagement Buy-Out、経営陣による自社買収のことです。雇われ経営陣が、その会社のオーナーになろうとして株主から株式を買い取るような取引をこうよびます。従業員が同じことをやればEmployees Buy-Outですね。実際には、経営陣や従業員だけではなかなか株式買収代金がまかなえないので、ファンドなどが絡むことが多いです。借金をしてMBOを行うこともよくあるので、その借金比率が高ければ、LBOでありMBOであるといった案件も存在することになります。日本で代表的なMBOとしては、ファンドを一切介在させずに自社買収を行ったワールドや、MBOを行った後、再度上場したすかいらーく、MBO後にサッポロホールディングスに買収されたポッカなどの例が有名ですが、他にも数多く行われています。

● MBOの問題点

　このMBOをめぐっては、きわめて重要性が高い問題があります。**取引そのものが利害相反を内包している**からです。雇われ経営者が自社株を買収してオーナーになるということですから、経営者による自社株買収が行われます。経営者としては、自社の株式はなるべく価値を高く売りたいですよね。一方で、買収者としてはなるべく安く買いたいです。後者の意図を優先させれば、会社に害をなしかねません。経営者は、企業の実態に関しては豊富な情報を持っていますし、それを左右する力もあります。したがって、それらを悪用されたら、株主としてはひとたまりもありません。たとえば、株式の買収価格を引き下げるために、不当な業績の下方修正を行うことも可能ですし、株価が下がるようなニュースを敢えて流すなどということもできるでしょう。

　実際に、こうした経営者の利害相反取引はいくつも訴訟に発展しています。たとえば、レックス・ホールディングスのMBOにおいては、買収者（＝経営者）が株式の取得価格を引き下げるため、不当な業績の下方修正を行ったかどうかが問題となり、「相当程度の確実性をもって具体化していた本件MBOの実施を念頭において、特別損失の計上に当たって、決算内容を下方に誘導することを意図した会計処理がされたことを否定できない」といった判決[19]が出ました。また、シャルレのMBOでは、買収者（＝経営者）が、株価の算定方法に不当

19）　平成20年9月12日東京高裁判決

に介入したり、算定根拠となる利益計画を意図的に低く修正したりしたことについて、内部通報が相次ぎ、結局のところ第三者委員会が調査を行って、実際に経営者が利益相反行為を認めるに至っています。もちろん、MBOは失敗に終わり、経営者は株主に訴えられました。

● 少数株主の取扱い

　また、MBOをはじめとしたさまざまな企業買収では、少数株主の締め出し（これを「スクィーズアウト〈Squeeze Out〉」といいます）が行われることもあります。せっかく上場企業の株式を持って、将来の株価上昇を楽しみにしているのに、ある日突然、その株式を強制的に取り上げられるようなことが起こるわけですね。たとえば、MBOが行われるとします。ある日、株式公開買付け（TOB：Take Over Bid）の実施が発表され、買収者（＝経営者）が、株主が持つ株式を買い取りたいといってきます。買取り価格は、そのときの株価にいくばくかのプレミアムが載せられているのが普通ですが、これはあくまで買付者側が一方的に決めたものです。株主としては、その価格に不満なら株式公開買付けに応じる義務はありません。

　ところが、株式公開買付けに応じないでいるとどうなってしまうでしょうか。多数株主となった買収者（＝経営者）は、たとえば株主総会を開いて定款を変更し、すべての株式を「全部取得条項付株式」という種類株式に変えてしまったりします。これにより企業は株式全部を株主から強制的に取得できます。一応、対価としては別の種類の株式が交付されるのですが、この交付比率の調整を行って少数株主が受け取る対価を1株未満の端数としてしまうので、それが嫌ならあとは現金で精算するから「絶対に出ていってね」と言うことができるわけです。しかもこの対価は、たいていの場合、公開買付け価格と同等です。価格に不満だから株式公開買付けに応じなかったのに、その価格で強制的に追い出されることになります。

　また、2015年の会社法改正では、全部取得条項付株式の発行を株主総会を開いて決議するといった面倒くさくて時間のかかる方法に代えて、多数株主（議決権の90％以上）が、会社の承認を受けた少数株主の持つ株式を強制的に取得できる権利が導入されました。これだと株主総会を開く必要もありません。

　一方、こうした取扱いは少数株主に不利であるとして、コーポレートガバナンス・コードでは、わざわざMBOを名指しして「既存株主を不当に害することのないよう」と指摘しています。MBOは、株式取引のさまざまな課題を典型的に内包している取引といえるかもしれませんね。

図表4-12 マネジメントバイアウトの基本的な仕組み

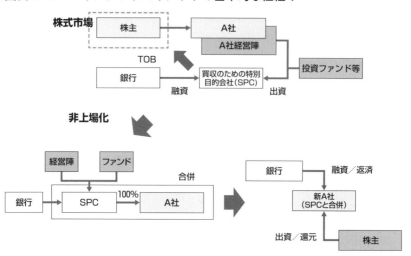

◆アセット・ファイナンスと証券化

●アセット・ファイナンスの特徴

ここまで説明した資金調達手法は、すべて企業の信用力をベースにしたものでした。これらをコーポレート・ファイナンスといいます。一方、先に取り上げたようなキャッシュフローベースの企業価値手法が一般的になってくると、キャッシュフローが見込めるものであれば、なんでも融資や出資の対象になるという考え方が出てきました。

企業というのをドライに言えば、無数のプロジェクト、すなわちキャッシュフローを生み出す要素の束であるということもできます。それであれば、その中から優良なものだけを抜き出して、そこだけに資金を付けてもよいではないか、という発想も生まれます。特定の資産およびそこから発生するキャッシュフローだけを見合いに出資や融資をする、ということです。これらをアセット・ファイナンスといいます。

この形態のファイナンスは、従来とどこが違うのでしょうか。一言で言えば、**対象となる事業や資産のキャッシュフローおよび価値にその返済原資を限定し**、その事業や資産の持ち主である企業には**返済義務が及ばない**、ということです。返済義務が及ぶことを一般に「遡及」といい、遡及する融資をリコースローンとよびます。したがって、返済義務が及ばないローンはノンリコースローン（非遡及型融資）ということになります。この中間に、契約において返済義務が及

ぶ範囲を限定したリミテッドリコースローン（限定遡及型融資）というものもあります。

　こうした形態は、従来、国際的な大型プロジェクト（石油開発、発電所建設等）へのファイナンスなどで用いられていました。こうしたプロジェクトでは、一介の企業がすべてのリスクを背負ってコーポレート・ファイナンスとして借入れを起こすには規模やリスクが大きすぎます。また、プロジェクトの成否はひとえに将来のキャッシュフロー予測にかかっています。したがって、そのプロジェクトのキャッシュフローを見合いに、プロジェクトそのものに対して融資を行う、ということがなされるようになりました。これが「プロジェクトファイナンス」[20]です。

　いわゆる国際的な大型プロジェクトファイナンスの場合には、資産活用やオフバランス性といった観点よりも、プロジェクトが持つさまざまなリスクを、当該プロジェクトの利害関係者がどのように分担するか、というのがファイナンススキーム組成の主眼でした。一方、アセット・ファイナンスは、ひとつには金融環境の変化によって、企業の「過剰資産・過剰負債」を解消する手段として利用されるようになったこと、またキャッシュフローで事業や資産の価値を見る手法が一般化し、新しい金融手法の広がる余地をもたらしたことなどによって伸長しました。ただし、その急成長は、リーマン・ショックによって大打撃を受け、往時の勢いはありません。ただ、存在しなくなったわけではなく、さまざまな分野で用いられています。まずはその特徴を説明してみましょう。

　アセット・ファイナンスの特徴は、大きく言って以下の3点です。
1　キャッシュフローに基づく価値評価
2　SPCの設立と倒産隔離
3　優先劣後構造

　まず、ファイナンスの対象となる資産がきちんと将来にわたってキャッシュフローを生み出すのでなければ、このファイナンスは成立しません。融資の対象となる資産およびそれが生み出すキャッシュフローを、企業の他の資金の流れと分ける必要があります。したがって、まず特別目的会社（SPC）を設立して、資産をそこに売却し、SPCがその資産を裏付けにしてファイナンスを行い

---

[20]　収益力の源泉が「資産」である、という点から「アセット・ファイナンス」とよびますが、収益力の源泉が「（資産のうちでも）特定のプロジェクトである」という点に着目した場合には「プロジェクトファイナンス」という言い方をする、ということですね。

ます。資産が企業から切り離されているため、元の企業が倒産などの事態に陥っても、SPCが保有する資産が健全であれば、アセット・ファイナンスに影響は及びません。逆に、SPCが保有する資産がキャッシュフローを生まなくなっても、元の持ち主である企業がそれを補填する必要はありません。すなわち、元の企業の信用力ではなく、対象資産の信用力に対して融資や出資が行われることになります。ちなみに、資産をもともとの資産の保有者から離して管理し、倒産した場合に影響を受けないように然るべき措置を取っておくことを「倒産隔離」といいます。

優先劣後構造は、ファイナンスを組成する際に人工的に作られるキャッシュフローの階層分けです。対象資産から生じるキャッシュフローを優先的に受け取ることができる部分と、劣後して受け取る部分とに分けて、優先順位を設けることといえます。予想通りにキャッシュフローが生じなかった場合の**リスクを劣後部分が吸収する**ことによって、優先部分の元利払いの確実性が高まることになります。アセット・ファイナンスのみならず、コーポレート・ファイナンスなどでも普通に用いられている信用補完のひとつの手法ですね。キャッシュフローを切り分け、リスク・リターンの異なるカタマリをいくつも作ることにより、さまざまなリスク性向を持つ投資家を集めたいときなどによく使われます[21]。また、アセット・ファイナンスの場合には、対象キャッシュフローとその源泉が当初から規定されており予測がしやすいため、切り分けの設計も確度高く行うことができ、したがって、こうしたファイナンス形態においては多用されるようになりました。

コーポレート・ファイナンスに負債と資本があり、間接金融と直接金融があるように、アセット・ファイナンスにもそれらが存在します。間接金融によって負債を提供する形のアセット・ファイナンスは、ノンリコースローンとよばれます。(もともとの資産の持ち主に)遡及できない融資という意味です。コーポレート・ファイナンスにおける不動産担保融資であれば、担保割れが起これればその分は企業が補填しなければなりませんが、アセットファイナンスにおいては、補填を企業に求めることはできません。SPCが仮に倒産すれば、その資産を売却して得た資金を回収して終わりです。**不足が出ても企業に対して遡及することはできません。**これが、コーポレートローンにおける不動産担保融資との違いです。

---

[21] また、階層ごとのリスク・リターンを明示するために信用格付けがよく利用されます。サブプライムローン危機の際には、この信用格付けの妥当性が問われ、アセット・ファイナンスのひとつである証券化商品の価値が暴落しました。

● 証券化の種類

　こうした取引を、直接金融の世界で行うと「証券化」になります。証券化には、どのような証券が用いられるかによって、「デット型」と「エクィティ型」があります。債権を証券化するのが前者、所有権を証券化するのが後者です。前者について、証券化によって発行された証券は、企業の信用力ではなく資産を裏付けとし、その収益力を見合いに発行されていることから、資産担保証券（ABS：Asset Backed Securities）などともよばれます。これをCPとして発行すれば、ABCP（Asset Backed Commercial Paper）です。また、不動産担保融資を裏付けとして資産担保証券を発行する場合には、その証券を商業用不動産ローン担保証券、CMBS（Commercial Mortgage Backed Securities）とよびます。なお、RMBS（Residential Mortgage Backed Securities）というものもあります。これは、商業用ではなく住宅用不動産ローン債権を裏付けとするものであり、特に個人向け住宅ローンの証券化によく使われます。

　一方、後者については、投資信託や匿名組合出資などの形が取られることが多くあります。

図表4-13　証券化の基本的枠組

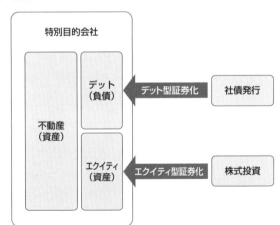

◆ デリバティブ商品の基礎

　最後に、デリバティブについてみておきましょう。"derivative"というのは「派生的、副次的」という意味です。もともと存在している資産などから派生してできた商品をデリバティブ・プロダクツといいます。日本語では一般に

「金融派生商品」とか「派生商品」などと訳されています。

　原資産の種類によって、デリバティブ・プロダクツはさまざまな展開をみせます。債券の価格と関係がある債券デリバティブ、金利の水準と関係がある金利デリバティブ、さらには、気温や降雨量に関連付けた天候デリバティブのような商品も開発されています。

　こうした取引が、なぜ活用されるのでしょうか。いろいろな理由があります。もちろん、それによって儲けたいというのもあるわけですが、ここでは「リスクマネジメント」を挙げたいと思います。

　リスクマネジメントについての詳細は省きますが、企業の運営にリスクはつきものです。リスクをとらなければリターンも実現しないのですから当たり前です。リスクにさらされないためにもっともよい方法は、リスクをとらないことです。これがリスクマネジメントの第一歩。でも、企業はそうはいきません。そうなると、いまそこにあるリスクをどうするかは大問題です。一般的に、その取扱いは二分されます。ひとつには、そのまま保有する。リスクをどうにかするコストがあまりにも高い場合には、これもひとつの手段です。もうひとつは、何らかの方法でそのリスクに立ち向かう。リスクに対して何か費用を払ってでも他に移転するとか、低減するとかといった方法が取られます。

　これをまとめて「リスク移転」といいますが、これはさらにふたつに分けられます。ひとつは「利益を得る機会を失う見返りとしてリスクを移転する」形、もうひとつは「一定のプレミアムを払ってリスクを移転する」形です。前者をヘッジ、後者を保険といいます。保険は、生命保険や損害保険といったものももちろん含みますが、より広い概念です。

　前者の「ヘッジ」という手段にもっとも適合しているのは、先物取引、あるいは先渡取引といわれるデリバティブ・プロダクツです。将来のある時点に、特定の原資産を、予め当事者間で合意した価格に基づいて受け渡す取引のことです。これを、当事者間の相対取引で行うのは先渡取引（Forward）といいます。一方、より契約関係を標準化し、市場でやり取りできるようにしたものが先物取引（Future）です。先渡取引が、市場に上場されることによって標準化されたものといってもいいでしょう。いずれも、将来の購入もしくは売却義務を決めるもので、現物による利益を得る機会をいま失う代わりに、そのリスクを移転しています。

　ここでは、

$$理論的先物(先渡)価格 = 現物価格 + 資金調達コスト + 保管費用$$

といった式が成り立つことになります。

一方、一定のプレミアムを払ってリスクを移転することもできます。デリバティブに関して言えば、この二大巨頭は、「スワップ」と「オプション」です。

スワップとは、一定期間のキャッシュフローを、契約の相手方と交換することをいいます。その対象は、金利であったり、通貨であったりします。オプションは、あるものを予め定めた将来の価格（権利行使価格、Strike Price）において、購入もしくは売却する権利のことをいいます。

図表 4-14　スワップの考え方（金利スワップの場合）

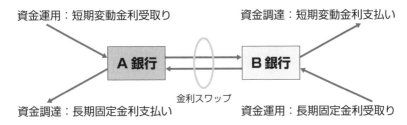

図表 4-15　オプションの考え方

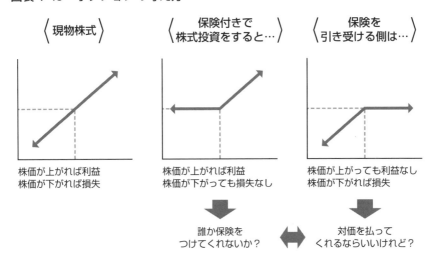

オプションの購入者は、プレミアムを払って権利を取得します。オプションの売却者はその逆です。プレミアムを得て義務を負担することになります。

　また、オプションには、権利を買う場合と権利を売る場合があります。購入する権利をコール・オプション、売却する権利をプット・オプションとよびます。ちょっと面倒くさいのですが、このコール・オプションを買う場合、売る場合、プット・オプションを買う場合、売る場合、それぞれにおける取引の状態を図で表わすと（これをペイオフ・ダイヤグラムといいます）、下記のようになります。

　どの立場になるかによって、自分のリスクをプレミアムを払って低減したり、プレミアムを得て何かが起こった場合の損失を負担する義務を負ったりしている様子がわかるかと思います。

図表4-16　コールのペイオフ・ダイヤグラム

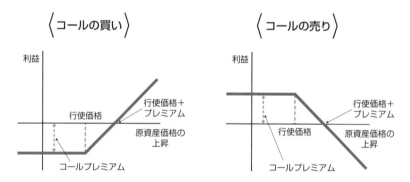

原資産価格が「行使価格＋プレミアム」を超えれば、値上がり分がすべて利益になる

原資産価格が「行使価格＋プレミアム」を超えれば、値上がり分がすべて損失になる

図表4-17 プットのペイオフ・ダイヤグラム

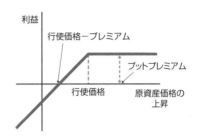

〈プットの買い〉

原資産価格が「行使価格－プレミアム」を超えて下がれば、値下がり分がすべて利益になる（値が下がっていても、より高い値段で売る権利がある）

〈プットの売り〉

原資産価格が「行使価格－プレミアム」を超えて下がれば、値下がり分がすべて損失になる

第5章

投資をするのに必要なファイナンスの知識を身につけよう

投資の種類と考え方

◆ **投資にはどのような種類があるか**

　さて、ようやく「やりたいこと」＝事業の話に戻ってきました。

　事業で何と言っても大事なのは、「投資」です。何か事業を行うためには、先だっておカネを投じることが必要です。どういった性質の、どのような事業機会に、どのように資金を投じるのか、そのときに考えるべきことは何か。企業においてこれほど重要な意思決定はまずありません。**この意思決定を間違えれば会社を潰しかねません。**

　投資をするにあたっては、当然ながら「いくら投資するのか」という投資規模を考える必要があります。「いくら返ってくるのか＝回収」も大問題です。それを考えるうえでは「資金を投じてから回収までの期間が長いか短いか」という時間軸も必要ですね。おおよそ1年未満で回収が図れるような投資を短期投資、回収までに1年超、通常は5年、10年かかるような投資を長期投資といいます。企業で問題になるのはほとんどが後者です[1]。第2章で説明したように、事業の性質によってその企業で行われる投資の「投資規模」「時間軸」といった特徴はだいたい決まってきます。自分が携わっている事業で発生する投資がどのようなタイプなのかは知っておきましょう。

　また、何のために投資を行うのか、についても考える必要があります。通常、工場を建てるなどといった目に見える設備のためにおカネを使うことを設備投資といいます。一方、企業買収などを目的にするおカネの投じ方を事業投資といいます[2]。どちらにしても重要なのは、**「事業に対してどのように資金を投入すれば、目指すリターンが目指す時期に得られるのか」**です。したがって、投資を考えるべきときに検討すべき要素は、**「最初の資金投入量」「その回収量」「回収時期」**、そして**「それらを勘案して最終的に得られるリターン」**といったと

---

[1] 企業においては、短期投資は費用として処理されることがほとんどです。
[2] この他に、企業の中にはふたつの大きな投資と名のつくおカネの使い方があります。広告宣伝投資と、研究開発投資です。前者は短期投資として、会計上は費用に区分されます。後者は長期投資の代表的なものです。実は、このふたつは投資効果の測定が非常に難しいのです。また、企業の利益調整にもよく使われます。ここでは、このふたつについては存在を挙げるにとどめて、設備投資あるいは事業投資について主に考えていきたいと思います。

ころになるでしょう。では、ここで問題です。「それらを勘案して」と言いましたが、どのように勘案すれば、行った投資が適当な時期に然るべきリターンを得て回収される、すなわち、企業にとって好ましい投資なのだと判断することができるのでしょう?

◆自社の投資判断基準を知っていますか

　この「勘案」に使う基準を、よく投資判断基準などといいます。みなさんの会社ではいったい何を使っていますか? 投資回収期間? ROI? 聞いたことがナイ? 最後の答えが結構多いかもしれませんね。大丈夫です、これから考えていきましょう。……というより、みなさんはすでにこの考え方を本書でみてきています。

　第2章で、会社や事業の値段を考えましたね。実は、これと同じ手法が投資の判断に活用できます。なぜ、企業や事業の値段と投資判断が同じ枠組みで語られるのでしょうか。答えは簡単です。両方とも、キャッシュフローを生み出す、という視点から見れば同じことだからです。

　したがって、プロジェクトを吟味する機会、すなわち投資判断にも先に説明した現在価値の考え方が用いられるようになってきています。

　ここで、現在価値と将来価値のおさらいをしておきましょう。今日の100万円が1年後にいくらになるかというと、もしこれを年率1％で運用できれば101万円になるはずでしたね。そして、1年後の100万円を現在価値に直すと、100万円／$(1+0.01)$で99.01万円になるのでした[3]。ここまでは24ページでみた通りです。それではもうひとつ。2年後の100万円を現在価値に直すといくらでしょうか。100万円／$(1+0.01)^2$で、98.03万円になりますね。同様に、3年後の100万円の現在価値は、100万円／$(1+0.01)^3$ですから、97.06万円になります。ということは、これから3年間で100万円ずつ生み出す投資の現在価値は、

　　　99.01＋98.03＋97.06＝294.10万円

となります。現在価値は英語でPresent Valueなので、これを略してPVとよばれるのでした。なんだかおカネがたくさん入ってきそうで嬉しいですね。でもちょっと待ってください。この章は投資の話です。ということは、これらのおカネを得るために、当初、いくばくかの投資をしているはずです。したがって、この初期投資をマイナスとしておかなければなりません。

---

3) ここでは小数第三位を四捨五入しています。

この場合の初期投資額が300万円だとすると、ゼロ年目、すなわち現在の段階で▲300万円という出金（キャッシュアウト）を考え、それと今後得られる入金（キャッシュイン）の現在価値を合計してみないといけません。出ていくおカネと入ってくるおカネをネットでみるので、これを正味現在価値（Net Present Value：NPV）といいます。

　300万円出したのに、将来得られるおカネの現在価値の合計が294.10万円では、5.90万円の持ち出しです。損をすることになるわけですから、こんな投資はしません。これが、仮に初期投資が200万円だったとしましょう。出ていくおカネが200万円なのに、将来得られるおカネの現在価値の合計が294.10万円であれば、94.10万円儲かったことになります。こうした投資はぜひやりたいです。このような判断をする投資判断手法を、その名もずばり、NPV法といいます。投資の場合には、明らかに最初に支出する金額があるわけですから、これと比べて、今後生み出していくキャッシュフローは大きいのか、小さいのか、ということをみます。**初期投資と、将来キャッシュフローの現在価値の総和を比べて、前者のほうが大きければ、時間の概念も勘案したキャッシュフローの出入りはマイナス**、ということです。みすみすおカネを失うようなことは誰もしませんから、こうした投資はやらないでおこう、ということになります。一方、**後者のほうが大きければ、初期投資を上回るだけの回収が見込める**、ということになります。これはやる価値がありますね。

　この判断手法、企業価値を求めるためのDCF法と考え方は同じです。企業全体を考える場合は、いつ、どこで、その企業に投資をしたのか、を逐一、明らかにすることは不可能ですから、これから企業が増やしていくキャッシュフローをみた企業価値を考えますが、投資判断の場合には、初期投資額は明らかなのでそれを含めたキャッシュフローをみた正味現在価値をみます。また、その投資からの回収が未来永劫続いていく、というのであれば、企業の例でみたような継続価値の計算をおけばいいのですが、投資の場合「何年か経ったら、その設備を売却する」といったこともよくあります。こうした場合には、売却予定年度の売却予定額を見積もり、それを将来キャッシュフローとして見積もります。これを残存価値といいます。

　将来のキャッシュフローを現在価値に割り引く考え方も同じです。先ほどは、仮に年率１％で運用できた場合を考えましたが、実際には割引率をいくらにしたらよいでしょうか。企業価値計算の場合にはWACCが割引率でした。投資

判断の場合も、出発点は同様です。1つひとつのプロジェクトが集まって、企業という大きなキャッシュフローの流れを創り出しているとすると、その大きなキャッシュフローの流れに課せられるハードルレートは、基本的にその構成要素である各プロジェクトにも課せられるはず——これが基本です。

ただし、実際のプロジェクトには凸凹があります。勝手知ったるプロジェクトで、リスクはそれほど高くないと自信を持っていえるものがあるかもしれません。会社全体として見るリスクよりはるかにリスクの程度が低いというなら、その点を勘案してもよいかもしれません。逆に、会社全体のWACCはこの程度だけれども、今回は未知なるプロジェクトであり、会社全体で考えるよりはるかに高いリスクをとる必要があるかもしれません。そのときにはプロジェクトに適用される割引率はWACCより高くて然るべきです。これらは経営判断ですね。

また、期間の長さや、どこの国で実行するのか、などといったことも考えな

図表5-1 NPV法による投資判断

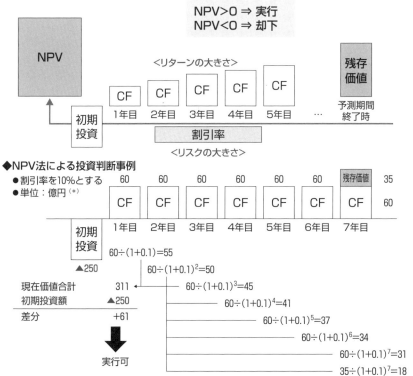

ければなりません。割引率はそのプロジェクトの金融費用であると同時にリスクを表わすものなので、それによって変化させなければならないからです。リスクの程度に応じてリスクプレミアムをのせる必要があるということですね。こうしたリスクプレミアムについては、適用するテーブル表を作っている企業もありますし、通常は割引率が変化したときにどのようにNPVが変化するかといった感度分析を行って適当と思われる判断を下すことになります。逆に、リスクもよくわからないのに勝手に割引率を動かしてはいけません。その場合には、まずWACCをクリアしているかどうかを標準にしてください。

　前ページの図表5-1では、初期投資が250億円、毎期60億円のキャッシュフローが生み出され、7年目に残存価値35億円を見積もる投資事例のNPVの計算を示しています。

◆どのように投資判断をしているか

　こうした判断手法は、すでにみなさんの企業でもよく使われていると思います。身に覚えのない方、IRR（Internal Rate of Return＝内部投資収益率）という指標を使っていませんか。これは上記のNPVの考え方とまったく一緒です。

　NPV法として説明したものは、初期投資と、将来キャッシュフローの現在価値の総和を比べてその大小により投資可否を判断しましたが、IRRは、**初期投資と、将来キャッシュフローの現在価値の総和がイコールになるような割引率**を示します。したがって、これが企業全体のハードルレート、すなわち資本コストよりも大きければ、予想収益率が高いということですから（リスクも高いのですが）ぜひやろう、ということになり、資本コストよりも低ければ、そもそもハードルレートを超えられないのでやめておこう（企業価値を毀損するから）ということになります。図表5-1の事例で言えば、以下のような計算をすることになります。実際にはエクセルなどでやってしまうことがほとんどです。

$$\frac{60}{(1+\text{IRR})} + \frac{60}{(1+\text{IRR})^2} + \cdots + \frac{60}{(1+\text{IRR})^6} + \frac{95}{(1+\text{IRR})^7} - 250 = 0$$

IRR＝16.6％＞WACC10％なので実行

　また、費用便益比率（BCR：Benefit - Cost Ratio）という判断基準もあります。収益性インデックス（PI：Profitability Index）などともよばれますが、これもやっていることは同じです。キャッシュ・インフローの現在価値を分子に、キャッシュ・アウトフローの現在価値を分母に持ってきますので、これが

1より大きければ実行、小さければ中止ということになります。図表5-1の事例で言えば、以下のようになるということですね。

$$\frac{キャッシュ・インフローの現在価値}{キャッシュ・アウトフローの現在価値} = BCR$$

$311 \div 250 = 1.24 > 1$ なので実行

これらNPV、IRR、BCRはいずれもファイナンスの鉄則に基づいています。「今日の百万円と明日の百万円は違う」というものですね。一方、なぜかこの鉄則を無視しているにもかかわらず、実務でよく使われている投資判断指標があります。代表的なのが「投資回収期間」と「ROI」です。

● 投資回収期間とROIの欠点その1 （時間の概念がない）

「投資回収期間」というのは、初期投資を何年で回収できるかを表わす判断基準です。"期間"とあるので時間の概念が入っているようにみえますが、これは大きな間違いです。投資回収期間を導くには、単に初期投資を1年分のキャッシュフローで割るだけです。先ほどの事例で言えば、250億円投資して、毎期60億円ずつ回収できるので、以下のようになります。簡単ですね。

$$\frac{初期投資額}{各年のキャッシュ・インフロー} = 投資回収期間$$

$250 \div 60 = 4.17$年

しかし、この60億円が回収される将来は、みな別の時点です。1年目に回収される60億円の現在価値と、2年目に回収される60億円の現在価値は異なります。それにもかかわらず、同じ60億円として扱っています。したがって、投資回収期間というのは、**ファイナンスの鉄則を無視した概念**であることがわかります。簡単便利な指標なので依然としてよく使われていますが、企業に与える本当のインパクトをみたものではないということにご注意ください。

もうひとつ、これもよく使われる判断指標にROI（Return On Investment＝投下資本収益率）があります。先ほどの事例で言えば、250億円という投下資本を分母とします。分子は年間のキャッシュ・インフローの平均です。毎年60億円、最後の年に35億円回収できるので、以下のようになります。

$(60 \times 6 + (60 + 35)) \div 7 = 65$億円

$$\frac{年間キャッシュ・インフロー}{投下資本} = ROI$$

$65 \div 250 = 26\%$

ここでは26％ですね。これもまた簡単便利。しかし、もうお気づきの通り、時間の概念はやはり入っていません。

● 投資回収期間とROIの欠点その２（判断基準がない）

投資回収期間やROIにはもうひとつ重大な欠点があります。「何と比べてよいのか悪いのか」がわからない点です。NPVやIRRは、「その企業が投資家に約束したハードルレート」を基準にしています。それを満たすか満たさないか、という判断基準があるわけです。

しかし、投資回収期間やROIには、そうした基準がありません。「過去の案件に比べて高そうだ」とか、「私の経験からするとよさそうだ」といったものはあるかもしれませんが、過去の案件と比べてよりリスクが高いからリターンもよくみえるだけかもしれませんし、実は経験したことのない要素を含む投資案件かもしれません。投資回収期間やROIだけでは、どの水準だからよい、ということをいえないのです。わかりやすいので補助指標として使いたい、という実務上の要請を否定はしませんが、これだけを使って判断しようとすると、どうしても恣意的な線引きをせざるを得ず、投資判断はだんだん主観的なものになっていってしまいます。ただでさえ、定性的な評価や社内のポリティカルな要因で投資可否が決まりがちな日本企業では、まずはドライに「ハードルレートを超えているか」という認識を持つことが重要ではないでしょうか。

◆ NPVとIRR、どちらがよいか

「考え方は同じ」と説明した正味現在価値（NPV）と内部収益率（IRR）ですが、実はちょっと異なる場合があります。IRRに下記のような問題点があるためです。

1　IRRには利回りの観点しかないため、投資規模が考慮できない
2　期間が短く初期投資が少ないようなプロジェクトはIRRが高く出る
3　IRRは複数の解を持ったり、解が出なかったりする場合がある
4　途中の期に割引率が変化するような場合に対応できない

特に困るのは、NPVを求めたときと結果が異なることがあることです。図表５-２のような場合ですね。

この場合、私たちはどちらの指標を信じたらよいでしょうか。IRRのほうが利回りがよいことを意味しているので何となく引き寄せられがちです。

図表5-2　NPVとIRRで結果が異なる場合

(単位：億円)

割引率	5.00%							
年	0	1	2	3	4	5	NPV	IRR
プロジェクトA	-1,000	150	200	200	400	500	217.9	11.10%
プロジェクトB	-1,000	500	300	250	150	100	166.0	12.80%

ただ、ここは本質に戻りましょう。企業の目標は、企業価値の向上です。企業価値は企業が将来生み出すキャッシュフローの現在価値です。すなわち、企業内で行われる無数のプロジェクトにおけるキャッシュフローが増大してこそ企業価値が向上するわけですね。これは、利回りがよいプロジェクトではなく、価値を増やすプロジェクトを行ってこそ実現します。したがって、IRRが高いプロジェクトではなく、NPVの絶対額が大きいほうのプロジェクトを選んでください。

なお、IRRにおいて解が出ない場合とは、期の途中にマイナスのキャッシュフローが出てしまうような場合です。このとき、IRRは複数の値を持ってしまいます。キャッシュフローのプラス、マイナスの符号が変化するとその数だけ内部収益率が存在してしまうのです。また、場合によっては解が存在しない場合もあります。IRRを求める式をみていただければおわかりの通り、IRRの高次方程式によって求められるがゆえの問題ですが、数式にこれ以上深入りすることはやめておきましょう。

また、IRRはプロジェクト期間中のキャッシュフローをIRRで再投資することを仮定しているので、割引率の変化には対応できません。一方、実際のプロジェクトでは期中にリスクが変化して割引率が異なったり、そもそも長短金利差が存在したり、割引率を期によって変える必要がある場合は多く存在します。IRRを使うということは、こうした変化は無視しているということだと思ってください。……ということは、NPVを使っていれば問題なさそうですね。

◆投資できるおカネは無限ではない

ところが、NPVを鵜呑みにしていると間違いを犯すことがあります。投下資金に制約のある中でプロジェクトが複数あり、そのどれに優先して投資を行おうかと考える場合です。実務でも多いですね。たとえば、次ページの図表5-3のような場合です。

この場合、先ほどの話でいけば、企業価値をもっとも向上させる総量の大きいプロジェクトAを選ぶべきだと考えられます。でも、ちょっと待ってくださ

図表 5-3　資本制約のある場合の投資判断

プロジェクト	投下資本 (a) (万円)	NPV (b) (万円)	(b) / (a) 投資額1万円 当たりのNPV
A	3,000	500	0.17
B	2,000	400	0.20
C	1,000	300	0.30
D	2,000	300	0.15

い。プロジェクトAは、500万円の企業価値向上を実現するために、いくら使っているのでしたっけ？　3,000万円です。一方、プロジェクトCは300万円の企業価値向上を果たすのに1,000万円で済んでいます。したがって、これらのプロジェクトの「効率性」をみると、もっとも効率よく企業価値を向上させているのはプロジェクトCということになります。

　もし、投下資金が無限大であれば、どのプロジェクトもNPVは正なのですから全部やればよいのです。しかし、そんなお金持ちはなかなかいません。限られた予算をやり繰りして優先的にもっとも効率よく稼げるプロジェクトに資金を投下していく必要があります。

　そこで、「投資額1（万）円当たりいくらNPVが増大したか」に注目するのですね。この額が大きい順に、投下資金の制約の範囲まで順番にプロジェクトを行っていきます。図表5-3で言えば、たとえば3,000万円という投下資金の制約があったときには、まずプロジェクトCを選択し、その後プロジェクトBを選ぶということになります。なお、ここで用いている、投資額1（万）円当たりいくらNPVが増大したかというのは、実は先に説明した収益性インデックス（Profitability Index：PI）もしくは費用便益比率（Benefit-Cost Ratio：BCR）と考え方は同じです。

　まとめておくと、投下資金の制約（これを「資本制約」といいます）がない場合には、単純にNPVが最大のプロジェクトを選んで投資すればよいわけですが、資本制約がある場合には投資単位当たりのNPVの増分という効率性を考えなければならないということです。

◆機会費用と埋没費用

　投資の場合でも、もちろんキャッシュフローを予測することが一番重要であ

ることに変わりはありません。このあたりは企業の将来予測について取り上げた第2章でじっくり取り組んだかと思います。ぜひご活用ください。ここでは、あとひとつだけ重要な点を述べておきます。機会費用と埋没費用に留意するということです。

　まず、機会費用（Opportunity Cost）についてみてみましょう。ある行動を選択することで失われる、他の選択肢を選んでいたら得られたであろう利益のことです。たとえば、現在、遊休地として駐車場にしている土地があるとします。そこにビルを建てることにした場合は、そのための投資額がかかる一方で、ビルが建ったときにテナントが支払う賃料がキャッシュインフローとして見込めます。ただし、もしビルを建てなかったら続いていたであろう駐車場経営からの収入は失われます。この失われた収入については、キャッシュフロー予測を行う際には考慮しなければなりません。プロジェクトにおけるキャッシュフロー予測のキモは、「これからプロジェクトを実施した場合」と「実施しなかった場合」を比較することです。実施しなかった場合には、駐車場経営からの収入が実際にキャッシュフローとして入ってくるのですから、それを勘案することが必要となります。

　一方、入れなくていいのに入れてしまいがちな費用もあります。埋没費用、サンクコスト（Sunk Cost）ともいいます。どこかの学生が「感謝するための費用のこと」と試験答案に書いたという笑い話がありますが、Thankではありません、Sunk、すなわち沈潜した費用ということです。**すでに支払ってしまってもう戻ってこない費用**のことをこうよびます。たとえば、5,000億円かかるダム工事を4,000億円まで支払って行ったところで環境へのダメージが予想以上に大きいことがわかり、その対策も加えると、今後の支出予定が上振れて1,500億円と膨らみそうで、住民からの反対も強いなどという場合を考えてみましょう。

　どこかで聞いたような話ですが、このときにやってはいけないのは「もう4,000億円も払ってしまい、これだけの金額が無駄になるのはあまりにもったいないから最後までやろう」という考え方です。もったいない精神は結構なことですが、ことファイナンスに関しては、**過去に支出した費用について一生懸命考えてもそれが戻ってくるわけではありません。したがって無視！**　という態度を貫きます。つまり、ここでも比較するのは、「これからプロジェクトを実施した場合」と「実施しなかった場合」であって、この先どれだけの資金が

かかり、どれだけの回収が見込めるかを考えます。「これまで実施してきたことの積み上げ」が入る余地はないのです。

　この「機会費用」と「埋没費用」、とても苦手な人が多いようです。不思議なことに、会計に詳しくなればなるほど敬遠したくなるようです。「機会費用なんて、有価証券報告書のどこにも出てこないじゃないか」などとよく言われます。はい、その通り。実際に支払った費用ではないからですね。しかし、もし将来に向けて違う選択をしたらかかるであろう費用です。一方、埋没費用のほうは「これまでせっせと有価証券報告書に載せてきたのに、無視しろとは何事だ」と怒られます。でも、過去のことはファイナンスでは取り沙汰せず、将来のことだけを考えます。何だか人生を考えるうえでも使えそうな概念だと思いませんか。

② 経営戦略の選択肢としてのM&A

◆ M&Aの基本的なプロセス

● M&Aの種類

　ここまで、企業にとっての生命線である「投資」の判断について説明してきました。ところで、投資には、設備などへの投資を行う設備投資と、企業を買収する事業投資とがあります。後者に属するM&A（Mergers & Acquisitions）は、企業にとってもはや経営戦略における選択肢として定着した感があります。さまざまな「ディール」が、いまこの瞬間にも動いていることでしょう。ただ、一過性のイベントとして「ディール」を扱う金融プレイヤーとは異なり、企業にとってM&Aは、将来に続く長いプロセスです。

　M&Aには下図のような種類がありますが、取り組む際に留意すべき点はほぼ同じです。重要なプロセスに踏み込むにあたって、いくつかの留意点をみてみましょう。

図表5-4　M&Aの種類

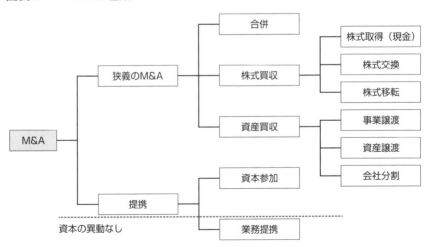

● M&Aのプロセス

　M&Aのプロセスは、大別して3つに分かれます。①事業戦略フェイズ、②

財務戦略フェイズ、③組織戦略フェイズ、です。それぞれのフェイズはさらにふたつずつに分かれています。

事業戦略フェイズにおいては、M&A以前の段階として、自社の事業戦略が的確に構築されており、そこで将来必要な経営資源が明らかになっているか、という点を考えなければなりません。そのうえで、その経営資源は自前で調達したほうがよいのか、それとも他から調達したほうがよいのか比較します。もし、後者が有利なのであればここで初めてM&Aという選択肢が俎上に載ってきます。その必要資源をM&Aによって獲得するならば、どのような条件を満たすことが必要なのかを十分考えたうえで、その条件を満たす現実の企業候補にはどんなものがあるのか、というスクリーニングの段階に移ります。そこで絞り込みができたのであれば、このあたりからは財務戦略フェイズに入ってきます。まずはその絞り込んだ対象の企業価値評価です。いったいいくらで買えそうなのかということですね。必要な資金の算段も始まります。次にその買収候補と実際に接触して交渉するということになります。もし、買収候補が前向きなのであれば、いったん基本合意を交わします。その後に起こるのがデュー・ディリジェンスです。買収にあたっての精査ということですね。詳しくはのちほど説明します。それによって会社の内部がよりよくわかったうえで、改めて買収価格の検討を行い、合意に達すればクロージングです。

この間、最後の組織戦略フェイズについては、クロージングに至るまでずっと何もしないでいるわけではありません。むしろ、事業戦略フェイズの頃から、「もし買収が成功したならば、買収した企業をどうやって自社グループに取り込んで買収成果を発揮するのか」ということを考えなければなりません。統合計画ですね。図では直列的に示していますが、実際には**M&Aの初期から並行して動いており、クロージングとともにすぐその計画を実行に移すことになり**

図表5-5　M&Aにおけるプロセス

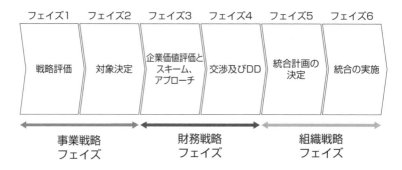

ます。

◆M&Aにおいて不可欠な将来像の構築

　改めて、各フェイズを概観していきましょう。まずは事業戦略フェイズです。事業戦略の構築は、M&Aの成功には絶対的に必要です。事業の将来像の実現に必要な資源を獲得するのに、当の"将来像"があやふやでは意味がないからです。まずは、M&A云々の前に、該当する事業の将来像がきちんと描けているのかを確認し、将来実現すべきゴールを明らかにしましょう。

　M&Aは、その目指すべきゴールに到達するためのひとつの「手段」であり、「目的」ではありません。よく「M&A戦略」などといいますが、M&Aそれ自体が戦略として独立して存在するわけではないのです。このことは意外に忘れがちです。事業が目指すべき「**その目的は何か？**」については常に自問する必要があります。事業の成長のため、と言いながら、投資家への言い訳や金融プレイヤーの言いなりになっていないか、十分考える必要があります。

　目的が十分な根拠を持つ場合、次の質問は「**その目的は、本当にM&Aをやらなければ達成できないのか？**」です。M&Aは、企業価値の具現化であり、「外科手術」であるといえます。当然、痛みも後遺症も伴います。こうした荒療治をやることが本当にベストかどうかは意外に省みられません。

　M&Aではよく「時間を買う」といわれます。しかし、無事に統合されて期待する成果を挙げるまでの時間を考えれば、自社で新規に事業を立ち上げるのと比べて、本当に「早い」のかどうかはよく考えたほうがよいかもしれません。要らぬ統合負担を負ったが故にかえって回り道になることもあるからです。ここでは、事業上の目的を達成するために、必要な経営資源をしっかり特定することに注力しましょう。そして、その経営資源を獲得するために、自前で研究開発や事業開発、設備投資等を行ったほうがよいのか、それとも外部からその経営資源を導入したほうがよいのか、を比較衡量します。このプロセスは事業戦略フェイズにおいて必ず行ってほしいプロセスです。

　また、経営資源の獲得が自前ではできないからといって、そこですぐにM&Aとなるわけではありません。企業を買収したり、合併したりといった資本関係の移動を伴わなくても、外部にある経営資源を活用することはできるかもしれません。価格的には高くなるかもしれませんが、余計なものを背負わないという意味では、事業譲渡などの道を選んだほうが結局は安いかもしれません。人材が欲しいだけならヘッドハンティングでもいいでしょう。業務提携などといった**アライアンスとの比較も大切**です。

これらを比較検討して、やはり資本の移動を伴う合併や買収、あるいは資本提携が必要であり、かつ、もっとも企業価値を高める手段であるということになって初めて、M&Aの検討ということになります。ここまでくれば、すでに求める経営資源についての条件は特定されているはずなので、その条件に合致した買収候補を探すことになります。スクリーニングのプロセスですね。

● **買収候補をどう探すのか**

　ざっとスクリーニングをしてみると、三桁に上る企業がリストアップされてきたりすることもあります。この段階の買収候補先リストをロングリストといいます。その名の通り、まだ絞り切れていないので長々といろいろな企業の名が載っているという状態です。ここから、より条件を明確化して買収候補先を絞っていきます。最後にはおそらく一桁台の企業しか残らないでしょう。この段階にいたった買収候補先リストをショートリストといいます。ショートリストに載っている企業については、経営資源に求める条件への適合度を定量的に検討し、もっとも適合度の高い企業から買収交渉に入ることになります。

　もちろん、その前に、わかっている範囲の情報を利用して、**企業価値評価を行っておくことが必要**です。また、その金額のおカネを動かすのに、どのような資金調達が必要かも考えておかなければなりません。大きな買い物をするのに、その値段の概算もなく、自分の予算もわからない、という人はいませんよね。それと同じです。

図表5-6　スクリーニングの事例

◆Z社におけるスクリーニング事例
1. 事業戦略の明確化
2. 必要経営資源の明確化
3. 自前vs買収vsアライアンスの検討
4. 買収目的と得たい効果の明確化
5. 買収相手に求める要件の明確化
6. スクリーニング条件への落とし込み
7. ロングリストの作成・精査
8. ショートリストの作成
9. ターゲット企業の徹底分析・評価
10. 優先的交渉対象企業の決定

◆撤退基準の明確化
- スクリーニング基準を逸脱する候補先は定量要因のみで自動的に消去（情緒で決めない）
- 交渉内容、DDにおいても「譲れない一線」「これがあったら駄目」を決めておく
- 時間と金額についての基準は必須である

Z社における評価の枠組と評価結果

企画 ＞ 仕入 ＞ 生産 ＞ 物流 ＞ 販売

経済的基盤（損益／財務状況、株式価値状況）　経営的基盤（経営者／持株状況＝買収可能性）

	企画	仕入	生産	物流	販売	経済的基盤	経営的基盤	最終評価
A社	○	△	◎	△	○	◎	○	○
B社	当初のスクリーニング基準自体から外れるため候補より消去							
C社	△	◎	○	◎	○	○	△	△
D社	◎	◎	◎	○	△	×	○	△
E社	△	○	◎	○	◎	○	○	△
F社	○	◎	○	◎	○	◎	△	○
G社	○	○	◎	◎	○	△	○	◎

もうひとつやっておいてほしいことがあります。**撤退基準の明確化**です。この先、相手と接触して交渉が始まると、M&Aプロセスはヒートアップします。ひとたび獲得に乗り出せば、是が非でも実現させたいと思うのは人の常です。場合によっては、他にも買収相手が名乗り出て競争入札になるかもしれません。もう少し高値をつければ買えるのであれば、少しくらい高くても資金を出してしまおう、と思うかもしれません。あるいは、相手と接触して実情を知ったら思ったより優れていない部分があってちょっとがっかりしてしまうかもしれません。「でも、もう乗りかかった船だから進めてしまえ……」。こんなM&Aはまず間違いなく失敗します。しかし、相手と具体的に交渉を行っている段階で、何もストッパーなしに進んでいる交渉を打ち切ることは難しいのです。したがって、交渉に入る前にストッパーをつけておきましょう。これが撤退基準です。

しっかりと企業価値評価を行って、これ以上の金額は出さないといった上限を決めておくということが必要です。M&Aの場合、どんなによい案件だとしても、支払い過ぎてしまったらそれを取り返すことはできません。また、内情を見たときにこうした事実が出てきたときには必ず撤退する、といった条件も考えておく必要があります。頭が比較的冷静な、事業戦略フェイズのうちに撤退基準は明確化しておきましょう。

◆「会社の値段」はいくらなのか

買収候補が決まったら、次は当然「いくらで買えるのか」です。先に説明した企業価値評価手法が活躍するのがこのフェイズです。企業価値評価手法は、ひとつだけの手法で決め打ちということはありません。先に述べた通り、いくつかの手法を併用し、それらがいずれも指示したレンジの金額を最初の交渉金額とします。

M&Aは「**一物多価**」です。立場の違う関係者がすべて同じ値段をつけるということはありえません。最初はみな、自分のポジションを反映した値段を心の中に秘めています。売り手はなるべく高く売りたい。この値段をセラーズ・バリューといいます。そのままですね。しかし、ここには売り手の「高く売りたい」バイアスが入っています。したがって、少し割り引いてみる必要がありますね。

一方、買い手としては安く買いたい。こちらはバイヤーズ・バリューです。でも、言いなりになると買いたたかれそうです。したがって、このふたつの価格が明らかになったところで、歩み寄りの余地があるのかどうか、交渉に入る

わけです。

　買収対象とする企業が将来生み出すキャッシュフローの価値の合計を客観的に出して価値を見積もったものを「スタンドアローン・バリュー」といいます。「単体キャッシュフロー」(Stand Alone Base Cash Flow) などということもあります。しかし、実際にはこれで売り買いされることは少ないです。売り手が納得しないからですね。TOBをかけたときに、現在の株価と同じ値段であれば、応じずに少し待っておこうと思うかもしれません。したがって、買い手としては少し色をつけた価格を提示するのが普通です。通常、その率は2〜3割といわれます。ただし、買い手もやみくもに色をつけているわけではありません。その企業を買収したときに、自社との間でシナジーが生じることにより、「1＋1が3にも4にもなるのではないか」という見込みがあるからそうした上乗せを許容するわけですね。

　ここで見込まれている、M&Aの実施によって実現するとされるキャッシュフローを、「シナジー・キャッシュフロー」(Synergy Base Cash Flow) といいます。M&Aで獲得できるキャッシュフローは、単体キャッシュフローとシナジー・キャッシュフローの合計です。したがって、ここでシナジー・キャッシュフローとして見込んだ金額の一部または全部が、買い手が余計に色をつけてもいいかなと思う金額の範囲になります。逆に、これ以上色をつけてしまったら、買収価格のほうがキャッシュフローの合計を上回って、取り返しのつかないことになります。

　M&Aの失敗でもっとも多いもののひとつに、「支払い過ぎる」ということがあります。この「支払い過ぎ」はほとんどがシナジーの過大評価からきています。したがって、シナジーの見積もりには慎重のうえにも慎重を期す必要があります。もちろん、こんなことは耳にタコができるほど聞かされているので、「そんなこと言われなくてもわかっている」と思われるかもしれません。しかし、それでも過大評価による失敗は後を絶ちません。冷静な頭では理解しているつもりでも、いざディールに突入し、交渉事が始まると、なんとか交渉をうまく運ぼうとさまざまな「言い訳」が出てきてしまうのです。買収交渉に競争相手などいようものなら、たやすくこのワナに陥ります。

　「相手はウチを20％上回る価格を提示しているみたいです」
　「なに、そうなのか。ウチでもそれくらい出せるんじゃないのか。もう一度キャッシュフローを見直してみよう。絶対にこのディールに負けるなよ」
　——こんなことを言われた担当者がやることはひとつしかありません。「よ

図表5-7　M&Aの投資判断

◆バリューアップの余地
- 出資額算定の根拠（プレミアムの源泉）
- 何から生まれるか
  - グロースサイド（成長戦略の実現、売上・利益・CF増加につながる施策、アップサイドシナジー、等）
  - コストサイドの減少（コスト削減、リストラや経営合理化、ダウンサイドシナジー、等）

◆バリューアップの実現
- 誰が・いつまでに・どうやって・どのくらい行うのか
- 実現できなかったらどうするか

スタンドアローン・バリュー（中立的にみた株主価値）　　　　バイヤーズ・バリュー（買い手の考える株主価値）

くみると、ここにもう少しシナジー発揮の余地があって、価格が上乗せできそうです」というようなことです。こうして悲劇に陥ったM&Aは数知れず。気をつけましょう。

こうしたワナに陥らないようにするためには、先ほどの「撤退基準」を定めておくことに加えて、事業部門が作ったファイナンシャル・プロジェクションをチェックする機能が必要です。米国企業ではCFOもしくはその傘下の部門がこうした役割を担い、場合によってはストップをかけることが多いようですが、日本企業の場合、財務や経理部門がM&Aを止めることはまずありませんし、そうした役割をこれまで負ってこなかったのも事実です。買う気満々の事業部門に待ったをかけることのできる機能をどこに置くかは、今後もっと考えられてよい問題かと思います。

なお、**シナジーには2種類あります**。ひとつは「ダウンサイドシナジー」とよばれるもので、コスト面を押さえることでキャッシュフローの増加を見込む場合です。たとえば、A社の物流費は7億円、B社の物流費は4億円、しかし両社合わせると10億円を超え、10億円超から適用される10％のボリュームディスカウントを享受できる、などという場合には、本来11億円かかるはずだった物流費が10億円で済みますから、1億円のキャッシュフローが増えることになります。これはなんだか計算しやすそうですね。

一方、トップライン、すなわち売上を上げることでキャッシュフローを増や

そうとするシナジーを、「アップサイドシナジー」といいます。A社は研究開発に強く製品化すればヒット間違いなしのシーズを持っているが、あいにく製品を売る力が弱い、B社はシーズには事欠いているが営業力は抜群、などという場合、新製品開発から営業、販売を両社一緒になって行うことで、新しい製品の売上を見込むことができます。

けっこう見込むのが難しいですが、こうしたシナジーは必ず定量化しておく必要があります。たとえ「絵に描いた餅」でも、きちんと「絵に描いておく」ことが必要なのです。そうすれば、後から思うようなシナジーが出なかったときには「想定の何が違っていたのか」ということを検証することができますし、そもそも「絵に描いておく」と、実際に買収してから実行に移すことが格段に容易になります。頭の中で思い浮かべているだけではシナジーは決して実現しません。また、シナジーの実現には、本社が事業部門の背中を押すことが不可欠ですが、これについてはのちほど。

買い手として考える株主価値が決まり購入価格を提示しようと思っても、まだ考えるべきことがあります。その購入価格は、その経営資源を自前で用意する場合を上回らないことを確認しましょう。自前で用意したときにかかる費用を「再構築原価」といいますが、これよりも費用がかかってしまうなら、そもそも自前でやればよいことになってしまいます。

ただ、場合によってはどうしても買うことが必要な場合もあります。買わないと競合に持っていかれて壊滅的な打撃を被る場合などですね。このときには

図表 5-8　M&Aにおける価格決定

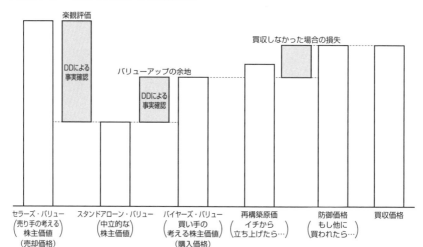

高くても買うかもしれません。これを「防御価格」といいます。

◆のれん代とIFRSにおける減損処理

　M&Aの価格決定について、もうひとつ気にしておいてほしいことがあります。会計的な処理です。本書はファイナンスの本ですが、ここだけはちょっと重要なので会計処理に触れます。

　M&Aを実施すると、M&Aにより増加する資産及び負債の純額と投資額との差額が"のれん"として計上され、日本の会計基準では20年以内に償却(費用化)することが要求されています。償却額は、販売費及び一般管理費に計上されますので、営業利益を圧迫する要因ともなります。キャッシュフローとして出ていく費用ではないのですが、その金額が大きいため、特に大型のM&A案件の場合、のれんの計上額及びその償却負担が相当な金額となって買収企業の業績に大きな影響を与えることになりかねません。

　こののれん代、IFRS(国際財務報告基準=International Financial Reporting Standards)では毎年の償却が不要となります。会計基準が異なることで扱いの違う代表的な項目ですね。一見嬉しいような気もします。M&Aを活用して成長を図ろうとする企業の中には、のれんの償却負担を避けるためにIFRSの導入に踏み切る企業もあるようです。しかし、これにも注意が必要です。

　たしかに、のれん代の償却負担は気にする必要がなくなりますが、IFRSにはそれにもましてオソロシイ「のれんの減損」というルールがあります。IFRSでは、減損の要否に関する判定が厳格で、企業は毎期のれん代の減損テストを実施し、のれん代を貸借対照表に計上し続けておいてよいのかどうかチェックしなければなりません。もし、回収可能価額と帳簿価額を比較し、帳簿価額が回収可能価額を上回る場合には差額を減損損失として一括計上する必要が出てきます。すなわち、もし「駄目だ」ということになると、損益計算書に一気に損失が押し寄せてくるという構造になっています。下手をすると企業自体が吹っ飛びかねません。

　買収を積極的に行っている企業の中には、株主資本の額を上回る勢いでのれん代を計上しているIFRS導入企業がたくさんあります。これらの企業の買収の成否がどうとは申しませんが、もし、買収した企業の業績が不振で当初想定を下回るような場合には、のれん代の減損に迫られ、**株主資本が大きく毀損する可能性**があります。

　こうしたリスクがあるため、M&Aにおける当初価格の見積もりはより慎重

に行う必要があります。当初の将来予測が楽観的過ぎたり、シナジー効果を過剰に見積もったりすると、買収後に大きなツケを支払わなければなりません。このことは肝に銘じておくべきでしょう。また、企業をみるときも、IFRS導入企業においてはのれんが非償却になっているのでその分、損益計算書上の利益が日本基準の企業よりもかさ上げされてみえることも忘れてはいけません。

③ 「ディール」とよばれる段階における留意点

◆ 企業価値評価を再確認するためのDD

● DDで買収対象先を精査する

　買収価格については、買収対象先を特定した時点でいったん検討しているはずですが、このときの情報ソースは、外部から取れるものに限られます。したがって、どうしてもわからないところや、買収対象先に確認すべきところなどが出てきます。もし、買収に関する交渉に入ることを買収対象先も合意するのであれば、そこで基本合意書（Letter of Intent：LOI）を結ぶことになりますが、これを結んで以降は、買収対象先の内部の情報をある程度取得することができます。価格の整合性を確認するには、やはりその買収対象先の内部に入って精査をするのが一番です。これをデュー・ディリジェンスといいます。略してDDなどともよばれます。

　DDには、事業DD、財務DD、法務DDなどがあります。それぞれの側面における問題がないかどうかを確かめるのですね。それによって、最初につけた企業価値評価を修正して、最終的な価格設定につなげることになります。この価格で折り合えば、めでたくM&A成立です。

図表5-9　デュー・ディリジェンスの位置づけ

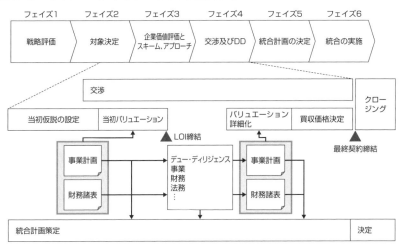

とはいえ、DDはそれほど簡単なものではありません。じっくり粘って事実の収集に努めたい……ところですが、何といっても時間が限られています。大抵のDDは約4週間、**最近では2～3週間というのも普通**にあります。これだけの短い期間で相手のすべてを把握するのはとても大変です。通常、事業DDの場合には戦略コンサルティング会社、財務DDの場合には会計士や会計コンサルティング会社、法務DDの場合には弁護士など専門家の協力を仰ぐ場合が多いですが、それだとしてもかなりの重労働になります。また、売り手がなかなか情報を出してくれなかったり、業績不振企業や事業再生企業の買収など、中身がよくわからない割にはリスクはとても高い場合などがあります。こういう場合には、第4章で説明した表明保証を活用するほか、瑕疵担保条項をつけたり、複数段階での支払条項を入れたり、契約上の工夫をすることも検討事項に入ってきます。

もちろん、価格そのものを相当割り引いて考える必要がありますし、場合によっては自社で事前に定めた撤退基準に抵触することもあるでしょうから、そのときは"勇気ある撤退"が必要です。言うのは簡単で行うのは大変ですが、「撤退も考えたのに結局ずるずるとやってしまった…」というM&Aで成功している事例はまずありません。

◆ 買収をどのように行うか

価格算定と前後して、財務フェイズで頭を悩ませるのが、買収をどのように行うかです。まず、対価として現金を支払う現金対価買収か、自社株式を対価とする株式対価買収か、といった選択の余地があります。

● 株式公開買付けの実施

現金対価買収の場合には、**上場企業の場合、株式公開買付け（Take Over Bid：TOB）を経ることが一般的**となります。株式取得後の持株比率が3分の1を超えるときには、TOBを行わなければならないことが法律で定められています。実施に際しては、条件の新聞への公告や、財務局への届出の手続が必要となり、実施中は、この方法以外で当該株式を購入することはできません。

実施期間は20日以上60日以内で設定しなければならず、株主に不利な形での条件変更は原則できません。いったん開始した買付けについては、買い手側は撤回することができません。また、買付予定株数を超えた場合に全部または一部の買収をしないことや、逆に満たなかった場合に買収を行わないといった条件をつけることも可能です。ただし、上限を超えた場合には、買い手はすべて

の応募者から比例按分で均等に株式を買収しなければなりません。買付価格は、2～3割程度のプレミアムを載せて決定されるのが普通であることは先にもみた通りですが、たまにディスカウント価格でTOBを行う企業もあります。支配株主だけから株式を譲り受けたいのに、条件がよいと少数株主も応募してきてしまうのでそれを避けたい、などの事情がある場合です。

また、TOBによらない買収もあります。先にみた**第三者割当増資を活用する方法**です。このとき、新株発行価格の設定が問題となります。一般的には妥当な価格との乖離幅10％が目安とされることが多いようです。なお第三者割当増資による買収は、いわゆる敵対的買収防衛策などにもよく使われます。

●株式を取得することがベストなのか

本来はもっと前の時点で考えておくべきことですが、買収対象をどうするかという視点も大切です。すなわち、会社を丸ごと買収するのか、それとも事業なり資産なりだけを譲り受けるのか、ということです。

前者であれば、購入する対象は直接的にはその会社の株式となります。株式を購入することでその会社のオーナーとなるので、買収対象先が持っているさまざまな権益、その企業に帰属するすべてのものはそのまま使用することができます。

これはメリットのようにもみえますが、一方では隠れ債務や働かない従業員など、すべてのネガティブファクターも背負い込むことを意味します。日本企業の場合には、これに加えて経営陣もそのまま残すことが多いですが、経営陣に信頼がおけないのであれば見直すことが必須です。これについては214ページで。

一方、後者の場合には、こうした負担はありません。その代わり、まずは買収対象となる事業なり資産の特定が必要です。特定ができれば、それだけしか買わないことによって、余計なものを背負い込むことも避けられますし、買収コストも抑えられます。買収した後も、自社の管理機能にすぐに組み込むことができますから、いわゆる買収後統合の苦労も少なくて済みます。また、税務上のメリットとして、のれん代や無形資産の償却に関しては損金算入することもできます。したがって、この意味でも買収のコスト負担は大いに削減できるということです。

それならば、ぜひ事業譲渡などの資産買収を選びたいところですよね。しかし、楽あれば苦あり。デメリットもあります。当然ながら、こうした「買い手にとってオイシイ話」があることは売り手も承知しています。また、売り手も

できれば自分のほうに残るものはなるべく避けたいのが実情です。したがって、まとめて売るなら安くするけれども、いいとこどりをするならば値段は吊り上げる、といったインセンティブは働きやすいです。すなわち、買い手にとっては、売り手の提示する価格が高くなりがちだということですね。また、買収対象先が有するすべての権益を引き継ぐわけではないので、場合によっては営業を行うのに必要な許認可やさまざまな機能を、買収した会社のほうで改めて取り直したり構築したりする負担が生じる可能性もあります。こうしたことを含めて、株式を買収したほうがよいのか、事業譲渡を受けたほうがよいのかについては十分に吟味する必要があります。

◆株式を対価として買収する場合

●株式交換

　株式を買収するとしても、その対価を何で払うかには選択肢があります。現金で支払ってもよいですが、株式で支払うこともできます。

　株式交換という形もあります。買収する側のA社が、買収される側のB社の株主に対して、持っているB社株式と引き換えにA社株式を割り当てることで、B社を完全に傘下に置くことを意味します。上場企業であってもTOBをかけなければならないという規制に該当しないので、その分、やりやすいかもしれません。

　また、株式交換というと、まるで自社株買いでも行って自社の株式をきちんと用意しておかなければできないような語感がありますが、実際には他社の株式であろうが、片方は現金で払おうが、現行の会社法上では許されています。それどころか、新株予約権や社債でもかまいません。なんだかエラク寛容ですね。株式交換という言葉自体がちょっと実態を表わしていないのかも知れませ

図表 5-10　株式交換を活用したM&Aの事例〜コニカミノルタ

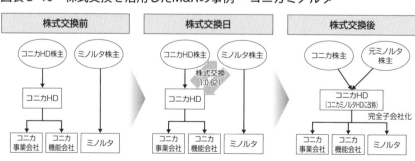

ん。なんらかの対価をもって、買収対象会社のすべての株式を買収会社が取得することといったほうが実務的にはぴったりきます。

また、株式交換の場合には、原則としては株主総会の特別決議が必要ですが、簡易株式交換や略式株式交換など、株主総会の承認を必要としない方法もあります。さらに、反対株主には株式買取請求権が認められていますが、債権者保護手続きは原則不要です。

このように株式交換は、まったく関係のない他社間で用いられることもありますが、多くの場合は親子会社間における少数株主の追い出しなどで用いられます。

● 株式移転

次に株式移転です。買収する側のA社が、買収される側のB社と共同で持ち株会社を設立して、すべての事業をその支配下に置くという形のものです。株式交換では対象となる親会社は現在すでに設立されている会社ですが、株式移転では親会社を新しく設立する必要があります。したがって、持ち株会社を設立する場合などに多く使われる手法です。

合併するのと比べて統合に気を使う必要が少ないので、日本企業では多く利用されています。一方で、買収後統合が不徹底となることによって、当初目指したシナジーの発揮なども未達となる場合が多々みられます。また、株式交換の場合には親会社となるのはすでに設立されている会社ですが、株式移転では親会社を新しく設立する必要があるなど、いくつかの違いがみられます。

ついでにみておきたいのは合併です。昔は会計上も完全な対等合併というものがあり得たのですが、現在ではそれはできません。どちらかの会社が他方の会社を吸収し、吸収されたほうの会社は法人としては消滅するという形を取り

図表5-11　株式移転を活用したM&Aの事例〜みずほホールディングス

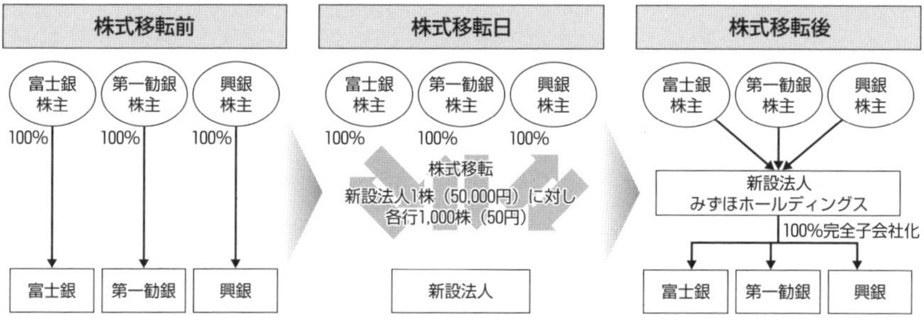

ます。この形は、日本の企業にはたいへん嫌がられます。

とにかく日本の企業は「対等の精神で」M&Aを行うことが好きです。きちんとリーダーシップが働いて統合できればよいのですが、多くの場合、こうした「精神だけの対等」はろくな結果を招きません。日本人がやりがちな「無責任体制」に陥ることがあまりにも多いからです。それにもかかわらず、合併を避けて「統合」といい、組織を統合することさえも避けて持株会社にすることのなんと多いことか。その問題点についてはまた後で扱いましょう。

◆買うだけではなく売ることも考える

最後に、売却について考えておきましょう。M&Aというとイメージされることが圧倒的に多いのは、どこかの会社を買う行為ですが、買い物ばかりがM&Aではありません。売却という行為は、実は買収よりもはるかに重要ではないかと思われるほど、十分考えるべきことです。従来、日本企業は成長経済下での多角化に慣れてきたため、買収することにはあまり抵抗感はありませんが、売却することには感情的なものも含めて大きな抵抗があるようです。しかし、自社のグループに属していながらまったく企業価値向上に貢献していないような事業なり企業なりがあれば、ただ漫然と持っているのではなく、何らかの手を打つことが必要です。売却はそのための有力な手段です。

よく「選択と集中」といいますが、選択すれば残ったものに集中するのは当たり前の話なので、なんとなく違和感のある言葉です。ただ、これまで日本企業があまりにもダボハゼ的な多角化を繰り返していたので、こうした言葉が新鮮に聞こえたのでしょう。

事業を売却することをDivestitureなどともいいます。けっこう流行したことがありました。将来的にキャッシュフローを生み出していくことは無理そうだと見極めたなら、その事業をやめるか売るかしかありません。しかし、日本企業の場合にはその組織的な特性から、この意思決定は非常に難しいものとなっています。

まず、何といってもヒトの問題です。新卒で入社したら定年までほぼ労働人生のすべてを一社にささげるという労働形態が戦後は主流となりました。ずっといるのであれば、異動や転勤を命じられても黙々と従います。その代わり、企業がすべて老後まで含めて面倒をみてくれるのだと信じて頑張ります。そんなに滅私奉公しているのに、ある日突然、「君が今いる事業部門は切り離すことになったから、別の企業の人になってね」などといわれて、「はい、そうですか」と応じるわけがないのは当然です。売却について従業員の方々の反感が

強いのもむべなるかなと思えます。日本の従業員の方々は、事業ではなく企業に忠誠を誓っているのですね。

　でも、事業の先行きを考えれば、本当にその企業に属しているのがよいことかどうかは疑問です。まともな本社であれば、売却を考えるような事業部門に潤沢に経営資源を投下したりはしないでしょう。貧すれば鈍す、といった道をたどるかもしれません。一方でその事業を心の底からほしがっている企業があるなら、そちらに行ったほうが事業のためです。ひいては、そこにいる人も幸せになるかもしれません。

　もちろん、こうした意思決定は非常に難しいものです。選択と集中といって事業の選別を行っている会社も多く存在しますが、ひとつ気をつけていただきたいのは、その判断基準です。「赤字だから」売ればいいというものではありません。赤字というのはあくまで損益計算書上の話です。キャッシュフローを生み出せるかどうか、が問題です。また、「いまキャッシュフローを生み出していないから」というのももう少し考える余地があります。企業価値とは、将来生み出すキャッシュフローの現在価値の総和です。いまは投資が多くかかったとしても、キャッシュフローがマイナスだったとしても、市場で競合や自社の強みを考えたうえで、必ずこの事業は儲かる、と思えるならやればいいことです。ただし、その「やりたいこと」に対して「先立つもの」を出してくれている人々にはきちんと説明しましょう。「やりたければやる」のが企業本来の精神です。ただし、実行するために関係者を説得しなければなりません。上場企業であればその中には株主も入ってくるでしょう。関係者に自社の将来像をきちんと説明でき、納得してもらえるのであればどうぞぜひやってください。一方で、そうした説明ができず、ただ惰性で続けている事業が目につくこともあります。そうした事業に対して、関係者が指弾するのは当然のことです。

　だんだん話が企業内での意思決定の話になってきました。たいていの企業、特に上場企業であれば多くは複数の事業を抱え、それらへの資源配分をどうするかについて、「本社」とよばれる機能が日々悩んでいます。ところが、この「本社」、悩むのはいいのですが、問題解決のために意外に手段をきちんと使っていません。ここで使える手段、実はファイナンスが貢献することはかなり多いのです。次章ではそれをみてみましょう。なお、M&Aの最後のフェイズである組織フェイズの話も、ここには多く出てきます。ぜひ参考にしてください。

第6章

グループ経営にこそファイナンスの知識が必要である

グループ本社はファイナンスを正しく使えていない

◆ 複数の事業をどう束ねるか

ここまで、事業の将来予測の話に始まって、財務的に押さえておくべきいくつかの知識を説明してきました。これらは、企業が資本市場を始めとするステイクホルダーに対処していくうえで、必要不可欠なものです。

事業の将来をきちんと予測し、そのリスクとリターンに見合った財務的な手当てをする。それらの運営に責任を持つ経営者は、外部から預かった経営資源を的確に用いているか、経営資源の提供者から規律づけを受ける。それに対応するために、経営資源を的確に用いていることの情報開示は不可欠である——。こうしたつながりになっていたかと思います。

さて、事業がひとつの場合にはこれでいいですね。しかし、事業が複数ある場合はどうでしょう？ ましてや、この本を読んでいるみなさんの属する企業には、企業単体ばかりではなく、子会社、関係会社等のさまざまなグループ会社もあるのではないでしょうか。そうした傘下の組織が行う事業も含め、数多くの事業部門を束ねていかなければなりません。ひとつの事業の予測をして、財務の手当てをして情報を外に届けているだけでは不足なのです。では、どうしたらよいでしょう？

● グループ本社機能（コーポレート機能）の設置

やらなければならないことは、外部の経営資源提供者と、傘下の各事業部門との間に、経営資源の「外部からの調達」と「内部における配分」という調整を司る機能を置くことです。これが、グループ本社機能、コーポレート機能とよばれるものです。各事業部門は、各事業における事業環境を考え、その中で自分の強みをより活かしていけるような事業計画を立てます。それに必要な資金や人材を調達しようとします。しかし、事業部門が直接外部に調達を求めるのではなく、そうしたニーズはいったんグループ内でまとめてから、外部へと出しているわけです。このとき、事業部門が求める「ニーズ」にそのまま応じていたらどうなるでしょう？

経済が著しく成長している状況にあるのならば、すべての事業部門が最大限に要求する経営資源をそのまま調達してくることはそんなに難しくなかったか

もしれません。しかし、いまはそんな時代ではありません。もしかしたら、ある事業部門が出してきた事業計画は大幅に縮小しなければならないかもしれないし、別の事業部門には撤退してもらわないといけないかもしれません。しかし、事業部門自身は、決してそんな判断はできません。事業部門に課せられた使命は、「現在よりも成長せよ」ですから、自分がいまある姿、置かれた状況を前提に、それより成長した姿を事業計画として作ってきます。連続的な事業環境の下で、既存のビジネスモデル、既存の強みをより「改善」することによって、将来の成長を実現しよう、というのが事業部門の考え方です。

一方、これらをすべて受け入れていたら企業は持ちません。すでに古くなったビジネスモデルは捨ててもらわなければなりませんし、環境認識が時代に合わなくなっているならきちんと指摘しなければなりません。それにもかかわらず要求してくる経営資源配分が大きかったら削らなければなりませんし、場合によってはイエローカードやレッドカードを出さなければなりません。

何だか気分が暗くなってきましたが、逆もあります。大いに伸びているような事業には、事業部門が思いもよらないような高い目標を示して頑張らせたり、そのためには十分な経営資源を配分する、といったことも必要です。また、既存の事業部門では思いつかないような新規事業分野を考える、とか、非連続的な変化に対応する、つまりジャンプをするような意思決定をして会社を「変革」する、といったことも考えていかなければなりません。大規模なM&Aなどもそのひとつかもしれませんね。こうしたことは、事業部門だけではなかなかできません。事業部門は、あくまでその事業の中での部分最適を追求していくのが仕事です。その部分最適の単純合計は必ずしも全体最適にはなりません。これを調整するのが、本社部門、コーポレート部門の仕事です。

◆投資家は多角化をどう考えるか

グループ本社における事業ポートフォリオマネジメントの話をしてきましたが、ここでちょっと視点を変えてみましょう。投資家にとって、こうした多角化企業はどのようにみえるのでしょう？ 実は、ここは銀行などの債権者と株主の態度が大きく異なる領域です。債権者にとって多角化は別に悪いことではありません。返済原資のリスク分散になるからです。一方、身も蓋もなく言い切ってしまえば、**「株主は多角化企業が嫌い」**です。なぜなら、株主は、さまざまな事業に分散投資してリスクを低減することを自らの仕事として市場で行っているからです。自らの知見をもとに投資方針を定めて投資ポートフォリオ

を作ったとしましょう。たとえば、食品30％、金融30％、不動産40％の割合で投資する、というような。その割合に応じて各分野の銘柄を買っていったとき、たとえば食品を代表する銘柄だと思って株式を買った企業の、実際の事業内容が食品50％、医薬20％、不動産30％だったとしたらどうでしょう？ 食品のリスク・リターンを30％とったつもりだったのに、実際にはその半分しかとれていないことになってしまいます。医薬のリスクなんてとるつもりもなかったのにとってしまったり、あるいは、不動産のリスクは40％と決めたのに、それを超えてとってしまったり、ということになっているわけです。そんな見込み違いを誘発するような多角化企業にはあまり近づきたくない、というのが株主の本音です。

　もうひとつ本音を申し上げてしまえば、株主はたいていの場合、セクターアナリシスと称して、業界ごとに分析を行っていますから、複数のセクターに分かれるような多角化企業については、複数のアナリストなどが頭を寄せ合ってリスク・リターンを考える必要があります。これが面倒くさいということも（もっと本音を言えば）あるようですね。

　話がそれました。株主が多角化企業は嫌だといっても、企業のほうは「はい、そうですか」というわけにはいきません。専業リスクというのもありますし、事業が成熟して衰退期を迎えるのを指をくわえてみているわけにはいきません。次の成長の種をみつけていきたいですし、それがみつかれば育てたいですよね。さて、ではどうしましょうか。

◆ 多角化を正当化する条件

● 企業内投資家として機能する

　株主に対して、企業が多角化を正当化するためには、少なくともふたつの条件が必要です。ひとつは、本社が、投資家よりも（少なくとも傘下の事業については）投資が上手に管理でき、高いリターンを上げられること。つまり、外部の資本市場に任せておくよりは、**グループ内部の資本市場に任せておいたほうが効率がよい**と確信できる場合です。

　グループ内部の資本市場とは何でしょうか？ ここで多角化企業の本社と事業部門の関係を、実際の資本市場にいる投資家と企業の関係になぞらえてみましょう。資本市場は企業に対して企業価値の向上を要求し、企業はその要求に応え、企業価値向上に向けて努力します。これと同様の関係が本社と事業部門との間にも構築されています。あたかも入れ子構造のような仕組みが成り立っているわけですね。実際の資本市場は企業の外にありますから、これを外部資

本市場とよび、本社と事業部門との間にある関係を内部資本市場とよぶこともあります。すなわち、本社はグループ内で投資家機能を果たす存在だということです。そして、外部の投資家以上に自社が持つ事業群をうまく管理していく能力がなければ、わざわざグループを作っている意味がないと外部からは見えてしまいます。本社としては外部の投資家以上に事業ポートフォリオをマネジメントする能力が求められるということですね。これが多角化を正当化する条件のひとつです。

こう考えると、企業価値を向上させていくために、投資家側である本社と企業側である事業部門との間に、株主と経営者間に働くような規律づけが働くようになることも求められます。従来は、こうしたグループのガバナンスは企業内において真の重要性を獲得していなかったようにみえます。しかし、今後はこうした分野を充実させていくことが、グローバルベースのグループ経営にも、M&A後のPMIにも、大きく役立つようになるでしょう。詳しくは次節でみます。

図表6-1　資本市場と企業経営との関係の援用

◆資本市場と企業経営者との関係は、企業経営者と事業責任者の関係と同じ

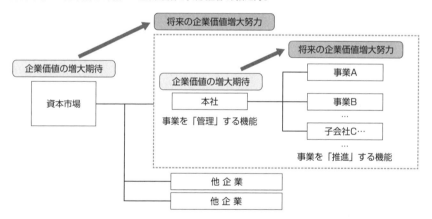

● **事業間のシナジーを発揮する**

もうひとつの条件は、その高いリスク・リターンの源泉として、**事業間のシナジーが成り立っていること**です。投資家がいくら投資ポートフォリオを作ったとしても、彼らはその投資銘柄間のシナジーを実現することはできません。しかし、企業であればそれができる可能性があります。1＋1＝3にできるということですね。このシナジーは、グループとして総合力を発揮することで可

能になるかもしれません。強いブランド力や知名度をグループとして持っている、などです。また、こうした力を発揮するためには、グループとしてのアイデンティティをよほど強く持たなければなりません。

　つまり、本社が投資家以上に投資家的機能を発揮することができ、事業間にシナジーを生み出す力があり、しかもグループ一体として強いアイデンティティを保持していることが多角化を存続させる条件なのです。これらを、拙著『グループ経営入門』（税務経理協会、2019年〈第4版〉）では、「見極める力」「連ねる力」「束ねる力」としてご説明しました。より詳しい説明に関心のある向きは、そちらをお読みください。
　重要なのは、これらの条件が整わなければ、企業はコングロマリット・ディスカウント、すなわち、企業全体の価値が、個別の事業の価値の合計よりも低くなってしまう状態になるということです。そのような場合、株式市場としては、本社の投資家力が低いのか、シナジーが出せないような企業なのか、といったことを考えざるを得ません。2013年に米投資ファンドのサード・ポイントがソニーに対してエンターテイメント事業部門の分離上場を提案しましたが、これは「内部資本市場に任せておいても価値は増えないから、外部資本市場に任せるように」ということを意味しています。

② グループ経営は「子会社の企業統治」問題である

◆ ガバナンス不在の子会社管理

　多くの日本企業が海外への事業展開を加速させています。海外M＆Aなどもよく行われ、企業自身の予測を超えて海外シフトは進んでいる感もあります。ちょっとうがった見方をすれば、事業の海外シフトに、企業の内情が追い付いていないようにもみえます。

● 増加する海外子会社の不祥事

　それを示すような事象に、海外での不祥事の増加が挙げられます。表に出たものも出ていないものも含め、海外売上高が右肩上がりで増えている企業のほとんどは、何らかの不祥事を必ず抱えている、といっても過言ではないほどです。あなたの会社にもありませんか？　おそらくあるはずです。

　不祥事が存在する理由は、①**子会社に対するガバナンスができていないこと**、②ファイナンスを理解した計数による管理の仕組みができていないこと、③企業理念を軸にしたアイデンティティの醸成の仕組みができていないこと、にあります。たとえば、海外現地法人を任せたはずの経営陣が、会社のカネを使いこんで蓄財していたりします。そもそものガバナンスの時点でアウトですね。また、使い込みをしていなくとも、コミットしたはずの計画が未達でも知らん顔していたりします。もう少し計数管理の仕組みをきちんと構築しないと、こうした問題は解決しません。さらに、そうした仕組みをうまく回すためには、従業員がモチベーション高くやる気になっていてくれないと困りますし、会社の目指す方向を根本からしっかりと理解してくれていないとなかなかうまく根付きません。具体的にそうした方向性を示す必要があります。

● 子会社の経営陣を規律づけられるか

　まずは、ガバナンスについてちょっと考えていきましょう。基本的には株主と経営者の関係についての話です。親会社と子会社では、**親会社は子会社の株式を持つ「株主」**であり、子会社の経営陣は株主に規律づけを受ける対象となります。おカネという経営資源を受け取っている限りにおいては、その出資者＝株主に向けて、おカネの使い道を正しく報告する責任が生まれます。どのよ

うな実績を上げ、どのような仕組みで動き、どのような方向に将来向かうのかということですね。これらを報告＝情報開示していかなければ、株主としては不安になります。経営者に「もっときちんとやってくれ」と言いたくなります。外部市場の株主であれば、株式を単に売却するという手法も使えますし、株主総会で然るべき発言をする、議案に反対する、はたまた敵対的買収者の側につく、などといったことにより規律づけを働かせることができます。

　では、子会社に対してはどうでしょう。簡単に株式を売っておしまい、というわけにはなかなかいかないかもしれません。株主総会だけではなく取締役会にも関与できるという意味では親会社は強い立場にありますが、それらの権利をきちんと活かしているかというと、正直なところはなはだ心もとないのが実状です。たとえば、海外企業を買収したとします。買収した側である日本企業は、非常勤の取締役を送り込んで取締役会の過半を握ることでしょう（ここでそれができないと、もっとまずいことになりますが）。取締役会は通常、毎月1回くらいは開かれるでしょう。しかし、そのときに非常勤の取締役はきちんと出席しているでしょうか。せっかく株主として取締役の座席を確保したのに、実質的にはまったく出席していない。したがって、そこでの意思決定を監督するせっかくのチャンスを逃している日本企業は多いように思います。もちろん、取締役会だけでスピードの速い海外事業のさまざまな意思決定を効果的に行っていけるわけではありません。したがって、実際には経営会議やエグゼクティブ・コミッティーなどを置き、買収当初は少なくとも週1回程度のペースで回して、双方の経営陣同士での密な討議を行う必要があります。このときには、被買収会社の経営陣に対して親会社のトップが直接モノを言えるようにしておくことが重要です。買収にかかわった事業部長あたりでお茶を濁していては、まずうまくいきません。経営者は経営者と話したいからです。

　このようにガバナンスの仕組みを有効活用してもなお、子会社の経営陣に対して規律づけができなければ、辞めてもらうしかありません。敵対的買収という形は取れませんが、いざとなったときに子会社経営陣の「クビを取る」仕組みは、親会社であればより強く構築できます。そもそも経営陣としての契約を結ぶ際に、さまざまな約束事を取り決めておくことができます。しかし、日本企業は、そうした経営陣との契約を作り込むことに慣れていません。したがって、事が起こってから経営陣に居座られたりして困ることになります。

◆M&A後の統合において重要な本質は何か

●ガバナンスの基本は株主と経営陣の信頼関係

　もちろん、こうしたことを考える前に、**根底にあるのは株主と経営陣との信頼関係**です。どんな株主だって、はなから信頼できない経営者に自分の資金を託したりはしません。ガバナンスの基本にあるのは相互の信頼です。

　「ガバナンスとは、いざとなったら経営者に引導を渡すこと」なのですが、逆に言えば、こんなオソロシイことを考えるためには、相互の信頼がなければうまくいくはずがありません。信頼が崩れた関係はたいてい揉め事を起こします。買収者と被買収者の関係も同様です。被買収企業の現経営陣に経営を委託するのであれば、信頼を醸成していることが第一です。そのためにはトップ同士がイヤというほど濃いコミュニケーションを確立している必要があります。信頼できないのであれば任せることなどできませんよね？

　とはいえ、信頼しているのだから細々した契約などは不要、と考えるのは間違っています。信頼は信頼、契約は契約。いつまでに何をやってほしいのか、それに応じた処遇をどのようにするのか、責任と権限はどのようなものなのか、等々、明確に決めて書面に残すべきことは沢山あります。相手にぜひ履行してほしい内容は、義務として課す必要がありますし、そのためには、相手が要求する権利について考える必要もあるでしょう。もし、買収した側が「とにかく売上を上げてほしい」と思っているならば、そのような内容で契約を結ぶ必要があります。

　業績が悪かったら取締役会を開いて解任すればいい、取締役会には日本から役員を派遣しているから問題ない、したがって契約では触れない、などと言っても、非常勤で派遣されるにすぎない日本企業側の取締役が、それまでほとんど取締役会にも出席せず実質的に機能していなければ、ある日突然、取締役としての機能を振りかざすのは不可能に近いです。一方で、簡単に辞められても困るので、被買収会社の経営陣の処遇および報酬に関しては、さまざまな事柄を十分に想定して取り決めておく必要があります。

　また、グローバルM&Aを行う場合、欧米企業などで行われる融和策の主要なひとつは、被買収企業のトップを、自分の会社のボードに入れてしまうことです。被買収企業の経営者が、買収企業の意思決定機関に入り、そこで経営について発言し、グループ全体の方向性を決める意思決定に参加できることが、買収後統合を成功させる早道です。本社が無理なら、海外統括会社などでも相

応の効果があります。日本企業には相当の抵抗感があるようですが、海外からの売上が過半を占めるような会社なのに海外出身のマネジメントが1人もいない、というほうが不思議です。こうしたことを実際にできるようになっているでしょうか。

　一方、現経営陣を信頼できなかったらどうしましょうか。妥協してはいけません。任せられないのだから入れ替えを考えなければなりません。「何とかなる」と思っても、これは絶対に何ともならないのです。外部登用するにせよ、日本から派遣するにせよ、任せられる人材が必要です。最後は信頼感があるかどうかがすべてを決します。子会社ガバナンスも同様です。信頼することで監督の手綱が緩むことがあってはなりませんが、信頼がなければ、どんな問題でも起こり得ます。ガバナンス上、どうやっても「悪意を持って悪事をなす」人間については予防することができません。これを避けるためにも、信頼の醸成は何より大切なものであるということです。

　それが実現できなければ、買収なんてやめたほうがはるかによいです。所詮うまくいかないのが目に見えています。でも、経営者はやりたがりますね。それは、自分が受けているコーポレート・ガバナンスのプレッシャーに何とかして応えなければという焦りの表われでもあります。M&Aとはうまくいかないのに経営者がやりたがる最右翼の手段である、ということは、たとえば『ヤバい経営学』(フリーク・ヴァーミューレン著、本木隆一郎他訳、東洋経済新報社、2013年)などという面白い本にも書いてありますのでぜひご一読ください。

● CFOポジションを押さえる

　こうしたことを考えていくときに重要なのが、人材の問題です。親会社は子会社に人材を送り込むことによって規律づけを果たすことができます。この送り込む人材についてもいくつか要諦があります。大事なのに意外に行われていないのが、CFOポジションを押さえることです。日本では経理に毛が生えた程度にしか思われていないこのポジションですが、多くの海外企業では経営管理の心臓部であり、ほとんどすべての情報はここに集まってきます。ここを押さえなければ何も始まらないといっても過言ではありません。

　ただし、日本企業がよくやりがちな間違いですが、CFOだからといって、日本流に考えて、経理一筋何十年という人材を送っては絶対にいけません。そういう人たちが無能だというわけではありません。経理に詳しい専門家は補佐として必要ですし、その役目は重要です。しかし、ここで求められているのは

そうした特定の分野のプロフェッショナルではありません。企業価値向上について、将来のあり方を戦略および数字とともに語れる経営者としての人材が必要です。

　若手のお目付け役などを送る会社もありますが、こんな人事もやめましょう。すでに任についているCFOの斜め上あたりに、屋上屋を重ねるようにこうした人材を置く企業もありますが、ほとんどケンカを売っているようなものです。そもそも「お目付け役」などというわけのわからない人材を派遣すること自体が害悪ではないでしょうか。何を目的とした、どういうミッションを持った職務なのかを明確にすることが必要です。「ちょっとおカネのあたりをチェックしておいてね」などというルーズな言い回しが、いかに危険かということは、みなさんけっこう感じられているのではないでしょうか。

　一方、日本から派遣された海外法人のトップが営業や技術のフロントランナーである場合も留意が必要です。こうした人材は事業拡大にはプレイヤーとして能力を発揮しますが、組織の長としての訓練は受けていないことも多いです。せいぜい就任前研修と称して、通り一遍の研修を行う程度です。ましてや「企業価値向上」や「キャッシュフロー経営」などといわれただけで頭が痛くなりそうな人が多数います。つまり、経営を行ううえでの会計や財務の勘所がわからないのですね。会社側も、「まあ、まだいくつか苦手なところはあるさ」と鷹揚に構えていたりします。それよりも、せっかく海外進出したのですから、まずは売上の拡大に専念せよ、といったことになります。かくして、数字回りのことは現地従業員任せ、CFOポジションを握るなどということは夢のまた夢です。一方、どこの国にでも経理や財務の得意な人間はいますから、そうした人たちに任せておけば安泰。現地従業員の"活用"成功例などとも持ち上げられたりします。

◆子の"フリ"を見て親の振りを直せ

●おカネの絡むところに不祥事アリ

　数字は他人任せでも当面は安泰かもしれません。問題は、日本からの派遣は2～3年すると他の人と交代するということです。「経理については現地のXXさんに任せているから心配しなくていいですよ」──次に派遣されてきた日本人もあまりチェックはしない。次も、その次も……。そうした、まったく目の届かないところでおカネを扱わされた人間はどうなるでしょう？

　別に、現地従業員であろうがそうでなかろうが、少なくとも「私は規律づけ

られている」とは思わなくなるでしょう。先に述べたように、人間は悪くもなければ良くもありません。ただ「弱い」のです。加えて、現地従業員には、現地のネットワークなどからの誘惑もあるかもしれません。一概には言えませんが、「ちょっとくらいいいかな」と"魔がさす"のはこういうときでしょう。

　経理だけではなく、カネの絡むところにはこうした状況が頻発します。よくあるのは、現地従業員が在庫を横流ししていた、購買担当が買った原材料を自分でくすねていた、といった不祥事です。あまりにありふれていて珍しくもない類の話です。次にくるのは「だから現地の人は駄目なんですよ」「やっぱり日本人は真面目でいいよね」といった、半ば人種差別に近いような文化論です。そして、「子会社は駄目だ」「海外法人は悩みの種だ」などと続きます。しかし、本当は、親会社が子会社のガバナンスができていなことのほうにより大きな問題があるのではないかと思います。

● **まだ頼りない内部監査部門や内部通報制度**

　他にも、ガバナンスの弱さを象徴するようなことがあります。子会社に関する監査の弱さです。特に海外子会社に対する内部監査は、実質的にほとんど機能していないといってもいいような会社が数多くあります。たしかに以前は、内部監査部門というとあまり日の当たる場所ではありませんでした。なかなかフロントに出せない人材のたまり場になっていた感さえあります。また、内部監査業務も、法令上必要とされる種々雑多なルーチンワークをこなすのみといった感が強く、子会社の経営を戦略的に監督する、などといったことは業務として意識さえされていませんでした。それどころか「英語ができないから海外には行きたくない」などという内部監査部門の人材がいたりしました。しかし、いまではこうした内部監査部門のあり方は通用しません。親会社がしっかり監査の実効性を担保することが必要です。これは監査役も同様です。いくら子会社の内部に監査部門や、監査役もしくはそれに類するポジションがあったとしても、子会社内部の不正を子会社だけで暴くということはまず無理です。親会社自身が乗り込んでみるという機会が少なくとも実際にあるというだけで不正の抑止力になりえます。

　内部通報制度も同様です。子会社の経営者に通報されるような内部通報制度を、子会社の従業員が使おうと思うでしょうか。親会社に必ず届くような、かつ後になって自分の身に制裁や報復を課されることのないような仕組みでなければ、いくら仕組みだけ作っても誰も使うはずはありません。

図表6-2　子会社へのガバナンス

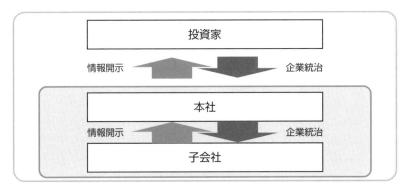

　たしかに、国によって文化や風土、慣習の違いなどはあるでしょう。実際に赴任している従業員の苦労話を耳にすると、それは大変なものだと言わざるを得ません。また、M&Aで買収した企業に送り込まれたみなさんの大変さといったら筆舌に尽くしがたかったりもします。「まったく、本当に海外の子会社というのはこれだから困る」——現地で苦労されているみなさんがそう嘆くのはまだわかりますが、本社にいる経営陣が同じようなことをいっているようではちょっとマズイです。海外子会社の「困ったていたらく」は、実は、親会社たる自らの「不備」によるものです。海外子会社をコントロールできるだけの基盤がそろっていないのですね。そうした親会社の状況が、子会社の現状に反映されています。いわば、子会社は親会社の「鏡」ともいえるでしょう。

◆子会社管理は本社を映す鏡

　ガバナンスについて考えた後は、では子会社を具体的にどのようにして動かせばよいのか、といった問題が生じます。ひとつには「カネ」による管理、もうひとつは「ヒト」の管理が必要です。前者は、経営管理、すなわち経済的な企業価値向上を如何に成すかというプラットフォーム作り、後者はアイデンティティの醸成、すなわち理念的な企業価値向上にどう貢献するかというプラットフォーム作りといってもよいでしょう。本書では前者を中心にみていきます。

　経営管理の充実は喫緊の課題です。ところが、これは**日本企業のもっとも弱いところ**です。まず、専門にやる部署さえありません。欧米系の企業であれば、当然にCFO分野の仕事です。経営管理専門のスタッフが充実していますし、「我が社の経営管理プラットフォーム」としてすぐに他社にインストールできるよ

うなコンテンツが整備されています。別に褒めているわけではありません。彼らはこれが得意なだけです。

　一方、日本ではさまざまな部署にこの仕事は分散されています。PDCAサイクルを回さなければいけないということがわかっていても、それを回すための組織がタコツボにはまっているということもよくあります。経営管理なのですから、当然に管理するべき計画や指標があります。これを考えるのは主に経営企画部門の仕事でしょう。しかし、実際に数字を取り出してくるのは経理部の管轄だったりします。経営企画部門の人が、「経理部が数字出してくれないんですよね」と困っていることがよくあります。経理部門が悪者なわけではありません。彼らは彼らで、IFRSだなんだかんだと変わりゆく環境への対応に必死です。制度会計にはとにかく対応しなければならないので、いきおい、管理会計への注力度は相対的に薄まります。

　加えて、一生懸命頑張ろうとしても、管理会計に関するシステムは貧弱の一言。しかし、それは経理部門の管轄ではありません。システム開発部に開発してもらわなければ。ところが、開発部門にいろいろ頼んでもらちがあきません。だいたい「われわれは開発する部門なので、どう開発するのかきちんとスペックを書いて持ってきてほしい」などという話になります。しかし、経理の人々はシステムに関しては素人なので、そんなことはできません。間に入ったシステム企画部門の担当者に任せようとしますが、彼らが経理もシステムもわからなかったりすると悲惨です。「子供の使いじゃないだろうが！」といった怒声が響き渡ること必至。困りますね。

　企業内部にはPDCAをその内容とするマネジメントサイクルが回っていますが、これは、実は資本市場の投資家がやっているのとまったく同じであることは先にも述べました。資本市場の投資家は、たくさんの企業の過去の実績、企業の仕組み、将来の仮説を比較検討し、その中から、これこそはリターンを上げてくれるだろうと思う企業を選びだして資本を投下します。そして、ある時点においてその成果を評価し、次の投資に結びつけていますね。企業の本社がやっていることもこれと同じです。すなわち、PDCAとは、
　　P——各事業の将来予測を行い、将来到達すべき目標の妥当性を検証し、投資に値する事業を選択する
　　D——選んだ事業に関し、事業の遂行者が要求する経営資源の配分（投資）を、決められた基準で判断して実行する
　　C——投資の結果を、当初の目標に照らして評価する

A──遂行者に対して然るべきフィードバックを行う

ということですね。この点に関してみれば、企業の本社は投資家と同様の機能を果たしています。つまり、経営資源を配分して、その成果を評価し、次につなげるということです。もう少しみてみましょう。

◆「おカネのサイクル」を管理せよ

「Plan」において重要なのは、①事業を管理する機能（本社）と、事業を推進する機能（各事業部門）との間の双方向の戦略決定プロセス、②戦略決定における、定性的な計画内容と定量的な計数策定の統合、③中期計画と予算策定との連動、です。多くの企業において、戦略決定はトップダウンかボトムアップの、いずれにしろどちらか一方の、それも極端な形で行われます。前者の場合には現場感と具体性のない大言壮語したアウトプットになりやすく、後者の場合には現状延長線上の創造性のないアウトプットが出てきやすい、といえます。どちらも、出てきた内容を評価し、フィードバックを行うという行為が欠けているからです。

ここでも資本市場と企業経営との関係を援用することができます。投資家が、自らのポートフォリオ戦略に合致した企業の経営戦略を見定めて評価し、投資の是非を検討する、というフィードバックループがIRの場において成り立っているように、本社は企業グループとしての明確な将来像を示すとともに、それを実現するため、事業部門に対してどのように資源配分を行うかポートフォリオ戦略を構築し、事業部門に対して投資家としての期待値を示す、というこ

図表6-3　経営管理におけるマネジメントサイクル

- 事業ごとの「戦略」を議論し構築できるプロセス
- トップダウンの方針提示とボトムアップとを組み合せたサイクルで計画を検討
- 具体的なフォームや記載内容まで作りこむ
- 中期計画と年度予算の連携

- 投資の実行・撤退判断と決定された投資の実行・運営
- コミットメントを基にした事業推進
- 場合によっては事業再生支援・コンサル機能の発揮

- 年度限りで終わりにしない
- 業績評価と人事報酬との連携（特に経営責任者）
（事業部門の経営責任者を次世代のグループ経営者として育成）
- 人事政策自体の見直し
（事業、機能、地域…）

- モニタリングと伝達
- 共通の判断軸による評価、事業の型の違いに応じた評価の双方を考える
- 定量評価、定性評価の双方を考える

とです。それを受けて事業部門は個別の事業戦略や計数計画を策定し、**本社に対して「IR」を行う**。本社はその内容を評価し、さらにフィードバックを与える。そして、両者合意した内容について、明確にコミットメントを行う。このプロセスは、お互いの理解を深めるコミュニケーション機会としても大いに機能します。

　また、このプロセスにおける情報のやり取りは、定性的な計画内容と定量的な計数計画の双方がそろっていなければなりません。立ち位置の異なる者どうしが、もっとも明確に議論やコミットメントを行えるのは具体的な計数あってこそですし、だからといって計数だけを議論するのでは数字の遊びになりかねません。こうした情報を伴う双方向のプロセスには時間も労力もかかり、負担も大きいようにみえるかもしれません。しかし、日本企業が毎年の予算策定にかけている膨大な作業量と時間に比べれば、はるかに効率的かつ有用なのではないでしょうか。

　本来、経営計画というのは長期のキャッシュフロー予測であり、それを1年ごとにブレイクダウンした中期のキャッシュフロー予測が予算です。経営計画が堅固に策定されていれば、よほど重大な変化のない限り、予算の決定にそれほど時間も労力も必要ないはずです。「何か違うこと」をやっているために、軸のぶれたいくつもの数字に振り回され、コミュニケーションの機会も失い、経営計画はいつまでも達成できない、という事態を招きがちなのではないでしょうか。

　「Do」においては、①経営計画の実行に必要な責任と権限を明確にしておくこと、②特に、投資の実行判断と撤退判断に関しては、その定量的な基準と意思決定のプロセスをきちんと定めておくこと、が重要です。企業にとって、投資に関する意思決定は何より大事です。その意思決定を的確に行えるようなマネジメントプロセスを持っていることは企業にとっての正に生命線といってもいいでしょう。この点はすでにみましたね。

　「Check」の段階において、責任と権限を委譲し、期待値を与えたその結果が評価されます。この評価の仕組みは、資本市場で投資家が自らのポートフォリオの運営方針を定めて、企業の将来像を分析しながら投資したり、あるいは投資を引き上げたりするのと同様の構造を持ちます。期待通りの企業価値向上が果たされれば、資本市場は企業経営に対してより柔軟な資金調達（具体的には有利な金利水準や大きな調達枠など）を認めることもできるでしょう。反対

に企業が自らの価値を毀損すれば、市場における資金調達の困難度は増し、投資規模は制約を受けます。最後には投資の撤退、すなわち倒産が待っています。

「Action」に至り、その評価は人事報酬などの形でフィードバックされます。したがって、経営管理のPDCAサイクルを構築するにあたっては、戦略的人材配分機能、人事報酬決定機能を持つ部門の参画は不可欠です。特に、事業部門の経営責任者に対する報酬は、企業価値向上努力に対して明確に報いるものになっている必要があります。逆に言えば、責任も権限も持っていない平社員の給料にやたらと成果主義をいれてもさしたる効果はありません。権限を持って事業を引っ張る責任者は、期待を超えれば評価され、そうでなければきちんと責任を取る必要があります。また、当然のことながら、ここでの評価は、次の「Plan」にフィードバックされ、経営管理のサイクルは途切れることなく回っていくことになります。

◆投下資本とリスク・リターンによる管理

これら一連の流れにおけるモノサシはすべて企業価値です。将来キャッシュフロー生成能力ですね。先にみたROIC-WACCスプレッドなどでこれを測る企業もあります。いずれにせよ、投下資本に対するリスクとリターンを勘案した定量的な指標が経営のすべてのプロセスにおいて共通して用いられていることが必要です。そして、マネジメントプロセスをこの共通の尺度で構築することができれば、本社が企業価値向上のために事業部門に求めること（事業部門が企業価値向上のために行うべきこと）はシンプルに3つに収斂します。先にみた、企業価値向上のための3つの言葉です。①投下資本のコスト以上の収益を生み出すか、②それができない事業から投下資本を引き上げるか、③投下資本にかかるコストの引き下げを実現するか、でしたね。

このような構造を企業グループ内で活用するためには、各事業のリスクに応じた社内借入金・資本金制度や投資撤退基準の設定、そして業績評価や人事報酬との連動が不可欠です。本社はこれら財務的手段を通じて、外部投資家と同様に投下資本に対するリターンを傘下の事業会社に求め、それらに委譲した権限をコントロールすることになります。ところが、ここでファイナンスがわからないと、こうした手段をとったり、そもそも仕組みを構築することができません。グループ経営にこそファイナンスの知識が求められるというのは、まさにここに理由があります。

ところが、日本の企業の取組みは、まだ投資家としてファイナンスを十分に

活用しているとはいえない状況です。各事業にかかる資本コストを事業のリスク・リターンに応じて決めたり、資本コスト割れが続く事業からは撤退を検討したり、といったことはまだちょっと苦手ですね。なかには、持株会社形式を取りながら、こうしたことに無頓着な企業もあります。持株会社にしたということは、ここで言う内部資本市場の存在を表面に出しているということでもあります。何といっても、「持株」会社なのですから。要は、自分は「株主」であると高らかに宣言しているようなものですね。

本社がグループ内投資家となって活躍するプラットフォームは、日本の企業がグローバルでグループ経営を行っていくにあたって必要不可欠、かつ最低限有するべきインフラであり、しかも早期に十分な構築が行われなければならないものであるといえましょう。これが遅れていることが、日本企業の足を大きく引っ張っています。

M&Aを行ったのに現地の経営陣になかなか経営を任せられないのも、海外IRに出かけても、いまひとつ投資家からの理解が得られないのも、大きな理由はここにあります。まず必要なのは、全世界どこに行っても通じる価値指標を軸として、経営を行っていくうえで必要なコミュニケーションとコントロールが組み立てられていること、です。そのためにファイナンスの知識をぜひ活用してください。

◆罪作りな"管理会計"という言葉

こうした「投資家的機能」を発揮するうえで考えておきたいのが、経営管理を行うにあたって必要な数字を司る「管理会計」という分野です。

この「管理会計」という言葉、けっこう罪作りな言葉です。みなさんは、この言葉から何を思い浮かべますか。日本では、ほとんどの人が「原価計算」と答えるのではないでしょうか。それほど、日本における原価計算は精緻そのもの。世界一ではないかとさえ思ってしまいます。しかし、これはあくまでも製造というオペレーション上で必要となる計算です。大事なのは事実ですが、管理会計の本来の意味とはちょっとずれています。管理会計を英語で言うとManagerial Accountingです。Management Accountingという場合もあります。つまり、**経営者のための数字**ですね。企業を経営するために必要なさまざまな内部の数字をきちんと経営者のコックピットにそろえることがもっとも重要な管理会計の使命です。しかし、日本ではオペレーションのための数字作りに偏重してしまいました。第1章でみたように、安定化された環境の下、「やりたいこと」＝事業だけに専念していればよかったからですね。

本来、もっとも重要なマネジメントの数字というのは、事業における将来仮説を立て、それを実行し、成果を測定して次の経営資源配分につなげる、すなわちマネジメントサイクルに関わるものであるはずです。日本では、予算制度こそ精緻なものを作りますが、それはあくまで単年度の、非常に短期的な誤差測定に使われるに過ぎません。より中長期の視点から、企業の経営資源配分と実行、評価につながるプロセスを見渡せるような管理はとても乏しいのです。

　そもそも、このPDCAサイクルを貫く評価指標が明らかでないということが挙げられます。「企業価値でしょう？」の一言で海外の被買収企業は終わりですが、当の親会社はそうした管理がまだできていなかったりします。また、これらを回すためにはさまざまなルールやプロセスやフォーマットが必要ですが、ルールやプロセスについては何も決めなさすぎる一方で、フォーマットについてはあまりに細かすぎる企業が多くあります。日本企業が国内で用いているフォーマットは多くの場合、よく言えば大変精緻ですが、悪く言えば細かすぎます。「もしかすると要るかもしれないから念のため」と思って設けている項目が多いともいえます。こういうフォーマットは断捨離しましょう。だいたい今あるものから3割がたスペックを落として十分です。それでようやく海外にも伝わるものとなります。

　企業価値を軸とした経営管理を行っていく、と言うと、とたんに異論が出たりもします。「事業には、事業を伸ばしていくための勘所とでもいえるものがある。それをチェックするためにさまざまな指標を使っているのに、企業価値などというわけのわからないものでくくろうとするのは如何なものか」──はい、仰るとおり、事業には事業固有の見るべき指標があります。それは、事業によってまったく異なったりもするでしょう。そもそもビジネスモデルも事業の型も異なるような事業に同じ指標を当てはめて、何とか事業を伸ばしてくれというのも無理な話です。事業にあった指標を自由に決めていただいてまったくかまいません。リンゴにはリンゴの、ミカンにはミカンの育て方があるように、それを行っていくための固有の指標は不可欠です。事業にはリンゴやらミカンやらたくさんあるでしょう。これらは、プロセス指標であってもかまいませんし、定性的なチェック項目であってもまったくかまいません。

　しかし、ここで言っている企業価値はそれとは別物です。われわれが何のためにリンゴやミカンを育てているのかと言えば、企業の場合には売上を上げ、

然るべきキャッシュフローを得るためです。つまり、「結局売ったらいくらになったのか」という指標は、リンゴとミカンで変えてはマズいでしょう？ リンゴは売上でみるけれど、ミカンは営業利益でみます、などといったら、まず間違いなく混乱します。したがって、そういった横比較に使う指標は統一しておくことが必要です。前者の、リンゴやミカンに固有な指標を、事業部門が用いる指標だとしたら、後者の「それで結局いくら？」にあたるのが本社の使う指標だといえるでしょう。では、ここに何を使えばいいのでしょう？ もうすでにさんざんみましたね。いまや、会計基準でさえキャッシュフローが軸となっている状況です。企業の本社が軸とするのはやはり、企業価値、もう少し具体的に言えばキャッシュフローということです。

これからの グローバル・グループ経営

◆日本企業の陥りやすい"放任主義"

　経営者のみなさんと本社力の強化について話していると、時々「いや、ウチは遠心力を効かせたいから（本社は小さくていい）」といった声を聴くことがあります。遠心力と求心力。よく聞く言葉ですね。グループ全体を、自立分権的に統治するのか、中央集権的に統治するのか、という問題です。日本の企業は、自立分権が大好きです。いま現在は中央集権的であるという企業も多いのですが、「どうにかして事業部門の自立自走を果たし、本社はコンパクトに小さくまとめていきたい」——こうした願望が非常に強く、これを「遠心力」などという言葉で表現したりします。

　しかし、本社がコンパクトであることと、経営管理が弱くていいということはまったく別問題です。実は、経営管理力、事業部門のグリップ力が相当強くなければ、遠心力を効かせた経営、自立分権的な経営はできません。日本企業に多いのは、これらを標榜しながら、実際には単なる放任となってしまっているパターンです。

　もともと、日本企業の事業部門はとても強いのです。現場至上主義といってもよいでしょう。これにはもちろんよい面もあります。いちいちうるさいルールやプロセスを設定したりしなくても、現場が勝手に動いてくれる。"日々これ改善"に邁進もしてくれる。こんなに楽なことは経営者としてはありません。しかし、こうした現場力は、企業を取り巻く環境が大きく変わるときには発揮しにくくなります。「改善」というのは、今日と同じ明日があるから意味があるのであって、明日は今日とは同じではないかもしれないという場合に、必要なのは「改革」です。これは、当事者にはなかなかできません。事業部門の長が「いや、私の責任部署はもう伸びないから潰したほうがいいと思います」とは言いませんよね。こうした非連続的な決定は、本社でなくてはできません。普段の運営を、事業部門に任せていれば任せているほど、手綱を締めるべきときにはきちんと締められるような体制を構築しておかなければならないのですね。

　遠心力型の経営、自立分権型の経営はまた、投資家型の経営でもあります。

基本的には経営者に日々の経営を委任しているのが投資家ですから、事業責任者に日々の経営を委任してプロセスにはあまり口を出さない本社がこうしたタイプでしょう。しかし、何に関しても口を出さないわけではありませんね。株主だって、業績が悪ければ経営者に文句を言います。場合によっては解任といった事態にも発展しますし、そこまでいかなくても報酬が下がったり、といったフィードバックが必ずやあるでしょう。それらは、プロセスは見ていないわけですから、当初約束したことが実現できたかという結果評価しかなされません。つまり、遠心力が効いているのがいいなあ、とグループ企業の経営者が夢想するとき、それは「投資家型」を貫く本社の構築が必要であるということなのです。

◆理念なき企業は去れ

ルールやプロセス、フォーマットなどを考えて、「仕組みでコントロールしていく」のは、もしあなたの会社が他国に出たり他社を買ったりしていくのであれば、これからは不可欠となるでしょう。「言わなくてもわかる」暗黙知の経営に慣れてきたわれわれとしては、こうしたことを敢えて表に出すのをためらったりしますが、「言わなければわからない」他社の人々や他国の人々が増えれば増えるほど、こうした仕組みがなければ何をやるべきか、どうやるべきか迷ってしまいます。

また、仕組みの詳細設計を行うには、その設計方針が決まっている必要があります。「これだけはやってはいけない」「これだけは守ってほしい」――この企業にいる限りは意識しなければならない方針、これが曖昧なために混乱を招いたり、「親会社はいったい何を考えているのか」と不満が渦巻いたりすることは非常に多いです。

こうした方針の最上位にあるのが、企業理念です。企業が未来永劫、何を希求していくのか、というそもそもの存在意義（ミッション）、そしてそれをどういった態度なり行動なりで行っていくべきなのかという価値観（バリュー）が企業理念を構成することは先にも説明しましたね。要は、「何をするために、どのように、どちらの方向に向かって走ればよいのか」というガイドラインです。「仕組みによるコントロール」と合わせて、こうした「理念によるコントロール」は多種多様な従業員や利害関係者と関係を作っていくうえで、企業にとって不可欠なものです。先述した理念的な価値向上に資するプラットフォーム作りも重要となってきます。

企業理念といわれると、なんだか綺麗ごとっぽい気がしたりしますが、実は、相当具体的なものでなければなりません。各国語に訳して意味が通じるものでなければならないし、右か左か迷うような意思決定の際に、どちらか方向を決めるのに使えなければ意味がないのです。身近な出来事の左右を決するような**「仕事をするうえでの軸」**であるといえましょう。

> **コラム12** **多様であるほど「軸」が必要**
>
> 　企業理念がないと実は困ること、それは多様性の確保、企業でよくいわれるダイバーシティマネジメントです。「また綺麗ごとっぽい話」と思ったそこのあなた、その認識は大間違いです。多様性を欠いた組織は競争に負けます。以前は、人材の均一性が効率性をもたらし、労働生産性を向上させるという強みが確かにありました。しかし、いまはアイデアやイノベーションを競う時代です。差別化できる要素を考えつくには、「違う頭」がたくさんあったほうがよいのです。
>
> 　しかし、「違う」人々を束ねるのは大変です。「同じ」であればうるさく言わなくてもみんなわかってくれます。しかし、「違う」場合にはそれらを束ねる軸となるものがなければてんでばらばらになってしまいます。この「束ねる軸」となるものが企業理念なのですね。普通の社会で言えば、個性だけを強調すると、なんだかモンスターペアレントみたいな人々が出現して困ったことになります。それゆえ、倫理とか道徳とか良識とかいったものがあるわけですね。企業の中で、これにあたるのが企業理念であるといえます。ダイバーシティを進めれば進めるほど、企業の中に「違う」人々が多くなればなるほど、拠って立つ不変の共通軸がしっかりしているかどうかは重要となってきます。
>
> 　実はミドルの仕事にも企業理念は大いに関係します。自分が率いるチームで意見が対立した場合、何を根拠にそれを仕切るのでしょうか。空気を読んでどうにかする、という日本人の忍術的手法はもう使えません。顧客からのクレームの矢面に立ったとき、何に依拠してそれを乗り切るのでしょうか。気合と根性だけではもう通じません。何かひとつくらい、困ったときに頼れる「軸」があったら便利だと思いませんか。

◆具体的に活用してこその企業理念

　本書はファイナンスを軸にしているので、これ以上、企業理念の詳細に立ち入るのは避けますが、ひとつだけファイナンス分野にも関係する具体的な企業理念の使用シーンについてみておきましょう。リスクマネジメントです。
　リスクマネジメントには、ハードコントロールとソフトコントロールがあり

図表6-4　リスクマネジメントと企業理念

	ハードコントロール	ソフトコントロール
重要事項	・マニュアル、チェックリスト、規制、手順、手続、書面による承認、稟議書、照合など	・誠実性、倫理観、リーダーシップ、経営哲学、リレーションシップの構築など
特徴	・有形、客観的、検証容易	・無形、主観的、検証困難
考え方	・外部からの基準強制 ・違法行為の防止 ・内部統制、コンプライアンス	・内発的な価値観の重視 ・責任ある行為の実行 ・企業理念、企業風土、社員倫理

ます。ハードコントロールは、ルールやマニュアルなど、明確な一線を引き、それを守らせることによってリスクを防ぐやり方です。内部統制などもこの範疇に入ります。白黒がはっきりつきやすく、守るほうも守らせるほうも対応がしやすいのがメリットです。一方、守るほうにはどうしても"やらされ感"が漂います。なんのためにやっているのかがわからなくなり、縛られているような気さえします。

　ソフトコントロールはこの逆です。やってはいけないことをデジタル的に示すのではなく、人の心に訴えかけます。この会社が好きだから少しでもよくしたい。自分もチームの一員となって目指すところに向かって努力したい、などといった気持ちを持ってもらえれば、それに反するような行為を行うリスクは減ります。明確にゼロかイチかを判断するのは難しいので、守らせるほうはたいへんですし、守るほうも心に届かなければまったく無視してしまいます。しかし、いったん腹落ちして共感すれば、自発的に望ましい行動を取るようになります。こうしたソフトコントロールの代表的なツールが企業理念です。従業員一人ひとりの行動指針になっているとき、企業理念はその実力を発揮します。そのためには絶え間ない発信と浸透は不可欠です。特にトップ自らの発信は重要です。トップとすれば、何十回、何百回と同じことを言わなければならないかもしれません。しかし、聴く相手にとってはその機会はたった一度です。全グループ津々浦々の社員に、本当に少なくとも一度は自らの言葉で語りかけたか、トップは考えてみてください。もし、それが実現していれば、企業理念に関するフィードバックプロセスを具体的に動かすことも可能になるでしょう。サーベイの実施などはその好例です。図表6-5にあるように、グローバル化

図表6-5　企業理念への取組み

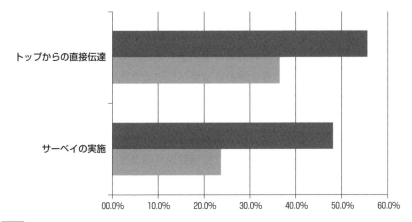

■=海外の事業主体に何らかの経営意思決定権限を委譲している企業
■=海外の事業主体に対する経営意思決定権限の委譲は行っていない企業

日本CFO協会「財務マネジメントサーベイ2014」

を進めている企業ほど、こうした事実に気づき、企業理念の発信と浸透に努めているようにみえます。

◆経営に使えるファイナンス

さて、本書も終わりに近づいてきました。読者のみなさんには、いかにもファイナンスといったところから、その応用編たるM&Aやガバナンス等々、グローバル・グループ経営まで、昨今の企業における課題も含めて概観していただけたかと思います。この数年間で、こうした経営課題に対する各種の施策はだいぶ進んできたとはいえます。しかし、まだまだやるべきことはたくさんあります。また、人材育成の必要性もつとに叫ばれているところです。「グローバル人材育成」などと称されていますが、実際には、「グローバル人材」なんていう人材はどこにもいません。英語ができるに越したことはありませんが、できたからといってそれで海外に飛躍できるわけではありません。いま必要なのは、経営者として、あるいは幹部人材候補として、「経営力」をしっかり身につけた人材の育成です。

そして、この「経営力」の根幹のひとつをなすものとして、ファイナンスの知識があります。企業価値を向上させるためのさまざまなドライバーを知って使えるようになっていること、会社の数字が読めること、そして、そればかりではなく、将来の予測を果敢に行い、リスクを的確に認識してコントロールし

ていくこと、こうしたことのためにファイナンスの知識は不可欠です。本書では単に小手先の技術ではなく、経営に使えるファイナンスを紹介してきたつもりです。これからの時代、ファイナンスがわからなければマネジメントはできません。本書をお読みになった1人でも多くの方が、将来、経営の中枢の担い手として活躍されることを心から祈っています。

索 引

数字・アルファベット

- 3C分析 …… 84
- AA種類株 …… 154
- ABCP …… 169
- ABS …… 169
- APT …… 58
- BCR …… 180
- BEP …… 95
- BPS …… 102, 105
- BS …… 18
- CAPMモデル …… 58
- CB …… 136
- CMBS …… 169
- CVP分析 …… 95
- DCF法 …… 67, 69
- DD …… 197
- DE Ratio …… 53, 100, 105
- DEBT/EBIT …… 105
- DEBT/EBITDA …… 105
- Divestiture …… 202
- DOE …… 102, 105, 160
- DPS …… 102, 105
- EBIT …… 34
- EBIT Margin …… 104
- EBITDA …… 34
- EBITDA Margin …… 104
- EBITDA成長率 …… 104
- EBITDA倍率 …… 77, 105
- EBIT成長率 …… 104
- EPS …… 105
- Fama-Frenchの3ファクター・モデル …… 58
- IFRS …… 195
- IRR …… 180
- IS …… 17
- LBO …… 163
- LOI …… 197
- M&A …… 163, 187
- MACクローズ …… 132
- MBO …… 164
- MM理論 …… 46
- MSCB …… 136
- NOPAT …… 99
- NPV …… 178
- NPV法 …… 178
- PBR …… 58, 77, 102, 105
- PCFR …… 77
- PDCA …… 218
- PER …… 77, 102, 105
- PEST分析 …… 85
- PEファンド …… 120
- PI …… 180
- PL …… 17
- PSR …… 77
- PV …… 177
- Qレシオ …… 102
- RMBS …… 169
- ROA …… 97, 104
- ROE …… 97, 104
- ROI …… 181
- ROIC …… 98, 104
- ROIC-WACCスプレッド …… 99
- SB …… 136
- SWOT分析 …… 84
- TOB …… 165, 198
- TOWS分析 …… 85
- TSR …… 106
- WACC …… 55

あ行

- アービトラージ …… 144
- アウトルック …… 147
- アカウンティング …… 17
- アセット・ファイナンス …… 122, 166
- アップサイドシナジー …… 194
- アファーマティブ・コベナンツ …… 131

アンコミットメント	126
安全資産	22
安全資産利子率	59
アンダーパー	138
アンレバードベータ	63
イールド・カーブ	142
一部議決権制限株式	153
イベントリスク	50
イミュニゼーション（免疫化）戦略	145
インカム・アプローチ	67
インカムゲイン	58, 139
インカム・ステートメント（IS）	17
インタレスト・カバレッジ・レシオ	101, 105
インベストメント・セオリー	15
売上高フリーキャッシュフロー率	104
売上高売上総利益率	104
売上高営業キャッシュフロー率	104
売上高営業利益率	104
売上高金融収支比率	105
売上高経常利益率	104
売上高成長率	104
売上高当期純利益率	104
売上高付加価値率	102
売上高付加価値率	105
売掛金	26
売掛債権回転期間	99, 104
売掛債権回転率	100
売掛債権対買掛債務比率	104
売掛債務	26
運転資金	31, 100
運用	14
営業関連債権債務	26
営業債権	26
営業債務	26
営業利益成長率	104
エージェンシー・コスト	156
エージェンシー関係	155
エクイティ・ファイナンス	149
縁故募集	150
黄金株	154
応募者利回り	139
オーバーパー	138
オプション	171

か行

買掛金	26
買掛債務	26
買掛債務回転期間	104
会計	17
会計の使命	17
回収リスク	128
外部格付け	147
外部環境	83
外部環境分析	84
外部調達	39, 119
格付け	146
獲得	14
額面	138
確約	131
加重平均資本コスト	55, 73
株価売上率	77
株価キャッシュフロー比率	77
株価収益率	77, 102, 105
株価純資産倍率	58, 77, 102, 105
株価リスク	45
株式移転	201
株式価値	67
株式公開買付け	165, 198
株式交換	200
株式対価買収	198
株式による資金調達	149
株主	41
株主価値	67, 74
株主権	150
株主資本	40, 103
株主資本コスト	55
株主資本当期純利益率	97
株主資本配当率	102, 160
株主への還元	160
株主割当増資	149
間接金融	120

間接調達	120
完全市場	46
完全無議決権株式	153
管理会計	222
機会費用	56, 185
企業価値	35, 67, 74, 80
企業金融	15, 121
企業財務	15
企業統治	155
企業理念	226
議決権行使助言会社	97
議決権の行使	153
期限の利益	130
期限の利益喪失事由	131
期限の利益喪失条項	131
擬似資本	162
期待収益率	56
希薄化	152
基本合意書	197
義務償還株式	153
逆イールド	142
キャッシュフロー・プロジェクション	106
キャッシュフロー計算書	27
キャピタルゲイン	58, 139
キャピタルマーケット	13
共益権	151
拒否権	154
拒否権付き種類株式	154
金融	13
金融工学	16
金融債	134
金融市場	13
金融派生商品	17, 170
金利	137, 140
金利デリバティブ	170
クーポンレート	138
グループ本社機能	206
グレース・ピリオド	132
クレジット・デフォルト・リスク	127
クロス・デフォルト条項	132
経営資本	99
経営資本営業利益率	104
経営資本利益率	98
経常利益成長率	104
継続価値	71
減価償却費	25
現金対価買収	198
現在価値	24, 177
限定訴求型融資	167
現預金	118
公共債	134
公募債	135
公募増資	150
効率性	96
ゴーイング・コンサーン	70
ゴードンモデル法	67
コーポレート・ガバナンス	155
コーポレート・ファイナンス	15, 121, 166
コーポレート機能	206
コール・オプション	172
国債	134
国際財務報告基準	195
国税庁方式	76
コスト・アプローチ	67, 75
固定金利	130
固定資産回転率	104
固定長期適合率	105
固定費	95
固定比率	105
コベナンツ	131
コミットメントライン	125
混合株式	153

さ行

裁定価格理論	58
債権者	42
債券デリバティブ	170
債券の残存期間	146
再構築原価	194
最終利回り	139

歳出	13
財政	13
再調達原価法	75
裁定取引	144
最適負債資本構成	47
歳入	13
財務	13
財務三表	18
財務制限条項	131
財務の使命	19
財務モデリング	106
財務モデル	106
先物取引	170
先渡取引	170
サンクコスト	185
残存価値	178
残余財産の分配	153
自益権	151
時価純資産法	75
事業価値	66, 74
事業債	134
事業投資	16
資金調達	118
自己資本	103
自己資本成長率	104
自己資本当期純利益率	104
自己資本配当率	105
自己資本比率	105
資産金融	122
資産担保証券（ABS）	169
事実表明及び保証	130
自社株買い	159
市場分断仮説	144
事前警告型ライツプラン	158
実際配当還元法	67
実物投資	16
シナジー・キャッシュフロー	192
私募債	135
資本	40, 46
資本コスト	55, 119
資本資産価格モデル（CAPM）	58
資本市場	13
資本集約度	105
資本生産性	105
資本制約	184
資本調達	119
社債	134
社債投資家	134
収益還元法	67
収益性	95
収益性インデックス	180
従業員一人当たり売上高	105
従業員一人当たり営業利益	105
従業員一人当たり人件費	105
修正デュレーション	145
取得条項（一部）	153
取得条項（全部）	154
取得請求権	153
種類株式	153
順イールド	142
純資産	103
純粋期待仮説	143
償却	195
商業用不動産ローン担保証券（CMBS）	169
証券化	169
証券投資	16
証書貸付け	125
少数株主権	151
焦土作戦	159
譲渡制限	153
少人数私募債	135
情報の非対称性	156
正味現在価値	178
剰余金の配当	153
将来予測	106
ショートリスト	190
所有期間利回り	139
新株予約権	136
新株予約権付社債	137
信用格付け	146
信用補完	128

信用リスク	24, 44, 127
スクィーズアウト	165
スクリーニング	188
スタンドアローン・バリュー	192
ストックオプション	137
ストック分析	67
スプレッド	130
スポット・レート	142
スワップ	171
清算価値法	75
生産性	102
成長性	94
税引後営業利益	34, 99
税引前・金利支払前利益	34
設備投資	176
設備投資効率	105
セラーズ・バリュー	191
ゼロ・クーポン債	142
全部取得条項付株式	165
増資	51, 149
総資産営業利益率	104
総資産利益率	97
総資本回転率	104
総資本成長率	104
総資本投資効率	105
ソフトコントロール	228
ソブリンリスク	85
損益計算書	17
損益分岐点	95
損益分岐点分析	95

た行

ターム・ローン	125
第一命題（MM理論）	46
第三者割当増資	150
貸借対照表	18
第二命題（MM理論）	46
ダウン・グレード・クローズ	132
ダウンサイドシナジー	193
棚卸資産	26
棚卸資産回転期間	104

短期金融市場	13
短期投資	176
単体キャッシュフロー	192
単独株主権	151
単利利回り	139
チェンジ・オブ・コントロール条項	132
地方債	134
中小企業庁方式	102
長期金融市場	13
長期投資	176
調達	14
直接金融	120
直接調達	120
直接利回り	139
定率成長配当割引モデル	58
手形貸付け	124
手形割引	124
デット・ファイナンス	122
デュー・ディリジェンス	188, 197
デュポンシステム	98
デュレーション	144
デリバティブ	17, 169
デリバティブ・プロダクツ	169
転換価格修正条項付転換社債型新株予約権付社債（MSCB）	136
転換社債（CB）	136
転換社債型新株予約権付社債	136
天候デリバティブ	170
電子債権	124
電子手形	124
投下資本	99
投下資本収益率	181
当期純利益成長率	104
投機的等級	147
当座貸越し	125
当座比率	101, 104
倒産隔離	168
投資回収期間	181
投資適格等級	146
投資判断基準	177
同順位債権者	131

投資理論 ……………………………… 15
投融資効率 …………………………… 104
トップライン ………………………… 43
トラッキングストック ……………… 153

な行

内部格付け …………………………… 147
内部資源分析 ………………………… 84
内部収益率 …………………………… 180
内部調達 ……………………… 39, 118
内部留保 ……………………………… 118
日銀方式 ……………………………… 102
ネガティブ・コベナンツ …………… 131
ネガティブ・プレッジ ……………… 131
のれん ………………………………… 195
のれんの減損 ………………………… 195
ノンリコースローン ………………… 166

は行

パー …………………………………… 138
パーソナル・ファイナンス ………… 13
ハードコントロール ………………… 228
ハードルレート ……………………… 73
バイアウト …………………………… 163
買収防衛策 …………………………… 158
配当 …………………………………… 160
配当還元法 …………………………… 67
配当性向 ……………………… 102, 105
配当のシグナル効果 ………………… 160
配当無関連命題 ……………………… 160
ハイブリッド・ファイナンス ……… 162
配分 …………………………………… 14
バイヤーズ・バリュー ……………… 191
派生商品 ……………………………… 170
発行市場 ……………………………… 138
発行体 ………………………………… 134
発行体格付け ………………………… 147
バランスシート ……………………… 18
非事業用資産 ………………… 66, 74
ビジネスモデル ……………………… 89
非訴求型融資 ………………………… 166

一株当たり純資産額 ………… 102, 105
一株当たり当期純利益 ……………… 105
一株当たり配当 ……………… 102, 105
標準配当還元法 ……………………… 67
費用便益比率 ………………………… 180
表面利率 ……………………………… 138
ファイナンシャル・エンジニアリング … 16
ファイナンシャル・コベナンツ …… 131
ファイナンシャル・プロジェクション
…………………………………… 106
ファイナンス ………………………… 13
フォワード・レート ………………… 143
付加価値 ……………………… 101, 105
複利利回り …………………………… 140
負債 …………………………… 40, 46
負債・資本の再構築 ………………… 98
負債コスト …………………………… 56
負債調達 ……………………………… 119
負債の税効果 ………………………… 57
負債比率 ……………………………… 104
普通株式 ……………………………… 152
普通社債（SB）……………………… 136
プット・オプション ………………… 172
フリーキャッシュフロー …… 30, 69
フリーキャッシュフロー成長率 …… 104
フロー分析 …………………………… 67
プロジェクトファイナンス ………… 167
ペイオフ・ダイヤグラム …………… 172
ベータ値 ……………………………… 60
ペッキングオーダー理論 …………… 52
ヘッジ ………………………………… 170
変動金利 ……………………………… 130
変動費 ………………………………… 95
防御価格 ……………………………… 195
簿価純資産法 ………………………… 75
保険 …………………………………… 170
ボトムライン ………………………… 43
ボラティリティ ……………………… 44

ま行

マーケット・アプローチ ……… 67, 76

マイナス金利 …………………… 23, 143
埋没費用 ………………………… 185
マテリアル・アドバース・チェンジ条項
　……………………………………… 132
マネーマーケット ……………… 13
未貸枠 …………………………… 125
見通し …………………………… 147
見直し …………………………… 147
民間債 …………………………… 134
無限等比級数の和の公式 ……… 71
無償増資 ………………………… 149
無リスク資産 …………………… 22
無リスク資産利子率 …………… 59
メザニンファイナンス ………… 162
モジリアーニ・ミラーの理論 … 46

や行

役員選任規定 …………………… 154
約束手形 ………………………… 123
有形固定資産回転率 …………… 104
有償増資 ………………………… 149
優先株式 ………………………… 153
優先出資証券 …………………… 162
有利子負債 ……………………… 40
有利子負債依存度 ……………… 105
有利子負債経営資本比率 ……… 105
有利子負債コスト（負債コスト）… 55
有利子負債自己資本比率 ……… 105
有利子負債フリーキャッシュフロー比率
　……………………………………… 105
有利発行 ………………………… 150
有利子負債平均金利 …………… 105
要求収益率 ……………………… 56

ら行

リキャップCB ………………… 98

リキャピタライゼーション …… 98
リスク・プレミアム …………… 59
リスク移転 ……………………… 170
リスクマネジメント …………… 227
利息 ……………………………… 137
利付債 …………………………… 141
リボルビング・ファシリティ … 125
利回り …………………………… 138
リミテッドリコースローン …… 167
流通市場 ………………………… 138
流動性 …………………………… 101
流動性プレミアム仮説 ………… 144
流動比率 …………………… 101, 104
留保キャッシュフロー ………… 101
利率 ……………………………… 138
類似会社比準法 ………………… 76
類似企業比較法 ………………… 76
類似業種比準法 ………………… 76
類似取引法 ……………………… 76
劣後株式 ………………………… 153
レバードベータ ………………… 63
レバレッジド・バイアウト …… 163
レバレッジド・ファイナンス … 163
レビュー ………………………… 147
労働生産性 ………………… 102, 105
労働装備率 ………………… 102, 105
労働分配率 ……………………… 105
ロングリスト …………………… 190

わ行

ワーキング・キャピタル ……… 31
ワラント債 ……………………… 137
割引債 …………………………… 141

【参考文献】

- ジェイ・B・バーニー（著）、岡田正大（訳）『企業戦略論』（上・中・下）、ダイヤモンド社、2003年
- Simon Benninga "Financial Modeling" MIT Press、2014年
- リチャード・A・ブリーリー、スチュワート・C・マイヤーズ、フランクリン・アレン（著）藤井眞理子（訳）『コーポレート・ファイナンス 第10版』（上・下）、日経BP社、2014年
- ブーズ・アンド・カンパニー（著）、松田千恵子（訳）『成功するグローバルM&A―トップが考えるべき6つのステップとCFOの役割』、中央経済社、2009年
- ロバート・C・ヒギンズ（著）、グロービス経営大学院（訳）『ファイナンシャル・マネジメント 改訂3版--企業財務の理論と実践』、ダイヤモンド社、2015年
- Jeremy Hope "Reinventing the CFO: How Financial Managers Can Transform Their Roles And Add Greater Value" Harvard Business School Press, 2006（ジェレミー・ホープ、米田隆（訳）『CFO 最高財務責任者の新しい役割』、HARVARD BUSINESS SCHOOL PRESS、2007年）
- Krishna G. Palepu, Paul M. Healy, L. Bernard "Business Analysis & Valuation: Using Financial Statements : Text & Cases (2nd Version)" Southwestern Pub Co、1999（クリシュナ・G. パレプ、ポール・M. ヒーリー、ビクター・L. バーナード（著）、斎藤静樹、川本淳、筒井知彦、村瀬安紀子（訳）『企業分析入門』、東京大学出版会、1999年
- ジャスティン ペティート（著）、松田千恵子（訳）『戦略的コーポレート・ファイナンス』、中央経済社、2009年
- マイケル・E. ポーター（著）、土岐坤、服部照夫、中辻萬治（訳）『競争の戦略（新訂版）』、ダイヤモンド社、1995年
- マイケル・E. ポーター（著）、土岐坤、服部照夫、中辻萬治（訳）『競争優位の戦略―いかに高業績を持続させるか』、ダイヤモンド社、1985年
- フリーク ヴァーミューレン（著）、本木隆一郎、山形佳史（訳）『ヤバい経営学―世界のビジネスで行われている不都合な真実』、東洋経済新報社、2013年
- 岩村充『コーポレート・ファイナンス』、中央経済社、2013年
- 石野雄一『道具としてのファイナンス』、日本実業出版社、2005年
- 松田千恵子『ファイナンスの理論と実務―多様化する企業の資金調達と新しい融資業務』、金融財政事情研究会、2007年
- 松田千恵子『グループ経営入門（第4版）』、税務経理協会、2019年
- 松田千恵子『これならわかるコーポレートガバナンスの教科書』、日経BP社、2015年
- 森生明『MBAバリュエーション』、日経BP社、2001年
- 野口悠紀雄『1940年体制（増補版）―さらば戦時経済』、東洋経済新報社、2010年
- 沼上幹『経営戦略の思考法』、日本経済新聞出版社、2009年
- 渡辺章博、佐山展生、井上光太郎『M&Aとガバナンス―企業価値最大化のベスト・プラクティス』、中央経済社、2005年

松田千恵子（まつだ　ちえこ）
東京都立大学大学院 経営学研究科 教授
東京都立大学 経済経営学部 教授
株式会社日本長期信用銀行にて国際審査、海外営業等を担当後、ムーディーズジャパン株式会社格付けアナリストを経て、株式会社コーポレイトディレクション、ブーズ・アンド・カンパニー（旧ブーズ・アレン・アンド・ハミルトン）株式会社にてパートナーを務める。2006年にマトリックス株式会社を設立。企業経営と資本市場にかかわる実務、研究および教育に注力している。2011年より現職。
公的機関の経営委員等および上場企業の社外取締役、社外監査役を務める。
著書は『格付けはなぜ下がるのか？〜大倒産時代の信用リスク入門』『これならわかるコーポレートガバナンスの教科書』『ESG経営を強くするコーポレートガバナンスの実践』（以上、日経BP社）、『グループ経営入門〈第4版〉』（税務経理協会）、『経営改革の教室』（中央経済社）など、訳書は『成功するグローバルM＆A』（中央経済社）など。
東京外国語大学外国語学部卒、仏国立ポンゼ・ショセ国際経営大学院経営学修士、筑波大学大学院企業科学専攻博士課程修了。博士（経営学）

グループ経営管理からM&Aまで
コーポレート・ファイナンス 実務の教科書

2016年12月10日　初版発行
2021年5月20日　第4刷発行

著　者　松田千恵子　©C.Matsuda 2016
発行者　杉本淳一

発行所　株式会社 日本実業出版社　東京都新宿区谷本村町3-29 〒162-0845
　　　　　　　　　　　　　　　　　大阪市北区西天満6-8-1 〒530-0047
編集部　☎03-3268-5651
営業部　☎03-3268-5161　振替 00170-1-25349
https://www.njg.co.jp/

印刷／壮光舎　製本／若林製本

この本の内容についてのお問合せは、書面かFAX（03-3268-0832）にてお願い致します。
落丁・乱丁本は、送料小社負担にて、お取り替え致します。

ISBN 978-4-534-05450-0　Printed in JAPAN

日本実業出版社の本

最新版　M&A実務のすべて

北地達明・北爪雅彦
松下欣親・伊藤憲次　編
定価 本体 3200円（税別）

株式公開買付け、株式交換、合併、事業譲渡……。さまざまなM&Aの手法から、企業価値評価やデューデリジェンスなどM&Aのプロセス、さらに会計・税務の取扱いまでを網羅した決定版！

最新　コーポレートガバナンスのすべて

北地達明・北爪雅彦・松下欣親　編
定価 本体 2800円（税別）

新会社法、コーポレートガバナンス・コード、日本版スチュワードシップ・コードとともに、取締役会改革やリスクマネジメントの役割と課題などを解説。求められる経営の姿が理解できます。

図解でわかる　企業価値評価のすべて

KPMG FAS
定価 本体 2000円（税別）

企業価値評価のしくみから算出の実際、無形資産の評価などまでを解説。経営戦略や事業計画立案、M&Aや投資の判断基準として、経営の意思決定に携わる人に必須のノウハウが平易にわかります。

令和元年改正法対応　図解　会社法のしくみ

中島 成
定価 本体 1700円（税別）

株主の権利義務、株主総会や取締役等に関するルール改正から、コーポレートガバナンスなどまで、図表をまじえてやさしく解説。押さえておくべき会社法の基本と改正点が理解できる一冊です。

定価変更の場合はご了承ください。